CB070344

MUNDO ESCRITO E MUNDO NÃO ESCRITO

Obras do autor publicadas pela Companhia das Letras

Os amores difíceis
Assunto encerrado
O barão nas árvores
O caminho de San Giovanni
O castelo dos destinos cruzados
O cavaleiro inexistente
As cidades invisíveis
Coleção de areia
Contos fantásticos do século XIX (org.)
As cosmicômicas
O dia de um escrutinador
Eremita em Paris
Fábulas italianas
Um general na biblioteca
Marcovaldo ou As estações na cidade
Mundo escrito e mundo não escrito — Artigos, conferências e entrevistas
Os nossos antepassados
Palomar
Perde quem fica zangado primeiro (infantil)
Por que ler os clássicos
Se um viajante numa noite de inverno
Seis propostas para o próximo milênio — Lições americanas
Sob o sol-jaguar
Todas as cosmicômicas
A trilha dos ninhos de aranha
O visconde partido ao meio

ITALO CALVINO

MUNDO ESCRITO E MUNDO NÃO ESCRITO
Artigos, conferências e entrevistas

Organização:
MARIO BARENGHI

Tradução:
MAURÍCIO SANTANA DIAS

COMPANHIA DAS LETRAS

Copyright © 2002 by Espólio de Italo Calvino
Todos os direitos reservados.

Questo libro è stato pubblicato grazie ad un contributo per la traduzione da parte del Ministero degli Affari Esteri italiano.
Obra publicada com a contribuição do Ministério das Relações Exteriores da Itália para a tradução.

Grafia atualizada segundo o Acordo Ortográfico da Língua Portuguesa de 1990, que entrou em vigor no Brasil em 2009.

Título original
Mondo scritto e mondo non scritto

Capa
Raul Loureiro

Preparação
Julia Passos

Revisão
Huendel Viana
Marina Nogueira

Dados Internacionais de Catalogação na Publicação (CIP)
(Câmara Brasileira do Livro, SP, Brasil)

Calvino, Italo, 1923-1985.
    Mundo escrito e mundo não escrito Artigos, conferências e entrevistas / Italo Calvino ; organização Mario Barenghi ; tradução Maurício Santana Dias. — 1ª ed. — São Paulo : Companhia das Letras, 2015.

Título original: Mondo scritto e mondo non scritto.

ISBN 978-85-359-2573-9

1. Autores italianos 2. Calvino, Italo, 1923-1985 — Livros e leitura 3. Calvino, Italo, 1923-1985 — Crítica e interpretação 4. Ensaios italianos I. Barenghi, Mario. II. Título.

15-01341   CDD-854

Índice para catálogo sistemático:
1. Ensaios : Literatura italiana   854

[2015]
Todos os direitos desta edição reservados à
EDITORA SCHWARCZ S.A.
Rua Bandeira Paulista, 702, cj. 32
04532-002 — São Paulo — SP
Telefone (11) 3707-3500
Fax (11) 3707-3501
www.companhiadasletras.com.br
www.blogdacompanhia.com.br

SUMÁRIO

LER, ESCREVER, TRADUZIR

As boas intenções (1952), 9
Personagens e nomes (1952), 12
A fortuna frustrada do romance italiano (1953), 14
Os destinos do romance (1956), 19
Questões sobre o realismo (1957), 22
Respostas a nove perguntas sobre o romance (1959), 28
A "temática industrial" (1962), 37
Correspondência com Angelo Guglielmi a propósito
   do *Desafio ao labirinto* (1963), 41
Sobre a tradução (1963), 47
Carta de um escritor "menor" (1968), 58
Literatura sentada (1970), 62
Furtos com arte (conversa com Tullio Pericoli) (1980), 65
Traduzir é o verdadeiro modo de ler um texto (1982), 79
Literatura e poder (sobre um ensaio de Alberto Asor Rosa)
   (1983), 86
Os últimos fogos (1983), 95
Gian Carlo Ferretti, *O best-seller à italiana* (1983), 100
Mundo escrito e mundo não escrito (1983), 105
O livro, os livros (1984), 115
Por que vocês escrevem? (1984), 129

SOBRE O MUNDO EDITORIAL

Apontamentos para uma coleção de sondagem moral (1960), 135
Um projeto de revista (1970), 140
Uma nova coleção: as Centopagine Einaudi (1971), 149
A Einaudi Biblioteca Jovens (1974), 155
A Biblioteca Romântica Mondadori (1981), 160

SOBRE O FANTÁSTICO

Os cavaleiros do Graal (1981), 175
Contos fantásticos do século XIX (1983), 181
Sete frascos de lágrimas (1984), 193
O fantástico na literatura italiana (1984), 199
Noturno italiano (1984), 210

CIÊNCIA, HISTÓRIA, ANTROPOLOGIA

A floresta genealógica (1976), 219
Os modelos cosmológicos (1976), 222
Montezuma e Cortés (1976), 226
Canibais e reis, de Marvin Harris (1980), 237
Carlo Ginzburg, "Sinais: Raízes de um paradigma indiciário" (1980), 243
Ilya Prigogine e Isabelle Stengers, *A nova aliança* (1980), 250
Arnold Van Gennep, *Os ritos de passagem* (1981), 256
Longa viagem ao centro do cérebro, de Renato e Rosellina Balbi (1981), 261
Perturbando o Universo, de Freeman Dyson (1981), 264
Giovanni Godoli, *O Sol: História de uma estrela* (1982), 271
Estudos sobre o amor, de Ortega y Gasset (1982), 275
O olhar distanciado, de Claude Lévi-Strauss (1983), 281
Pietro Redondi, *Galileu herético* (1983), 290
Fato antico e fato moderno, de Giorgio de Santillana (1985), 298

LER, ESCREVER, TRADUZIR

AS BOAS INTENÇÕES (1952)*

O Bom Leitor aguarda as férias com impaciência. Adiou para as semanas que passará numa solitária localidade de mar ou de montanha um bom número de leituras que deseja fazer e já saboreia a alegria das sestas à sombra, o rumor das páginas, o abandonar-se ao fascínio de outros mundos transmitido pelas linhas cerradas dos capítulos.

Quando as férias se aproximam, o Bom Leitor circula por livrarias, folheia, fareja, calcula, retorna no dia seguinte para comprar; em casa, tira das estantes volumes ainda intactos e os enfileira entre os aparadores de livros da escrivaninha.

É a época em que o alpinista sonha com a montanha a escalar que se aproxima, e do mesmo modo o Bom Leitor escolhe a montanha que irá enfrentar. Trata-se, por exemplo, de um dos grandes romancistas do século XIX, de cuja obra nunca se pode dizer que se leu tudo, ou cuja enormidade sempre inspirou certo medo ao Bom Leitor, ou cujas leituras, feitas em épocas e idades diferentes, deixaram lembranças muito desordenadas. Neste verão o Bom Leitor decidiu finalmente ler de verdade o tal autor; talvez não consiga lê-lo inteiro nas férias, mas naquelas semanas acumulará uma primeira base de leituras fundamentais e depois, ao longo do ano, poderá preencher facilmente e sem pressa as lacunas. Então ele separa as obras que pretende

(*) *L'Unità*, 12 ago. 1952.

ler nos textos originais, se forem escritos numa língua que conhece, ou na melhor tradução; prefere os grossos volumes das edições completas, que contêm várias obras, mas não desdenha as edições em formato de bolso, mais adequadas para se ler numa praia ou debaixo das árvores ou no ônibus. Acrescenta alguns bons ensaios sobre o autor escolhido, ou quem sabe um epistolário: e agora tem para suas férias uma companhia segura. Pode cair granizo o tempo todo, os parceiros de viagem podem mostrar-se odiosos, os pernilongos não darem trégua e a comida ser intragável: as férias não serão perdidas, o Bom Leitor voltará enriquecido de um mundo novo e fantástico.

Claro, este é apenas o prato principal; depois é preciso pensar nos acompanhamentos. Há as últimas novidades nas livrarias, e o Bom Leitor quer estar a par dos lançamentos; há ainda as novas publicações em seu ramo profissional, e é indispensável aproveitar aqueles dias para lê-las; e também é preciso escolher uns livros que sejam de natureza diversa de todos os já selecionados, para dar variedade e possibilitar frequentes interrupções, repousos e mudanças de registro. Agora o Bom Leitor pode estender diante de si um plano de leituras detalhadíssimo, para todas as ocasiões, horas do dia, humores. Se dispuser de uma casa nas férias, quem sabe uma velha casa cheia de recordações da infância, o que há de melhor que predispor um livro para cada cômodo, um para a varanda, um para a cabeceira, um para a espreguiçadeira?

Estamos na véspera da partida. Os livros escolhidos são tantos que para transportar todos eles seria necessário um baú. E assim começa o trabalho de exclusão: "Este de todo modo eu não leria, este é muito pesado, este não é urgente", e a montanha de livros diminui, é reduzida à metade, a um terço. Eis que o Bom Leitor chega a uma seleção de leituras essenciais, que vão dar o tom às suas férias. Ao fazer as malas, alguns volumes ainda ficam de fora. O programa se restringe então a poucas leituras, mas todas substanciosas; estas férias marcarão uma etapa importante na evolução espiritual do Bom Leitor.

Os dias de folga começam a transcorrer velozmente. O

AS BOAS INTENÇÕES ■

Bom Leitor se encontra em ótima forma para fazer esporte e acumula energias com o propósito de estar numa situação física ideal para ler. Porém, depois do almoço, é tomado de tal sonolência que dorme por toda a tarde. É preciso reagir, e nesse sentido a companhia o ajuda, pois neste ano ela é insolitamente simpática. O Bom Leitor faz muitas amizades, e durante todo o dia sai a passeio, de barco, e à noite cai na farra até tarde. Claro, para ler é preciso solidão; o Bom Leitor medita um plano para desvincular-se. Cultivar sua queda por uma jovem loura pode ser o melhor caminho. Mas com a jovem loura ele passa a manhã jogando tênis, a tarde, canastra, e a noite, dançando. Nos momentos de repouso, ela nunca fica em silêncio.

    As férias terminaram. O Bom Leitor recoloca os livros intactos nas malas, pensa no outono, no inverno, nos rápidos e concentrados quinze minutos reservados à leitura antes de deitar, antes de correr ao escritório, no bonde, na sala de espera do dentista...

*PERSONAGENS E NOMES (1952)**

Acredito que os nomes dos personagens são muito importantes. Quando estou escrevendo e preciso introduzir um novo personagem — e já tenho muita clareza de como ele vai ser —, às vezes me detenho buscando-o por horas e, enquanto não encontro um nome que seja verdadeiro, o único nome para aquele personagem, não consigo seguir adiante.

Seria razoável fazer uma história da literatura (ou pelo menos do gosto literário) apenas considerando os nomes dos personagens. Para nos limitarmos aos escritores italianos de hoje, podemos distinguir duas tendências principais: por nomes que pesem o menos possível, que não constituam nenhum diafragma entre o personagem e o leitor, nomes de batismo comuns e intercambiáveis, quase números para distinguir um personagem de outro; ou por nomes que, mesmo não significando nada diretamente, tenham um intrínseco poder evocativo, sejam uma espécie de definição fonética dos respectivos personagens e, uma vez colados a eles, não se possam mais destacar, tornando-se ambos uma só coisa. Vocês podem facilmente classificar nossos maiores escritores contemporâneos em uma ou outra categoria, ou num sistema intermediário. Quanto a mim, em meu âmbito restrito, sou um defensor da segunda

---

(*) *Época*, 27 set. 1952, p. 3 (resposta a uma enquete intitulada "Nossos escritores se confessam: como autores, nós batizamos assim").

tendência; sei perfeitamente que se correm contínuos perigos de cair no clichê, no mau gosto, no grotesco mecânico, mas os nomes são um coeficiente assim como aquilo que se costuma chamar de "estilo" da narração, e devem ser decididos junto com ele, julgados em seu resultado conjunto.

Objeta-se: mas os nomes das pessoas são casuais, e então devem ser casuais os nomes dos personagens, para que sejam realistas. No entanto creio que os nomes anódinos são abstratos: na realidade sempre se encontra uma sutil, impalpável, às vezes contraditória relação entre nome e pessoa, de modo que alguém é sempre aquilo que é mais o nome que tem, nome que sem ele não significaria nada, mas, ligado a ele, adquire um significado todo especial, e é essa relação que o escritor deve conseguir suscitar em seus personagens.

A FORTUNA FRUSTRADA DO ROMANCE ITALIANO (1953)*

Em outras literaturas, o romance nasceu de pais aventureiros e andarilhos, teve vida longa, exuberante e afortunada. Entre nós, teve por pai Alessandro Manzoni: realmente um nobre genitor, impossível imaginar outro mais digno, mais solícito e paciente ao criar seu filho único. Quis fazer dele um romance modelo, e com certeza conseguiu. Mas, como frequentemente os filhos de genitores demasiado circunspectos e virtuosos definham e não sabem entesourar a educação que lhes é ministrada com tanta assiduidade, assim à prole dos *Noivos* restou uma espécie de entrave que derivava do temperamento pouco romanesco de seu patriarca. Com isso não se pretende diminuir em nada aquele grande autor e aquele grande livro, mas apenas falar de sua particular natureza. Manzoni foi de fato um romancista especial, avesso ao gosto da aventura; foi um moralista sem pendor para a autointrospecção, um criador de personagens e de ambientes e de pestes e de incursões de lansquenês acuradamente descritos e comentados, mas não destinados a se transformar em novos grandes mitos modernos. E foi o

(*) "Inédito. Resposta a uma questão radiofônica da RAI, creio que de 1953, que nunca foi transmitida. Sobre Manzoni, o juízo que expressei naquela ocasião teve tempo de mudar." (N. A.) Texto datilografado de três páginas, com poucas correções autógrafas, conservado numa pasta intitulada *Sobre o romance*. Na folha que contém a nota de redação acima reproduzida, no alto à direita, o adendo "ver em que ano devia ocorrer a transmissão radiofônica. 1953? 1951?".

construtor de uma língua cheia de arte e de significado, mas que se estende como um estrato de verniz sobre as coisas: límpida e sensível quanto nenhuma outra, mas sempre verniz. E esteve — feliz dele — muito distante de qualquer trepidação amorosa, alegre ou triste, manifesta ou subterrânea; não há nada a objetar quanto a isso, ao contrário, hoje o erotismo só provoca tédio, mas, sejamos francos, o amor sempre foi uma grande força motriz, no romance e em outras coisas.

O temor reverencial a esse pai se propagou de geração a geração, até às mais próximas de nós. Pesou até sobre quem era romancista de verdade, como Ippolito Nievo, que se enredou nos visgos moralizantes e linguísticos de Manzoni; logo ele, que conhecia o que era aventura, história familiar, grandeza e decadência, vida humana e presença da mulher na vida do homem, paisagem natal, transfiguração da memória em contínua presença real — o generoso, o jovem, o fluvial Nievo.

Mas na Itália, para escrever romances — tanto antes quanto hoje —, era preciso buscar uma tradição no âmbito da grande narrativa mundial e no campo de toda a literatura italiana (não de um gênero ou de uma escola), porque nosso romanesco está fora dos romances, esparso nos primeiros novelistas e cronistas e comediantes até Porta e Belli, e dos maiores cancioneiros até Leopardi.[*] Assim, às vozes, aos rumores, aos murmúrios dos

---

(*) "No manuscrito, a alusão a Leopardi 'romancista', que me havia sido sugerida pelo amigo Giulio Bollati, era desenvolvida numa passagem que mais tarde eliminei para não antecipar o tema de um ensaio que Bollati pretendia escrever. Mas então que pai gostaríamos de ter tido para o romance italiano? Um tipo agitado e intrépido, como Alfieri ou Foscolo? Ou um daqueles tipos transbordantes de vitalidade plebeia, como Porta ou Belli? Ou um grande criador de personagens, como Rossini ou Verdi? Talvez nenhum deles. Para mim, o pai ideal do nosso romance teria sido alguém que pareceria o mais distante possível dos recursos do gênero: Giacomo Leopardi. De fato em Leopardi estavam vivos os grandes componentes do romance moderno, os mesmos que faltavam a Manzoni: a tensão aventurosa (aquele islandês que parte sozinho para as florestas da África, aquela noite entre os cadáveres no gabinete de Federico Ruysch, aquela outra sobre o convés de Colombo), a assídua pesquisa psicológica introspectiva, a necessidade de dar nomes e rostos de personagens a sentimentos e pensamentos dele e de seu século. E depois a língua: a via que ele indicou foi a de máximos efeitos com meios mínimos, que sempre foi o grande segredo da prosa narrativa. Mas é sobretudo leopardiana

dias e das noites de Recanati quem sabe responderam outras vozes, outros rumores, outros murmúrios, vindos daqueles bosques de Aci Trezza. Movendo-se na onda dos franceses, Verga redescobriu — como símbolo da realidade italiana — o país, redefiniu as relações do homem — idílio e drama — com a natureza e com a história, colheu no longínquo nó entre língua e dialeto a linguagem ideal do romance.

Grandes invenções, que naquele momento deviam dar poucos frutos. Grassava o regionalismo descritivo, uma praga que ainda hoje penaliza nossa narrativa. Não é uma opção de gosto que nos leva a condená-lo, mas uma questão de princípio. O verdadeiro romance vive na dimensão da história, não da geografia: é aventura humana no tempo, e os lugares — lugares o mais possível precisos e amados — lhe são necessários como imagens concretas do tempo; mas colocar esses lugares, os costumes locais e a "verdadeira face" desta ou daquela cidade ou população como conteúdo do romance é um contrassenso.

Assim, nos *veristas* regionais era sempre o antirromance que derrotava o romance, e o influxo de Manzoni esfriava ainda mais as melhores descobertas linguísticas e de ambiente, como aquelas do melhor deles: Remigio Zena.

Entretanto catástrofes nacionais bem mais graves maturavam no terreno do romance: Fogazzaro e o fogazzarismo (que ainda hoje tem seus continuadores em chave provinciano--cosmopolita), D'Annunzio e o dannunzianismo (que, derrotado no plano cultural, ainda refloresce de vez em quando como erva daninha "espontânea"), Pirandello e o pirandellismo (esse equívoco sobre os meios de expressão, também ele com sua "fortuna" esparsa). (E é sintomático que a passagem de um século para outro tenha sido marcada não por um romancista, mas por um narrador em versos, Guido Gozzano.) Não é de

---

a capacidade de encerrar, no espaço de um lugar conhecido, de uma cidade, de um ambiente, o sentido do mundo. E aqui seu não tardou a dar frutos: às vozes, aos rumores etc." (N. A.)

surpreender se a geração literária que veio depois proscreveu o romance como gênero espúrio e degradado. Era preciso ser de uma cidade alegremente ignorante do peso da tradição, como Trieste, para escrever romances com a maravilhosa virgindade literária de um Svevo; ou de uma cidade em que cada pedra está envenenada de literatura, como Florença, para saber escrever as *Irmãs Materassi*.

Assim chegamos ao problema de hoje. O novo romance italiano nasceu — dizem — em oposição ao clima da prosa de arte e do hermetismo. Mas foi mais um contraste de temas que de conteúdo. (E a abertura às influências estrangeiras atuou de modo semelhante ao que havia atuado, em outras épocas, a presença de Walter Scott ou de Zola.) O "homem hermético", homem à margem, homem de oposição passiva, homem negativo, contemplativo, que já sabe tudo e só se agita por iluminações imperceptíveis, continua sendo o protagonista dos narradores da geração de *Solaria* e de *Letteratura*. Um clima social comum chega a unir o indiferente Michele de Moravia (que, no entanto, não seguira as mesmas trilhas) e o mais irrequieto Silvestro na Sicília [leia-se: de *Conversa na Sicília*] de Vittorini, além do exilado de Pavese e, mais tarde, o Corrado da *Casa na colina*. Já nas margens do lirismo hermético nasce o pequeno idílio de Pratolini. Comparando à época da poesia montaliana, nesses autores havia mais uma vez o problema das relações com o mundo circundante. Assim renasce o romance, dessa confluência de uma veia lírica e intelectual com a necessidade de espelhar-se nas histórias humanas.

Esse primeiro momento, que durou até depois da guerra, hoje está superado: não se escrevem mais romances de ambiente popular com protagonista lírico-intelectual. No entanto, infelizmente, de um lado se volta à *tranche-de-vie* naturalista, de outro, aos lirismos puros. Hoje o problema é não renunciar a nenhum dos dois componentes — o lírico-intelectual e o objetivo —, mas fundi-los em um todo unitário e [...] uma nova expressão unitária.

(Para a narrativa memorialista-ensaística, documental, de

retrato, de discussão de ideias — à Carlo Levi, enfim —, gostaria de reivindicar uma posição de autonomia em relação ao romance: trata-se de um gênero hoje necessário a uma literatura que afunde suas raízes em um terreno cultural bem trabalhado. Um claro estabelecimento dessa exigência iria favorecer tanto uma séria tomada de contato com a realidade — mais do que o faria certa narrativa documentária e superficial — quanto as possibilidades de vida do romance-romance.)

Hoje, que as grandes narrativas estrangeiras estão todas em crise, o romance-romântico poderia renascer na Itália? Certamente há muita carne no fogo na Itália, com equívocos novos (o dialeto transformado em preciosismo, o regionalismo transformado em expressionismo, a fotografia reassimilada pelo gosto, a incultura tomada por juventude, a imitação arcaica tomada por tradição), mas algo de bom, por insistência, sairá disso tudo.

Mas algo sempre faltou ao romance italiano, a coisa de que mais gosto nas literaturas estrangeiras: a aventura. Sei que, em tempos não muito distantes, essa foi a palavra de ordem de Bontempelli, que talvez só tivesse uma ideia teórica dela, eivada de irracionalismo, quando a aventura é prova racional do homem diante de coisas contrárias a ele. Como poderia existir, hoje, um romance de aventura na Itália? Se eu soubesse, não estaria aqui tentando explicar: o escreveria.

OS DESTINOS DO ROMANCE (1956)*

Não se pode fazer acerca da literatura uma descrição da situação por meio de termos contrapostos, tal como se faz para outros meios de expressão. Podemos falar de narradores objetivos e de narradores líricos, de narradores introspectivos e de narradores simbólicos, de narradores instintivos e de narradores cerebrais, mas essas categorias não definem nada nem ninguém: hoje um escritor relevante não pode ser compartimentado numa só categoria, mas pelo menos no cruzamento de duas. Cada qual faz a seu modo, não existem escolas senão ao nível do subsolo. Isso porque a narrativa é o meio de expressão mais em crise de todos, e há mais tempo; e também porque é o que tem mais fôlego, podendo viver em crise quem sabe ainda quanto.

Antigamente dizíamos: não, não está em crise, nós vamos mostrar a vocês. Era o pós-guerra, a gente tinha a impressão de ter um motor dentro de nós, percebíamos os termos da crise da narrativa, mas achávamos que aquilo não nos dizia respeito. Cheguei até a sustentar que o romance não podia morrer, mas não conseguia escrever nenhum que ficasse em pé. Tudo era válido, até errar; muitas coisas boas nasceram disso, mas não surgiu uma nova civilização literária.

Agora, para nos convencermos de uma inabalável supremacia do romance, temos necessidade de ler Lukács, de nos

(*)*Ulisse*, x, v. IV, 24-5, pp. 948-50, outono-inverno de 1956-7.

deixarmos levar por sua fé classicista nos *gêneros*, por seu nítido sentido da épica. No entanto, para nós que saímos do século XIX, seu ideal estético se embaça de uma fina camada de tédio: não encontramos nele o nervosismo, a pressa de nossa vida atual, a que corresponde não mais o romance construído, mas o corte lírico do romance breve, ou a novela jornalística e crua em que Hemingway brilhou como a perfeita medida da nova épica.

Há Thomas Mann, diz alguém; e é verdade, ele entendeu tudo ou quase tudo do nosso mundo, mas se debruçando de uma última sacada do século XIX. Nós vemos o mundo se precipitando no vão das escadas.

Seria preciso escrever contos como "O velho", de Faulkner: aquela história de um prisioneiro durante a enchente do Mississippi. Acho que é de 1939, mas acontece que só o li neste ano, quando saiu uma tradução na Itália (muito bonita, de um amigo meu); e desde o dia em que li esse conto, entendi que ou as coisas são feitas assim, ou a narrativa estará condenada a se tornar *arte menor*.

(Menor, mas quem sabe útil também. Na Rússia, por exemplo, há uns dois anos começaram a sair romancezinhos interessantes, que discutem o comportamento do homem, a posição moral diante dos problemas práticos e de consciência que se encontram na vida de todos os dias; se não me engano, nos Estados Unidos também há essa literatura da dignidade cotidiana, do homem de cinza dos grandes complexos industriais e burocráticos. A narrativa também pode limitar-se a essa tarefa modesta, mas ainda assim séria. No entanto ela o fará sempre de modo um tanto tedioso, ao passo que o cinema, se respondesse melhor à sua tarefa, seria o instrumento ideal para esse trabalho.)

O hábito de cobrar da narrativa que diga isso ou aquilo depende do fato de se acreditar que, quando se narra, é possível dizer tudo, diferentemente do que ocorre, por exemplo, com a poesia ou a pintura. Mas isso é apenas o sinal de inadequação de uma cultura que não sabe forjar para si os instrumentos adequados para cada função. Com isso não pretendo defender a *narrativa pura*; ao que é puro, prefiro sempre o que é contaminado e espúrio. Mas narrar é narrar, e a narrativa, quando se empenha em contar, já tem sua ocupação, sua moral, seu modo de incidir no mundo.

Espero um tempo de belos livros, cheios de inteligência nova assim como as novas energias e máquinas da produção, que influenciem na renovação que o mundo deve ter. Mas não acho que serão romances: penso que certos gêneros ágeis da literatura setecentista — o ensaio, a viagem, a utopia, o conto filosófico ou satírico, o diálogo, o opúsculo moral — devem reaver um lugar de protagonismo na literatura, no conhecimento histórico e na batalha social. A narrativa ou o romance terá essa atmosfera ideal como pressuposto e como ponto de chegada, porque nascerá desse terreno e exercerá influência sobre ele. Mas o fará somente de um modo: narrando. Buscando o justo modo de narrar uma história hoje, um modo que para cada tempo e sociedade e homem é apenas um só — como o cálculo de uma trajetória.

Nesses últimos tempos me tornei um aficionado de Brecht, não só das peças, mas também das páginas teóricas, que antes negligenciei injustamente. Não há um Brecht da narrativa, infelizmente, e esse seu modo de entender o teatro passou por contínuas tentativas de transposição, de tradução em outros termos para a narrativa. A começar por aquele primeiro e maravilhoso axioma, que diz: o objetivo do teatro é divertir. E que, sim, há na história do teatro todas as razões religiosas, estéticas, éticas, sociais, mas com a condição de que divirta as pessoas. Para a narrativa também vale o mesmo. E quase sempre se esquece disso.

QUESTÕES SOBRE O REALISMO (1957)*

1) À *luz dos fatos políticos dos últimos tempos no mundo socialista, do "degelo" aos acontecimentos na Hungria, como acha que se deva pensar o problema do "realismo" entre nós?*

2) *Na Itália está se configurando uma corrente literária que pretende pôr em discussão todas as obras dos escritores engajados na ideologia marxista, ou de algum modo ligados a uma atitude política especificamente de esquerda, declarando a falência do neorrealismo e, mais ainda, daquela parte do neorrealismo que se inspira explicitamente em conteúdos populares. Acha que essa posição tem um caráter involutivo e de recuo, ou que ela constitui um fato positivo e de avanço?*

3) *Se por "conteúdo" se entende não só a escolha de um determinado ambiente, mas também, e sobretudo, uma atitude do escritor e de uma geração perante esse ambiente, quais conteúdos de hoje o senhor acha que podem constituir* exempla *artisticamente realizáveis? E que obras do pós-guerra seriam representativas de tal realização?*

4) *Gramsci afirma que a incapacidade de uma literatura para "ser uma época" implica não só a literatura, mas toda a "vida de um determinado período histórico". Acha que o "movimento" de criação e de crítica ao qual assistimos seria aquele*

(*) *Tempo Presente*, II, 11, pp. 881-2, 1957 (respostas a um questionário de Franco Matacotta).

que Gramsci condena — "do cão que morde o próprio rabo" — ou já conteria em si um desenvolvimento específico?

5) Acha que o autobiografismo do pós-guerra, diferentemente daquele anterior à guerra — estilizado e estritamente pessoal —, seria o documento de uma mudança de situações em um processo social definido, que poderia elevar-se à dignidade de concepção política e substituir definitivamente o velho ensaio político ou filosófico?

6) Acha que as representações do erotismo ou, de todo modo, a peculiar insistência nos problemas do sexo na narrativa, documento de uma dissolução moral dos costumes, excluem ou incluem a existência de uma "concepção moral geral"? Em outras palavras, essa dissolução é comparável ao alexandrinismo, isto é, a uma experiência histórica e cultural de longo alcance no tempo, ou seria um modo de reagir contra uma concepção moral envelhecida, que se tornou pura hipocrisia formalista e tenta manter-se viva por meio de coerção: fenômeno mais restrito no tempo, comparável, mutatis mutandis, ao da época de Dante ou ao período iluminista?

7) Quanto à coação exercida pelo conformismo católico nesta época de crise, e mais especificamente à intervenção das autoridades supremas da Igreja em flagrante contradição com o espírito e a letra da Constituição, que perspectivas acha que se apresentam à sociedade italiana e a sua cultura, e qual pensa que deva ser a intervenção dos escritores para fazer frente ao atual impasse e superá-lo?

A literatura do último meio século teve dois grandes períodos: a vanguarda e o *engagement*. Ambos os modos de entender a literatura estão há tempos em crise.

(Mas também dar por morta e liquidada a literatura de vanguarda é frequentemente um lugar-comum filisteu, que serviu para repovoar nossas letras de insuportáveis maneiras oitocentistas. Por outro lado, em certas zonas literárias e sobretudo nas artes plásticas, existem defensores de uma vanguarda perpétua igualmente intoleráveis. No que diz respeito à literatura *engagée*, dizer que ela está em crise é, em noventa por cento dos casos, uma tolice; como aqueles que dizem que ela está em crise, por exemplo, por causa dos acontecimentos de 1956: diante dos grandes e terríveis fatos da história, quem não tem nada a pensar além dos contragolpes das tendências literárias é um mesquinho. Por outro lado, há os que não sabem ler um livro senão em função política imediata, o que é uma limitação igualmente grosseira.)

No caso da vanguarda, o escritor se lança de corpo e alma numa regeneração da linguagem, com a tensão de quem acredita estar realizando nela uma total regeneração do homem. Se não acredita mais nisso, a vanguarda está acabada. Ainda é possível fazer coisas até perfeitas como invenção técnica (*O ciúme*, de Alain Robbe-Grillet, é enfim uma narrativa que diz algo como narrativa), mas, vamos lá, não é mais a mesma coisa. (A força da vanguarda ainda está em ser filha do estetismo; sua fraqueza é repetir características de seu avô, o romantismo.)

A literatura *engagée* quis inserir a revolta formal e moral da vanguarda na luta revolucionária política e social em curso no mundo. (Mais que filha da vanguarda, ela é sua irmã — expressionistas, Maiakóvski, Brecht —, mas, ao envelhecer, lhe vem a tendência de se assemelhar ao naturalismo, seu tio.) Seu grande momento foi nos anos 1930, da repressão na China à Guerra da Espanha. Em termos comparativos, o pós-guerra acrescentou muito pouco. Mas a história da literatura *engagée* não pode ser contada seguindo seu registro de acontecimentos ou de problemas, mas seu trabalho na definição do homem de nossa época (Malraux, Hemingway, Picasso, Sartre, Camus, Vittorini, Pavese). Ora, nessas que hoje são as tropas de retaguarda (em seu último romance, Roger Vailland teoriza para seu *homme de qualité* o *désengagement*) tende-se a reivindicar o direito do homem a uma dimensão não imediatamente utilizável pela história. Coisa que, se pensarmos bem, é uma reivindicação do óbvio.

(Seria necessária uma argumentação à parte sobre o "realismo socialista" tal como se delineou na União Soviética, sobre o que ele tem em comum com a literatura *engagée* e sobre o que tem de diferente ou até oposto, assim como sobre o que foi ou o que pode ser hoje. Mas vocês já sabem tudo, e por isso vou poupá-los. Depois seria preciso também um raciocínio à parte sobre a literatura italiana, sobre o neorrealismo, sobre quanto há nele de vanguarda e de *engagement*, sobre seu passado e seu futuro. Mas vocês também saltariam essa parte, e eu a omito.)

Agora, portanto, podemos dizer que a vanguarda venceu a batalha (ou, se preferirmos, que a perdeu). Venceu porque impôs sua linguagem, porque seus autores se destacam nos jornais, porque seu gosto prevalece tanto em museus quanto na decoração do lar — então, o que se quer mais? (Ou, se quisermos, sua batalha foi perdida porque os propósitos de palingenesia de certo misticismo vanguardista acabaram em nada, em aquisições da moda.) Também podemos dizer que o *engagement*, bem ou mal, venceu sua batalha (ou que, ao contrário, a perdeu). Venceu não porque os principais problemas sociais tenham sido resolvidos, mas porque criou uma geração de leitores com a consciência política sempre alerta, sejam eles sociólogos de Harvard, funcionários políticos ou sindicais marxistas, peritos em *human relations* ou em pesquisas operacionais, diretores de departamentos acadêmicos, historiadores de economia, críticos literários fortemente ideológicos: uma geração ao mesmo tempo tecnicista e cheia de ideias genéricas, sempre um tanto aborrecida, mas no conjunto uma classe dirigente de nível elevado, que poderia ser empregada com utilidade seja por um regime socialista funcionalmente articulado, seja por um capitalismo planejado funcionalmente, caso existissem. (Ou também poderíamos dizer que a literatura *engagée* perdeu sua batalha porque, em meio à duríssima história política e social, não conseguiu prevalecer em nada, devendo capitular diante da razão política ou reduzir-se ao papel de *outsider*.)

Como é o escritor de agora? Ele é consciente do processo histórico e da dimensão política de cada coisa que escreve (não que o deva ser; o é e não pode deixar de ser). Deve sentir o meio de expressão como instrumento a ser inventado ou reinventado a cada passo, tendo conhecimento de todo seu processo (e não é que ele sinta isso de modo instintivo; *deve* forçar-se sempre nesse sentido a fim de dar vida às formas, todas desgastadas e intercambiáveis). Em suma, o que antes era estro nativo agora só pode ser consciência e prazer racional; o que antes era intervenção voluntarista e intelectual agora é condicionamento histórico *a priori*. O que resultará disso? Não sei.

(Neste momento me dou conta de que falei de tudo, menos do realismo, tema de seu questionário. Devo confessar que sempre usei pouquíssimo o termo "realismo", sempre o contornei e, quanto mais ouvia falar dele, menos tinha vontade de falar por mim. Li Lukács, li Auerbach com muito interesse e proveito, mas especialmente em suas observações marginais, ao passo que o núcleo principal ainda me escapa. No entanto, não é que eu me sinta mais convencido por aqueles que desprezam o conceito de realismo, longe disso. Eis o ponto em que estou.)

Mas gostaria de dizer algo sobre as duas últimas perguntas de seu questionário.

Sobre o autobiografismo. Sou favorável. (Mais como leitor que como autor; é uma terra em que prefiro ver os outros se adentrarem.) Não falaria de um autobiografismo do pré-guerra e de um do pós-guerra, mas de um autobiografismo do homem da sociedade velha e de um do homem da sociedade nova. Interesso-me pelo segundo, me interessa aquele tanto do homem da sociedade nova que hoje se pode encontrar nos testemunhos autobiográficos. A literatura do comunismo, que apostou todas as fichas no romance, ao se lembrar desta época daqui a cem anos talvez se recorde não tanto dos romances, mas sobretudo de obras autobiográficas, diários, epistolários.

Sobre o erotismo. Sou contrário. Hoje, sobre sexo, só se pode escrever mal. Parece que apenas os que o abordam com tédio e desgosto conseguem fazê-lo com arte. Caso se encontre algo de bom nele, ainda que pouco, não se consegue traduzi-lo em palavras. Os italianos são especialmente inaptos para o erotismo. Sou da opinião de que não se deveria escrever sobre ele nos próximos trinta anos, pois daí não sairia nada de novo. A menos que os soviéticos começassem finalmente a escrever sobre o assunto, e então, quem sabe, disso nasceria uma nova literatura.

RESPOSTAS A NOVE PERGUNTAS SOBRE O ROMANCE (1959)*

*A*credita que haja uma crise do romance como gênero literário ou a crise do romance em si participaria da crise mais geral de todas as artes?
  Primeiro vamos definir bem os termos da questão. O que entendemos por *romance*? O que entendemos por *crise*? Muitos consideram romance o "romance de tipo oitocentista". Então nem se deveria falar mais em crise. O romance do século XIX teve um desenvolvimento tão pleno, exuberante, variado e substancioso que o que foi feito basta por dez séculos. Como pode ocorrer a alguém acrescentar-lhe alguma coisa? Os que querem que ainda se escrevam romances oitocentistas não fazem justiça ao que dizem amar.
  Recentemente o romance foi definido por Moravia (em contraposição à narrativa) como romance de ossatura ideológica. Nesse sentido houve crise? Sim, mas antes na ideologia que no romance. O grande romance floresceu numa época de sistemas filosóficos que tentavam abraçar todo o universo, numa época de concepções totalizantes do mundo; hoje a filosofia tende — mais ou menos em todas as escolas — a isolar os problemas, a trabalhar com hipóteses, a se propor objetivos preci-

---

(*) *Nuovi Argomenti*, 38-9, pp. 6-12, maio/ago. 1959. Também responderam ao questionário os escritores Giorgio Bassani, Carlo Cassola, Eugenio Montale, Elsa Morante, Alberto Moravia, Pier Paolo Pasolini, Guido Piovene, Sergio Solmi e Elémire Zolla.

sos e limitados; a isso corresponde um procedimento narrativo diferente, em geral com um só personagem representado numa situação limite; e isso justamente entre os escritores mais ideológicos, como Sartre e Camus.

Outro modo (histórico e ideológico) de definir o romance é considerá-lo associado ao surgimento do livro como mercadoria, portanto, ao aparecimento de uma literatura comercial, de uma — como hoje se diz — "indústria cultural". De fato os primeiros romances que merecem esse nome, os de Defoe, saíram sem o nome do autor, em bancas, com o propósito de atender aos gostos do povo miúdo, ávido de histórias "verdadeiras" de personagens aventureiros. Nobre origem; não faço parte daqueles que acreditam que a inteligência humana esteja prestes a morrer, assassinada pela televisão; a indústria cultural sempre existiu, com seu perigo de decadência geral da inteligência, mas dela sempre nasceu algo novo e positivo; diria que não há melhor terreno para o nascimento de valores autênticos que o solo fétido das exigências práticas, da demanda de mercado, da produção de consumo: é daí que nascem as tragédias de Shakespeare, os folhetins de Dostoiévski e as comédias de Chaplin. O processo de sublimação do romance como produto mercantil ao romance como sistema de valores poéticos ocorreu amplamente e em várias fases ao longo de dois séculos. Mas agora parece que já não se pode renovar: não houve um renascimento do romance por meio dos "policiais" ou da "ficção científica"; poucos são os exemplos positivos no primeiro caso, e pouquíssimos no segundo.

Uma definição mais interna ao fato literário, mas que de todo modo não é mais que uma tradução desta última, é a do romance como narração *envolvente*, como técnica de aprisionamento da atenção do leitor, fazendo-o viver num mundo fictício, participar de experiências com forte carga emotiva, forçando-o a prosseguir a leitura por curiosidade sobre "o que acontecerá depois". Esta definição tem ainda a vantagem de poder ser aplicada às encarnações mais antigas do romance: a helenista, a medieval e cavalheiresca, a picaresca, a *larmoyante* etc. É contra esse aspecto do romance que por séculos se ergueu a acusação de imoralidade por parte de religiosos e moralistas; acusação não de todo injusta, note-se bem, e semelhante a esta que agora nós também movemos contra o cinema e a televisão quando insistimos na passividade compulsória do espectador, levado a aceitar tudo o que a tela lhe despeja no crânio, sem poder dar forma a uma participação crítica. Afora as diferenças substanciais entre a literatura — sempre "trabalhosa", pausada e crítica — e o estar ali feito estúpidos, olhando o vídeo, é preciso dizer que esse perigo de "captura" do leitor já existia no romance tradicional (sempre no romance inferior, mas também muitas vezes em obras-primas) e constituía sua razão de fascínio incomparável, bem como de impalpável fastio para quem não queria ser "capturado" por nada e por ninguém. No romance do século xx, o elemento "envolvente" foi se perdendo (permanecendo característico daquele tipo de literatura comercial conhecido justamente pelo nome de *suspense*) e a participação solicitada ao leitor passou a ser cada vez mais uma participação crítica, uma colaboração. Trata-se ou não de crise? Crise, sem dúvida, mas positiva. Ainda que a narração não se proponha outro fim que não o de criar uma atmosfera lírica, é somente com a colaboração do leitor que ela nasce, porque o autor pode apenas limitar-se a sugeri-la; ainda que não se proponha mais que um jogo, participar do jogo pressupõe sempre um ato crítico.

Assim, nenhuma destas várias definições de romance nos fala de algo que necessite ou possa ser mantido em vida hoje. Portanto não restaria senão concluir que continuar debatendo acerca do romance, fixando-se neste conceito, é uma perda de tempo. O importante é que se escrevam bons livros e, no caso, belas histórias: se serão romances ou não, que importa? Assim como o romance havia chamado para si funções de tantos gêneros literários, agora ele redistribui suas funções entre a narrativa lírica, a narrativa filosófica, o pastiche fantástico, a memória autobiográfica, ou de viagem, ou de confronto de si com lugares e sociedades etc.

Não há mais a possibilidade de uma obra que seja todas essas coisas juntas? Menciono uma leitura recente: *Lolita*. A virtude desse livro é que pode ser lido simultaneamente em vários planos: história realista e objetiva, "história de uma alma", *rêverie* lírica, poema alegórico dos Estados Unidos, divertimento linguístico, divagação ensaística sobre um tema-pretexto etc. Por tudo isso *Lolita* é um belo livro — por ser tantas coisas juntas, por conseguir levar nossa atenção a infinitas direções.

Devo reconhecer (malgrado correndo o risco de distanciar-me daquelas que até agora foram as minhas preferências e orientações de leitura, inclusive daquelas que expressei nas outras respostas a este questionário, as quais devem ser consideradas cronologicamente anteriores aos argumentos que passarei a desenvolver) que hoje há uma necessidade de leituras que não se esgotem numa só direção, uma necessidade que não é saciada por tantas obras até perfeitas, mas cuja perfeição consiste justamente em sua rigorosa unidimensionalidade. É possível contrapor a elas uma razoável quantidade de livros contemporâneos cuja leitura e releitura nos deu um especial alimento justamente porque, neles, podemos imergir verticalmente (isto é, perpendicularmente em relação ao sentido da história), fazendo contínuas descobertas a cada estrato ou nível: o da comédia humana, o do quadro histórico, o lírico ou visionário (das alegorias e dos símbolos os mais diversos), o da invenção de um sistema linguístico próprio e autônomo, o da rede de referências culturais etc. (Sobre livros desse tipo, por exemplo, Denis de Rougemont pôde escrever o recente ensaio acerca de Musil, Nabokov e Pasternak — ensaio que é uma das cem chaves com que esses três autores podem ser lidos.) Mas, pensando bem, não posso deixar de admitir que as possibilidades de leitura em múltiplos planos é, afinal, uma característica de todos os grandes romances de todas as épocas: até daqueles que nosso hábito de leitura nos acostumou a ler como se fossem algo estavelmente unitário, unidimensional.

Sendo assim, nesta altura creio que já seja possível arriscar uma nova definição daquilo que hoje (e, portanto, sempre) o romance é: *uma obra narrativa que pode significar e ser fruída em muitos planos interpenetráveis.* Considerado à luz desta definição, o romance não está em crise. Com efeito, em nossa época a plurilegibilidade da realidade é um dado de fato, fora do qual nenhuma realidade pode ser abordada. E há uma correspondência entre alguns dos romances que hoje se escrevem, se leem ou se releem e essa necessidade de representações do mundo por meio de aproximações pluridimensionais, quem sabe compósitas, em que uma unidade de núcleo mítico, um rigor interno — sem o que não existe obra de poesia —, venha a ser redescoberto para além das várias lentes de cultura, de consciência, de estro e de mania pessoal que compõem seu alcance de visão. Enfim, romances como era romance — e cito apenas um dos nomes que me ocorrem — o *Dom Quixote.*

Fala-se muito do romance ensaístico. Acha que essa forma está destinada a tomar o lugar do romance de pura representação (ou seja, behaviorista)? Em outros termos, Musil vai substituir Hemingway?

A correspondência entre cultura de uma dada época e literatura criativa se verifica e realiza mais adequadamente no modo de ver o mundo, ou seja, nos meios de expressão (behaviorismo--Hemingway, positivismo lógico-Robbe-Grillet etc.). Mas é natural que hoje também haja uma narrativa que ponha como objeto as ideias, a complexidade das sugestões culturais contemporâneas etc. Mas há pouco interesse em fazer isso reproduzindo discussões de intelectuais sobre tais argumentos. O bem é quando o narrador, a partir de sugestões culturais, filosóficas, científicas etc., extrai invenções narrativas, de imagens, de atmosferas fantásticas completamente novas; como nos contos de Jorge L. Borges, o maior narrador "intelectual" da atualidade.

A escola narrativa francesa, da qual fazem parte Butor, Robbe-Grillet, Nathalie Serraute e outros, proclama que o romance deu as costas definitivamente à psicologia. *Seria preciso deixar os objetos falarem, ater-se a uma realidade puramente visual. Qual é sua opinião?*

O perigo da *nouvelle école* é restringir o campo da literatura à discussão talvez mais rigorosa, mas certamente mais limitada, das artes figurativas. Quanto à recusa da psicologia, não tenho nada contra, mas o problema é que a *nouvelle école* dá as costas a tudo, exceto à psicologia. *A espreita* de Robbe-Grillet é uma narrativa belíssima até quando se descobre que toda a história gravita em torno do fato de o protagonista ser um paranoico. E *O ciúme*, obra de grande rigor e eficácia, é um estudo psicológico, embora representado por meio de uma enumeração de objetos, e não introspectivamente. Robbe-Grillet deveria levar sua geometrização até as últimas consequências, expurgar qualquer vibração psicológica. E Michel Butor deveria geometrizar mais a forma, conter-se numa cerrada economia narrativa. Se *Inventário do tempo* fosse apenas mais enxuto, seria o perfeito romance-labirinto que ele pretende ser. E *La modification* [A modificação] seria uma belíssima narrativa, caso fosse reduzida a um quarto de suas dimensões.

É notório que os romances modernos são escritos cada vez menos em terceira pessoa e, mais frequentemente, em primeira. E que essa primeira pessoa tende cada vez mais a ser a própria voz do autor (só a título de exemplo, o eu de Moll Flanders equivalia a uma terceira pessoa). Acredita que se possa retornar algum dia a um romance de pura objetividade, de tipo oitocentista? Ou acha que o romance objetivo não é mais possível?

Isso não depende dos escritores, mas do movimento dos tempos. Quando comecei a escrever, há uns quinze anos, parecia que a escrita objetiva tinha se tornado natural: vinha o impulso de escrever a história de todos os que se encontravam pela rua. Há tempos em que as histórias estão nas coisas, em que o próprio mundo tende a contar-se, e o escritor se torna um instrumento. E há tempos — como hoje — em que o mundo per se parece não ter mais empuxo, em que já não se lê no próximo uma história coletiva, e então o escritor só pode dizer do mundo aquilo que sabe em relação a si.

O que pensa a respeito do realismo socialista na narrativa?
A literatura revolucionária sempre foi fantástica, satírica, utopista. O "realismo" no mais das vezes traz consigo um fundo de desconfiança na história, uma propensão ao passado, talvez nobremente reacionária, talvez até conservadora no sentido mais positivo da palavra. Poderá haver algum dia um realismo revolucionário? Até agora não tivemos exemplos suficientemente comprovadores. O realismo socialista na União Soviética nasceu mal, sobretudo porque teve por suposto pai um escritor decadente e dado ao misticismo como Górki.

O problema da linguagem no romance é antes de tudo o problema da relação do escritor com a realidade de sua narrativa. Acredita que essa linguagem deva ser transparente como uma água límpida, de modo que se possa distinguir cada objeto em seu fundo? Em outros termos, acha que o romancista deve deixar as coisas falarem? Ou acha que o romancista deve antes de tudo ser escritor e até ostensivamente escritor?
A linguagem transparente como água límpida é um árduo ideal estilístico, que só se pode alcançar por um extremo cuidado com a escrita. Para "deixar as coisas falarem" é preciso saber escrever extremamente bem. Todos os estilos podem ser bons; o importante é não escrever terroso, rebarbativo, impreciso, casual.

O que acha do uso do dialeto no romance? Acredita que se possa dizer tudo com o dialeto, ainda que de maneira dialetal? Ou acha que apenas a língua seria a linguagem da cultura e que o dialeto tenha limitações muito fortes?

O dialeto pode servir como pauta para a língua de um escritor, isto é, como ponto de referência em determinadas escolhas linguísticas. Uma vez estabelecido que sob meu italiano há o dialeto X, de preferência escolherei vocábulos, construções e usos que remetam ao clima linguístico X, em vez de vocábulos, construções e usos que aludam a outras tradições. Esse sistema pode servir para dar coerência e perspicuidade a uma linguagem narrativa, desde que não se torne uma limitação às faculdades expressivas — aí, só restaria mandá-lo aos diabos.

Acredita na possibilidade de um romance nacional histórico? Ou seja, num romance em que de algum modo estejam representados os fatos recentes ou não tão recentes da Itália? Em outros termos, acha que é possível reconstruir episódios e destinos que não sejam puramente individuais e alheios ao tempo "histórico"?

O romance histórico pode ser um ótimo sistema para falar dos próprios tempos e de si.

Quais são os romancistas de sua preferência e por quê?

Amo sobretudo Stendhal porque somente nele tensão moral, tensão histórica e impulso de vida são uma coisa só: linear tensão romanesca. Amo Púchkin porque é limpidez, ironia e seriedade. Amo Hemingway porque é *matter of fact*, *understatement*, vontade de felicidade, tristeza. Amo Stevenson porque ele parece voar. Amo Tchékhov porque não vai além de onde vai. Amo Conrad porque navega o abismo e não afunda. Amo Tolstói porque às vezes estou prestes a entender como ele faz, e no entanto nada. Amo Manzoni porque até recentemente o odiava. Amo Chesterton porque queria ser o Voltaire católico, e eu queria ser o Chesterton comunista. Amo Flaubert porque depois dele não se pode mais pensar em fazer como ele. Amo o Poe de "O escaravelho de ouro". Amo o Twain de *Huckleberry Finn*. Amo o Kipling da série *O livro da selva*. Amo Nievo porque o reli muitas vezes, divertindo-me como se fosse a primeira. Amo Jane Austen porque não a leio nunca, mas estou contente de que exista. Amo Gógol porque deforma com nitidez, crueldade e medida. Amo Dostoiévski porque deforma com coerência, furor e sem medida. Amo Balzac porque é visionário. Amo Kafka porque é realista. Amo Maupassant porque é superficial. Amo Mansfield porque é inteligente. Amo Fitzgerald porque é insatisfeito. Amo Radiguet porque a juventude não volta mais. Amo Svevo porque de todo modo há que envelhecer. Amo...

A "TEMÁTICA INDUSTRIAL" (1962)*

Se fábricas e operários ocupam pouco espaço como paisagem e personagens da história literária, não se pode esquecer que eles têm um lugar imponente como paisagem e personagens da história das ideias dos últimos cem anos. O operário entrou na história da cultura como protagonista histórico-filosófico, ao passo que antes ocorria o contrário: o caçador, o pastor, o rei, o guerreiro, o agricultor, o mercador, o cavaleiro feudal, o artesão astuto, o cortesão amoroso, o burguês aventureiro entraram na história da cultura como protagonistas poéticos, em fábulas, epopeias, tragédias, éclogas, comédias, cantares, sonetos, novelas. (E os primeiros entre eles antes tinham sido ainda personagens ritual-religiosos ou narrativo-religiosos, pagãos ou bíblicos, e nessa linha o cristianismo também introduziu na história da cultura o escravo, o pobre, o marginalizado.)

Essa absoluta prioridade da definição de ordem histórico-filosófica pesou até agora em cada tentativa de definição de ordem poética da vida operária. Especialmente a narrativa não interveio senão para confirmar e exemplificar o que os ideólogos e os políticos já sabiam. Não há cidade industrial e operária representada por romancista de modo mais completo, inclusive como imagem lírico-evocativa de um estilo moral, que a Turim dos escritos de Piero Gobetti.

(*) Il Menabò, 5, pp. 18-21, 1962.

Tem-se a impressão de que o escritor entra melhor nesse campo quanto mais se inclina ao texto ensaístico, em primeira pessoa, do intelectual que comenta e se afasta de uma representação mimético-objetiva. (A poesia de Vittorio Sereni e o diário de Ottiero Ottieri no *Menabò 4* entram nesse tipo de abordagem.)

Assim que a voz "ensaística" do escritor-comentador se interrompe, começa o problema da escolha dos instrumentos linguísticos. Os exemplos de três livros italianos de assunto industrial que li há pouco (dois já publicados, e o terceiro prestes a sair) servem para ilustrar a questão: *Um momento de ira*, de Giovanni Arpino, *Memoriale* [Memorial], de Paolo Volponi, e *La vita agra* [A vida amarga], de Luciano Bianciardi.

Arpino, como muitos antes dele, quis dar voz (e pensamento) a seus operários por meio de uma linguagem unitária, que ao mesmo tempo fosse fala popular e expressasse uma consciência ético-político-cultural. A literatura engajada do pós-guerra (Vittorini, Pavese e todos nós que viemos depois) já tinha tentado introduzir em seus romances esse falar de política em termos popular-coloquiais e poético-alusivos, quase tentando pular o fosso que separa linguagem ideológica, linguagem cotidiana e linguagem literária. Essa síntese não se deu, e agora Arpino tropeça no mesmo fosso. Supor que já se alcançou uma harmonia cultural e moral ainda bem distante é precisamente o verdadeiro tema da história que Arpino narra em *Um momento de ira*, um dos temas mais sérios que um romance pode enfrentar hoje; só que hoje vemos claramente que não se pode enfrentá-lo com o recurso a uma linguagem que ainda corresponde àquela simplificação do problema.

Vivemos num âmbito cultural em que muitas linguagens e planos de consciência se entrecruzam. O pressuposto linguístico de Bianciardi em seu novo livro, que parte da paródia (de Kerouac, Gadda, Henry Miller) e da exibição jocosa das mais variadas competências lexicais, se revela capaz de servir à representação e expressão de um quadro e de um juízo da realidade industrial mais complexo (vejam-se as páginas sobre o desastre na mina, onde o acúmulo de uma terminologia técnica — química e de mineração — desemboca numa evocação nua e crua da morte), ainda que não saia dos limites de um protesto anárquico-privado. A impostação linguística de Volponi é a mais inesperada numa obra de "temática industrial", mas é a que tem resultados poéticos mais altos. Partindo da mimese de uma escrita rústica e um tanto exaltada (imitando a de um camponês-operário maníaco), Volponi chega a uma prosa de invenção toda tecida de imagens e tonalidades líricas, que tende à assimilação do mundo mecânico pelo mundo natural. Devemos considerá-la uma solução ou um expediente retardador? Feitas as contas, a tensão lírico-transfiguradora que Volponi alcança se mostra a mais adequada para expressar a contraditória e provisória situação atual: entre técnicas produtivas avançadas e a situação social-antropológica atrasada, entre fábricas feitas de vidro, aço e *human relations* e uma Itália obscuramente biológica.

Claro, não basta a escolha de um registro de linguagem; ou melhor, o conceito de "linguagem" deve ser considerado em sua acepção literária mais extensa, como método de representação da própria visão do mundo.

Vittorini (*Menabò 4*, pp. 19-20) definiu muito bem de que modo o problema deve ser situado no plano da experiência histórica global posta em movimento pela indústria (quanto a este ponto, a intervenção polêmica de Franco Fortini neste *Menabò 5* também é coincidente), e que ele não se resolve caso se limite à "temática". De onde quer que venham — marxistas ou neocapitalistas, "vanguardistas" ou tradicionalistas — as exortações e os voluntarismos para que se representem determinados conteúdos (a fábrica, os operários, o trabalho explorado ou satisfeito) ou se empreguem certas formas (inspiradas na racionalidade ou irracionalidade da vida industrial, em seu esforço ou em sua velocidade), eles sempre contam menos do que aquilo que a literatura elabora fora dessas exortações e voluntarismos, para finalmente instaurar — como sempre ocorre — uma relação com tais conteúdos e formas que não estava prevista.

Já a contribuição do sindicalista Bragantin neste *Menabò 5* se coloca em um plano rigorosamente pertinente. Seu "chamado à ideologia" é válido na medida em que não é apelo a uma literatura confirmadora e pleonástica, mas demanda uma contribuição *literária* para o conjunto de uma nova imagem do mundo que a ideologia socialista deve criar para si diante da segunda revolução industrial. Bragantin enfatiza justamente que a "questão do poder" precede as demais; acreditamos que quanto mais cedo nos libertarmos da alienação ao lucro privado, mais cedo se poderá pôr o problema da alienação "ao objeto" (um ponto que gostaríamos de ver mais explicitado na definição que Umberto Eco dá ao problema em seu ensaio). Mas bastaria uma ênfase levemente maior nessa demanda por um contributo ideológico para cair na pretensão de carrear para a literatura uma parte das tarefas que a ideologia, neste momento ainda vaga e deficitária, deve levar adiante em âmbito essencialmente científico. Nesse sentido, o exemplo que Bragantin aduz — Maiakóvski — também deve ser entendido na perspectiva do "projeto" poético que ele tentou abrir no coração do projeto político-econômico do período leninista: um novo campo literário, que entrasse em relação dialética com as outras dimensões da sociedade soviética em formação. Hoje, para nós, se trata de um campo literário que de um lado entre em relação dialética com a cultura socialista e, de outro, com a neocapitalista (aquele complexo de filosofias operativas, metodológicas e semânticas americano-vienense que não é o caso de simplesmente entregar ao capitalismo), sem se tornar prisioneiro das amarras de uma ou de outra, o que para mim equivale a dizer que se situe já naquele ponto de convergência de várias redes de onde partirá a futura visão perspectiva do socialismo.

Mas só poderemos ver de que modo esse campo da literatura vai se situar variadamente em relação à estrutura e à ideologia acompanhando a história da literatura desde a primeira revolução industrial e analisando a situação em que ela se encontra hoje: um exame que tentei fazer no ensaio *O desafio ao labirinto*, neste mesmo *Menabò 5*.

CORRESPONDÊNCIA COM ANGELO GUGLIELMI A PROPÓSITO DO DESAFIO AO LABIRINTO (1963)*

Caro Guglielmi,

Li seu ensaio para o Menabò 6. É bastante claro, bem argumentado, elabora uma imagem muito coerente da situação. Do mesmo modo, o quadro da situação traçado por hegeliano--lukacsianos é dotado de lógica e coerência próprias, chegando às mesmas conclusões suas: a literatura e a arte modernas são a negação da história (do humanismo), do projeto racional. O fato de eles atribuírem ao fenômeno um sinal negativo e você positivo não os diferencia muito: tanto você quanto eles chegam a um ponto em que só resta decretar o fim da literatura. Para o hegeliano-lukacsiano, uma vez que os meios de expressão estão todos contaminados pela decadência, não se vê como se poderia sair disso (a não ser por um encastelamento anti--histórico em posições classicistas). Para você, uma vez que a tarefa da arte é desmascarar a falsidade de todos os significados e de todas as finalidades históricas sem substituí-los por novos, reduzir a zero a concepção do mundo, a certa altura, reduzido a zero todo o reduzível, faltará o impulso necessário para escrever, o porquê, a polêmica com aquele outro-da-poesia, *que é sempre a condição dialética para que a poesia exista.*

(*) Italo Calvino e Angelo Guglielmi, *Corrispondenza con poscritto a proposito della "Sfida al labirinto"*, Il Menabò, 6, pp. 268-71, 1963.

■ *MUNDO ESCRITO E MUNDO NÃO ESCRITO*

E não se pode descartar que ambos tenham suas boas razões para diagnosticar esse fim da literatura. Mas isso não me sensibiliza muito. Para mim, todas as reduções a zero só me interessam e estimulam para ver o que haverá depois do zero, ou seja, ver de que modo a escrita será retomada, ou seja, de que modo a totalidade da cultura — que já suportou inúmeros terremotos e devastações e, especialmente por meio deles, viveu até agora — vai conseguir superar essa também (aliás, nem tão terrível se comparada a outras), ou seja, como será capaz de, mais uma vez, conferir valor de verdade a velhos argumentos que possam voltar a fazer sentido.

Você quer me convencer, com Beckett e Robbe-Grillet nas mãos, de que a realidade não tem sentido? Eu o acompanho, contentíssimo, até as últimas consequências. Mas meu contentamento é porque penso que, chegando ao extremo dessa abrasão da subjetividade, já no dia seguinte de manhã vou poder me dedicar — nesse universo completamente objetivo e assemântico — a reinventar uma perspectiva de significados, com a mesma e prazerosa aderência às coisas do homem pré-histórico que, diante do caos de sombras e sensações que bruxuleavam à sua frente, aos poucos conseguia distinguir e definir: isto é um mamute, esta é minha mulher, isto é um figo-da-índia, e assim dava início ao processo irreversível da história.

Receba, pois, meu abraço cordial.

I.C.

Caro Calvino,

Obrigado pela carta e pelo interesse que você demonstrou por meu ensaio.

Não tenho nada a objetar a suas contra-argumentações, exceto em um ponto a meu ver essencial, que é o seguinte: eu também estou interessado em um discurso "significativo", em uma literatura semântica, e também penso que, após ter reduzido o mundo a zero, será preciso recomeçar desde o início, com um discurso novo. O que contesto é que seja possível, hoje, iniciar esse discurso novo sem acabar enveredando por um discurso falso ou, de todo modo, não mais verdadeiro. E que este é o problema, você mesmo me dá a prova quando diz em sua carta que também desta vez a cultura "será capaz de [...] conferir valor de verdade a velhos argumentos que possam voltar a fazer sentido". Ora, o problema não é, ou melhor, não se resolve vestindo uma roupa surrada do avesso ou mandando o motor do carro para a retífica. Enquanto nos comportarmos como se o problema fosse simplesmente de atualização, multiplicaremos os equívocos, introduziremos novas falsidades e, assim, estenderemos ao infinito a vida (a necessidade) da cultura do grau zero ou desmistificadora. O primeiro passo para uma nova perspectiva de significados (que, no entanto, não é a literatura ou somente a literatura que poderá dar, mas antes ainda a filosofia, a moral, a política etc.) é liberar o campo das velhas perspectivas, que já não são vitais. Porém, se nos limitarmos a atualizá-las, só estaremos camuflando sua carga negativa e falseadora.

Há ainda outros pontos em sua carta sobre os quais eu teria algo a comentar. Por exemplo, não vejo como você possa dizer que a diferença entre minha posição e a dos hegeliano-lukacsianos seja tão irrelevante, se graças a essa diferença eu e os hegeliano-lukacsianos podemos expressar juízos diametralmente opostos sobre posições culturais e autores específicos, se graças a essa diferença eu posso indicar ou acreditar em uma possibilidade presente para a literatura ao passo que os hegeliano-lukacsianos a negam ou, caso se arrisquem a admiti-la, você logo se dá conta de que é um convite de retorno ao passado, a formas e pensamentos mortos.

O que é irrelevante é o fato de que haja coincidências de descrição (admitindo-se que existam): pontos de semelhança textual podem ser encontrados até entre uma carta de John Profumo a Christine Keeler e uma carta de Pascal à irmã.

Cordiais saudações do seu

A.G.

■ *MUNDO ESCRITO E MUNDO NÃO ESCRITO*

* * *

É claro que poderíamos continuar discutindo assim por um bom tempo sem avançar na questão. Porque são justamente as razões de fundo que nos dividem, a maneira de considerar certas atitudes-chave da cultura de nosso século. Para mim, se há uma velha cantilena que já não podemos repetir senão de modo crítico ou irônico é a da derrocada do racionalismo e do positivismo — ouço isso desde menino, e faz parte da mesma atmosfera de nossas leituras do pré-guerra. Crescemos numa época em que os únicos "valores" seguros eram os da derrocada: idealismo, bergsonismo, física moderna e adesão à realidade política só diziam isso, sempre a mesma música entoada pelas mais venerandas cassandras. (A poesia daquela época também só falava isso, mas para nossa sorte falava de modo diferente, ou seja, de um modo que, seja como for, nos servia — como costuma acontecer com a poesia.) A saída de uma condição de minoridade nos chegou quando compreendemos que as derrocadas da razão continuarão a existir, quem sabe até a cada dez minutos, mas o bom é ver que ponte você é capaz de construir em cada situação para passar ao outro lado e prosseguir o caminho. Somente com essa atitude será ainda possível conseguir ver como novas as coisas que serão novas; fora isso, vamos continuar repetindo sempre o mesmo refrão, como um realejo, e constatando que todos os gatos são pardos.

Consequentemente a figura ideal de leitor que pressupomos — eu e Guglielmi — para a literatura difere muito uma da outra.

Como leitores ideais para a literatura eu penso nas únicas pessoas que contam para mim, isto é, aquelas engajadas em projetos para o mundo futuro (ou seja, as que se importam com a influência recíproca entre projeto poético e projeto político, ou técnico, ou científico etc.), e mais precisamente engajadas numa racionalização do real (tarefa a que vale a pena dedicar-se justamente porque o real não é racional per se), e quero que essas pessoas se valham daquela peculiar inteligência do mundo que a literatura, e só a literatura, pode dar. A argumentação de Guglielmi pressupõe, ao contrário, o leitor que se compraz com o momento da derrota da racionalidade (momento inevitável e talvez necessário a qualquer processo de racionalização), porque assim ele encontra um álibi, uma folga, e passa a crer que se possa esperar em paz o fim de todos os velhos valores e, consequentemente, a revelação de valores novos (espera inútil, porque é somente na *contínua* busca de valores que a crosta dos valores antigos pode desmoronar — muitas vezes contra as próprias intenções de quem busca —, enquanto quem pensa que pode facilmente se declarar livre dos valores de hoje logo sente pesar sobre si a crosta dos valores de ontem, e quem se crê em férias da história logo se vê girando no carrossel de uma história apenas mais antiquada e previsível).

Outra diferença de fundo está naquilo que se busca na literatura: há quem procure algo que antes não conhecia ou não entendia, e há quem busque a confirmação das ideias que já tem. O primeiro valor é aquilo que comumente é chamado de "poesia"; o segundo é a estufa dos velhos professores. Se digo que a estética de Guglielmi se assemelha à dos hegeliano-lukacsianos (é bem verdade que eles chegam a resultados opostos: bela descoberta! — se não, qual o interesse em afirmar que se assemelham?) é que ambas são estéticas de professores, porque ambas procuram na literatura as ilustrações e os exemplos de um discurso elaborado em outro âmbito.

(A polêmica contra os "professores" pertence ao passado? Não: é polêmica de hoje e será ainda mais de amanhã, caso não se comece a perceber o perigo do neoprofessoralismo galopante.)

O discurso crítico geral que tentei fazer em sucessivos esboços tem apenas esse fio condutor: a poesia do *negativo* (também) é sempre (não só recuperável, mas) necessária a uma perspectiva *positiva* do mundo. Esta é a minha noção de "engajamento", distinta — me parece — daquela mais corrente, à qual Guglielmi me associa. Se ele tivesse compreendido isso, também teria tido mais clareza de que quando falei ao final de meu ensaio sobre uma literatura do *desafio ao labirinto* e da *rendição ao labirinto* não fiz (como em outras ocasiões) uma classificação de autores, uns de uma parte e outros de outra. Antes estava pensando em duas essências a serem — como escrevi — *identificadas* e *distinguidas* dentre os vários autores e as várias obras. Enfim, quero que o desespero de Beckett sirva aos não desesperados. De todo modo, os desesperados — ou seja, os obedientes habitantes do caos — não sabem o que fazer com ele.

I.C.

SOBRE A TRADUÇÃO (1963)*

Ilustríssimo diretor,

Uma crítica de Claudio Gorlier (em *Paragone*, n. 164, pp. 115-6) sobre a tradução de *Uma passagem para a Índia*, de E.M. Forster, publicada pela Einaudi, me impeliu a escrever esta carta na condição de colaborador da editora, não só para fazer justiça a uma de nossas melhores tradutoras, Adriana Motti, mas também para refletir sobre as tarefas da crítica partindo do ponto de vista específico da profissão editorial.

Os editores italianos publicam livros estrangeiros em traduções às vezes ótimas, às vezes razoáveis, fracas ou péssimas; os motivos dessa discrepância (que pode ser notada entre os livros de uma mesma editora) são os mais diversos. Digamos assim: na atual febre de crescimento produtivo da editoria italiana, nem todas as traduções conseguem ser ótimas. Mal relativamente menor, desde que se trate de obras menores; mas grave prejuízo e desperdício quando se trata de um livro de grande valor literário. Portanto, hoje mais do que nunca se sente a necessidade de uma crítica que entre no mérito da tradução. Tal necessidade é sentida pelos leitores, que querem saber até que ponto podem dar crédito à qualidade do tradutor e à seriedade da marca editorial; pelos bons tradutores, que prodigalizam tesou-

(*) *Paragone Letteratura*, XIV, 168, pp. 112-8, dez. 1963.

ros de escrupulosidade e de inteligência e ninguém nunca lhes diz um: oh!; e pelos homens do meio editorial, que querem o merecido aplauso para os bons trabalhos e o pelourinho para os resultados diletantes (sempre na esperança de que essa severidade não atinja a própria escuderia, mas a dos concorrentes), e que acham ter tudo a ganhar se a seleção e o controle dos tradutores ocorrerem com a colaboração da crítica e diante do público.

Sendo assim, o fato de que esse tipo de crítica comece a entrar em uso é do agrado de muitos de nós, que a seguimos com interesse. E, ao mesmo tempo, confiamos a ela uma absoluta responsabilidade técnica. Entretanto, se esse sentido de responsabilidade falhar, só se estará contribuindo para aumentar a confusão, provocando nos tradutores um desalento que logo se transforma em *pis aller*, em rebaixamento geral do nível. Não é a primeira vez que ouvimos de um bom tradutor: "Sim, é verdade, dou a alma para resolver dificuldades que ninguém nunca se colocou nem perceberá, e depois o crítico X abre o livro ao acaso, põe os olhos numa frase que não lhe agrada, quem sabe sem sequer conferir o texto, sem se perguntar como poderia ser resolvida de outro modo, e em duas linhas liquida toda a tradução...". Têm razão de se queixar: um autor sempre goza de uma multiplicidade de avaliações e, se topa com um crítico que o massacra, sempre haverá quem o defenda; já sobre o trabalho dos tradutores os julgamentos da crítica são tão raros que se tornam inapeláveis, e, se alguém disser que uma tradução é ruim, o julgamento entra em circulação e todos o repetem.

Na realidade não é tanto com Gorlier que eu deveria travar esta discussão, mas com Paolo Milano. Deve-se dar a Paolo Milano o grande mérito de ser talvez o único crítico da imprensa periódica que, quase regularmente, dedica uma parte (às vezes um quarto) de seu artigo às qualidades e aos defeitos da tradução. Consegue fazê-lo de maneira ampla e exemplificada, apesar das limitações de espaço de um semanário; e de modo a interessar o leitor e afugentar qualquer traço de pedantismo. Nesse sentido, a crítica que ele faz é modelar e corresponde às necessidades de hoje. Dito isto, devo acrescentar que várias vezes nos vimos em desacordo com seus julgamentos. Lamento não dispor agora de uma coleção do *Espresso* e não quero citar de memória; mas o fato é que ele castigou muitas traduções que não o mereciam e absolveu outras que, ao contrário, mereceriam reparos.

A arte de traduzir não atravessa um bom momento (nem na Itália nem em lugar nenhum; mas aqui nos limitaremos à Itália, que no fim das contas não é o país que mais teria a se lamentar nesse campo). A base de recrutamento, ou seja, jovens que conhecem bem ou razoavelmente uma língua estrangeira, com certeza se alargou; mas é sempre menor o número daqueles que, ao escrever em italiano, se movem com aqueles dotes de agilidade, segurança de escolha lexical, de economia sintática, de sentido dos vários níveis linguísticos, enfim, de inteligência do estilo (no duplo aspecto de compreender as peculiaridades estilísticas do autor a ser traduzido e de saber propor equivalentes italianos numa prosa que se leia *como se tivesse sido pensada e escrita diretamente em italiano*) — justamente os dotes em que se assenta o gênio singular do tradutor.

Além dos dotes técnicos, tornam-se cada vez mais raros os dotes morais: aquela tenacidade necessária para se concentrar meses a fio na escavação cada vez mais funda daquele túnel, com um escrúpulo que a cada momento está a ponto de se afrouxar, com uma faculdade de discernir que cada instante está a ponto de se deformar, de ceder a cacoetes, alucinações, reviravoltas da memória linguística, com aquele tormento de perfeição que deve se transformar numa espécie de metódica loucura, e que da loucura tem as inefáveis delícias e o desesperar desgastante...

(Quem escreve esta carta é alguém que nunca teve a coragem de traduzir um livro na vida; e por isso mesmo se entrincheira atrás de sua falta desses dotes morais específicos, ou melhor, de resistência metodológico-nervosa; mas já em seu ofício de carrasco dos tradutores sofre bastante, com o sofri-

mento alheio e seu próprio, tanto pelas más quanto pelas boas traduções.)
(Antigamente os escritores traduziam, sobretudo os autores jovens. Hoje, parece que têm outras coisas a fazer. De resto, temos certeza de que o italiano dos escritores é melhor? O sentido do estilo se torna mais raro. Poderíamos dizer que o menor compromisso dos jovens escritores com a palavra e as vocações mais raras de tradutor são faces do mesmo fenômeno.)

Nesta situação, em que o autêntico tradutor deve de todo modo ser encorajado, apoiado e valorizado, é de fundamental importância que a imprensa diária e as revistas literárias avaliem as versões. No entanto, se a crítica contrair o hábito de acabar com uma versão em duas linhas, sem se dar conta de como as passagens mais difíceis e as características do estilo foram resolvidas, sem se perguntar se havia outras soluções e quais, então é melhor não fazer nada. (Menciono o caso mais frequente: o lapso. Com certeza o lapso deve ser criticado. Mas isso não basta para julgar uma tradução. Às vezes o lapso se oculta na página do tradutor mais experiente e respeitável, aquele que todos acreditam não precisar de revisão nas redações, que corrige pessoalmente suas provas etc., quando às vezes o lapso não aparece no teste de um novato, de quem se tentou consertar cada vírgula, e que chega à tipografia corrigida de cima a baixo...)

A abordagem crítica de uma tradução deve ser feita com base em um método, sondando amostras muito amplas, que possam servir como decisivas pedras de toque. De resto, este é um exercício que gostaríamos de recomendar não só aos críticos, mas a todo bom leitor: como se sabe, só *lemos* verdadeiramente um autor quando o traduzimos — ou quando comparamos o texto com uma tradução, ou comparamos versões em línguas diferentes. (Outro método ótimo para a crítica é o cotejo a três: texto, versão italiana e versão em outra língua.) Juízo técnico, antes que de gosto: nesse terreno, as margens de opinião entre as quais sempre oscila o julgamento literário se restringem bastante. Se defendo que a tradução de Adriana Motti é excelente, e Gorlier só vê nela motivos de censura, não se trata de uma questão subjetiva ou de "pontos de vista". Um dos dois está errando, eu ou ele.

Reproduzo a passagem de Gorlier, ou melhor, o parágrafo que se refere à tradução:

(Digamos decente, mas não mais que isso. De fato, este *Uma passagem para a Índia* publicada pela Einaudi nos deixa um pouco perplexos já a partir do título, que soa mal e equivocamente em italiano [*Passaggio in India*]. De resto, como é possível que um bom tradutor use "absolutamente" em sentido negativo, quando apenas um estudante do instituto técnico se permitiria isso? Ou escreva "quê?" em vez de "o quê?"? Ou ignore que na maior parte dos casos "dissolved" significa "solto", e não "dissolvido"?)

Passo imediatamente à questão do título, cuja responsabilidade cabe apenas à editora, e não a Adriana Motti. Discutimos durante meses, antes de nos decidirmos. Na Itália, o uso geral recomendava mudar radicalmente os títulos pouco traduzíveis, isso até uns dez anos atrás; mas, por sorte, de uns tempos para cá, todos se convenceram de que não traduzir fielmente um título é uma arbitrariedade gravíssima. No entanto, me parece que colocar *Viagem à Índia* seria prestar um péssimo serviço ao livro. Não é só pelo fato de que, justamente nos últimos meses, as vitrines das livrarias estavam com três ou quatros livros intitulados mais ou menos assim, todos de autores italianos que estiveram na Índia e logo fizeram seu belo livro de viagem; é também porque, em italiano, o título "Viagem a qualquer lugar" pressupõe o gênero "livro de viagem" (acaso a mesma coisa não vale para o inglês "Travel"?). E então? *Um passeio na Índia? Uma temporada na Índia?* De todo modo essas opções diminuíam e nivelavam o significado, aboliam aquele tanto de vibração simbólica que "Passage" me parece carregar. E que também encontro em "Passagem", palavra com tantas ressonâncias (por acaso não se diz "a vida é uma passagem..."?). Gorlier diz que soa mal, e sinto que muitos lhe dão razão. Quanto a mim, devo dizer que "passagem" é uma palavra que me agrada muitíssimo, inclusive nas locuções derivadas, como "de passagem", uma linda expressão italiana. Soa *equivocamente*, acrescenta Gorlier. Isso mesmo: eu queria uma palavra que tivesse um campo vasto de significados, um halo de ambiguidade simbólica, que justamente correspondesse (como Gorlier muito bem nos ensina) ao caráter do livro. Mas vejo que neste ponto ninguém me dá razão, e devo me render. Se numa reedição o editor quiser mudar o título, nós o faremos. Fim da autodefesa quanto ao título.

Gorlier não encontra erros na tradução. (Dela se servirá amplamente em todas as citações.) Faz três reparos ao italiano da tradutora, incluindo a escolha do vocábulo "dissolvido". Na p. 353 (como os números das páginas sob acusação não foram assinalados, tivemos de repassar todas as 355 páginas do livro) efetivamente se diz: "quando terminou, o espelho da paisagem se rompera, o prado dissolvido em borboletas". Gorlier teria preferido: "o prado *solto* em borboletas"? Que me desculpe: Adriana Motti fez muito bem em usar "dissolvido".

"Absolutamente" em sentido negativo também não me agrada, embora eu não compartilhe o escândalo didático de Golier. Página 247: "— Temo que seja muito desencorajador para você. — Absolutamente, não me importo com isso." Podia ter posto "nada" ou "que nada"? Havia a rima com "assustada": são as habituais sinucas de bico do tradutor. Podia ter posto "de modo nenhum"? Bem, talvez tenha tido um escrúpulo (excessivo) por aquele "não" logo em seguida. A tradutora me escreve em sua carta de *doléances*: "Até no Rigutini-Fanfani (Florença: Barbera, 1893, p. 32) o verbete 'absolutamente' é registrado em sentido negativo com uma reprovação bastante branda, que é quase uma concessão ao uso". Não sou um devoto de dicionários: o que conta para mim é a vitória da harmonia e da lógica interna da frase tomada em seu conjunto, ainda que isso se dê por uma pequena violência, o puxão que a fala tende a impor à regra. E, aos meus ouvidos, a frase em questão soa bem: o "não" de "não me importo" desbota sobre o "absolutamente", o engloba. O espírito do italiano está justamente em coisas como estas: esta é a sua incomparável riqueza, sua maldição (porque torna a literatura italiana substancialmente intraduzível) e sua dificuldade (ai de quem acha que pode solecizar sem ouvido e sem lógica; somente a quem foi concedida a árdua Graça da Língua é permitido pecar e ser salvo!).

"Quê?" por "O quê?". E aqui perco a paciência. Com todo o trabalho que a literatura criativa fez para dar ao italiano escrito a imediaticidade de uma língua viva, com todo o movimento de ideias que a linguística moderna suscitou em cada campo da cultura, fazendo do fato "linguagem" um todo movente e orgânico, com suas trocas recíprocas entre fala e escrita, suas subidas e descidas, estávamos há tempos convencidos de que os cultores da toleima purista estivessem confinados entre os Bouvard e Pécuchet de certas coluninhas de jornais e semanários. "Quê?" em lugar de "O quê?" se usa, e é sacrossanto usá-lo, porque é mais breve, porque elimina um termo (a repetição de termos, flagelo de todo aquele que escreve), não tira a clareza do discurso e, sobretudo, entra na lógica das simplificações feitas pouco a pouco, ao longo dos séculos, pelo italiano e outras línguas neolatinas.

Antes de confiar uma tradução a alguém, primeiramente nos asseguramos (e creio que posso falar coletivamente, em nome das várias redações editoriais) da fluência e da espontaneidade, e não do pedantismo e do preciosismo de sua língua. Portanto, isso que Gorlier censura é justamente o que chamamos de "escrever bem", a conditio sine qua non para ser tradutor.

Para ser tradutor. Porque é possível ser um estudioso sério, e até um crítico de claro entendimento, e "escrever mal". (Não vamos agora entrar na velha questão dos grandes escritores que "escrevem mal", o que nos levaria longe demais.) "Escrever mal", isto é, mover-se pouco à vontade na língua, como um paletó que aperta nos cotovelos, sem liberdade, sem reflexos rápidos. Pode-se acusar um crítico de arte de não saber segurar um pincel? Certamente não. Do mesmo modo não queremos recriminar o estudioso de literatura que, ao final da mesma página em que deu lições de língua, escreve "contida pela orelha" (uma gralha? Tudo leva a crer que não), que escreve "sensibilizar--se" e "agudizar-se", ou seja, que é desprovido de defesas contras as mais nefastas — estas, sim — deturpações jornalístico--burocráticas da língua, desprovido daquele brilho que, no momento da queda, socorre o errante amado pelos deuses e faz flutuar diante dele, numa auréola de luz, o verbo único e perfeito: "aguçar-se!" — antes que o breu retorne. Se seus ensaios forem sustentados por um pensamento robusto, serão lidos e apreciados ainda que mal escritos. Mas ele deve prevenir-se contra uma tentação: transfundir seu desconforto linguístico (que não é nem mesmo um pecado venial, mas uma das infinitas peculiaridades do indivíduo) em um amor malposto por uma língua abstrata e imóvel, que ele imagina, justamente por essa imobilidade, poder também possuir. O amor pela língua é coisa bem diversa e nasce de uma oposta disposição de ânimo, vibra de uma neurose mais aguda e inteiramente outra.

(Em tom indulgente, este é meu discurso oficial. Em segredo, em silêncio, desafogo meu desgosto ao ver entre os críticos novos a palavra — substância primeira de toda literatura — usada com tanto embaraço, cansaço e surdez, e me pergunto o que pode ter levado esses jovens a estudos seguramente penosos e ingratos para eles. E em segredo subscrevo estas palavras recentes de Emilio Cecchi no *Corriere della Sera* de 4 de outubro de 1963: "Em um ensaio crítico, a qualidade da prosa é garantia da verdade e da vitalidade das impressões e ideias que são expostas; aliás, chega a ser parte intrínseca daquela verdade e vitalidade". E em segredo vou sonhando que, daqui a pouco, dividido o reino das letras entre as facções opostas dos tradicionalistas e dos inovadores, irmanados numa igual insensibilidade pela palavra, poderei finalmente escrever obras clandestinas, perseguindo um ideal de prosa moderna a ser transmitido às gerações que quiçá quando voltarão a entender... Eis que ultrapassei os limites que me havia proposto: isto devia ser somente a carta de um membro de staff editorial que discute com os críticos. Volto ao tema.)

Gorlier condena as editoras italianas de subestimarem ou

retardarem o ingresso na Itália de autores anglo-saxões de primeiro plano e de, ao contrário, publicar jovens escritores de segundo plano. Os nomes que ele menciona quanto ao primeiro tipo são quase todos de autores prestes a serem publicados por várias editoras italianas, escritores em grande parte de um sofisticado empenho estilístico, para os quais é preciso esperar apenas que sejam publicados quando tiverem traduções realmente boas. (Não é difícil de entender por que tantos autores não foram publicados antes: a capacidade de produção e de absorção na área do livro aumentou há poucos anos na Itália; é natural que, no novo clima, a atualidade editorial estrangeira fique com a parte do leão, e a retomada do que tinha ficado para trás por tantas décadas avance com maior lentidão.)

Já como exemplo de autores secundários que foram traduzidos aqui, Gorlier cita Purdy e Sillitoe. "Um Sillitoe faz pontualmente sua aparição." Ufa. De Sillitoe até agora só foi traduzido o primeiro livro, *Saturday Night and Sunday Morning* [*Sábado à noite e domingo de manhã*], um bom romance, interessante, não uma obra qualquer. Depois deste, saíram na Inglaterra outros quatro livros dele (se não perdi a conta) que ainda não foram publicados por nós; alguns deles (há uns ótimos, e outros não tão bons) sairão na Itália, sem uma excessiva *pontualidade*, mas também sem nenhuma intenção de negligenciar ou menosprezar esse autor.

Se Sillitoe é apreciado e traduzido em todo o mundo, o caso de Purdy é diferente. Mesmo nos Estados Unidos ele ainda não teve sucesso, nem de crítica nem de público; é um pouco uma descoberta nossa; foi um dos faros mais apurados e menos indulgentes da editoria italiana (agora infelizmente convertido, por esnobismo cético, à cultura de massa e sumido em paragens interplanetárias) que o apontou entre mil autores norte-americanos de contos, todos igualmente espertos e espirituosos, mas sem lances excepcionais. Purdy é um pequeno achado do qual estamos tranquilamente orgulhosos. Ainda não publicamos *Malcolm*, seu livro mais delicado e lunar, mas esperamos lançá-lo em breve.

Enfim, me parece que Gorlier entende a tarefa do editor como a de alguém que toma nota dos valores consagrados nas várias literaturas, das hierarquias estabelecidas por idade e fama, e as transporta para cá ponto por ponto. Nós, ao contrário, a entendemos de maneira oposta: o que nos apaixona e diverte no trabalho editorial é justamente propor perspectivas que não coincidem com aquelas mais óbvias. Assim, ao acompanhar as fontes de informação, a crítica estrangeira e os elogios dos editores, estamos sempre atentos a não nos tornar reféns das avaliações alheias, a escolher sempre com base em *nossas* razões, fazendo com que nossas escolhas repercutam na fama de um autor em âmbito internacional. Selecionar livros estrangeiros é troca entre duas partes: a literatura estrangeira nos dá um autor, e nós lhe damos nossa escolha, nosso aval, que também é um "valor" justamente na medida em que é fruto de um gosto e de uma tradição diferente.

A esta altura devo dizer que, assim como uma tradução não pode ser julgada com base em poucas linhas isoladas, tanto menos cabe julgar com esse metro um ensaio crítico. E as reflexões de Gorlier sobre o livro de Forster são bastante ricas, sugestivas e agudas. Também acho justa sua crítica à orelha da edição da Einaudi, que de fato diminui o valor do livro. Mas escrever orelhas também é uma arte difícil: para um livro importante e que recusa definições sintéticas (como todo o texto de Gorlier demonstra), ninguém quer se comprometer a condensar uma apresentação em vinte linhas — e é raro que as páginas do especialista erudito tenham o "talhe" necessário.

Já que estou envolvido nisso, gostaria de me permitir uma última divagação, dirigida não a Gorlier — com quem concordo neste ponto —, mas à crítica em geral. Vemos que, entre críticos e resenhistas, tornou-se quase de regra elaborar seu texto discutindo com a orelha ou o release editorial (ou então, entre os mais preguiçosos e tímidos, parafraseando a orelha). Seja como for, o editor tem, com a "orelha", um poder que me parece excessivo: pautar toda a discussão crítica — se concorda ou se discorda, mas não sai daqueles temas, daquelas ideias. Alguém dirá: é um pretexto qualquer para começar a falar. Sim, mas me parece que o verdadeiro objeto da crítica, o livro, termina por ser deixado para trás; o verdadeiro sentido, a verdadeira emoção de toda corrida crítica, o crítico que pega o touro-livro pelos chifres, o touro-autor, tudo isso se perde. Em vez de enfrentar o autor, o crítico se bate... com quem? No melhor dos casos, com essa nova entidade de nossa vida literária que é o "diretor de coleção", mas mais frequentemente com o anonimato do editor, isto é, com jovens da redação ou da publicidade, em geral tipos espertos e bem informados, mas levados por natural deformação profissional a simplificar e atuar no atacado. Acho que, inclusive para o leitor, seria melhor pedagogia ensiná-lo a abordar o livro abrindo-o na primeira página. Tanto que quase começo a pensar se não seria mais instrutivo publicar os livros lisos e secos como pregos, como se faz (se fazia) na França.

    Peço desculpa pela extensão desta carta. Escreve-se continuamente sobre literatura, ao passo que quase nunca se discute sobre esses assuntos de cozinha editorial, os quais no entanto tomam tanta parte de nosso tempo e de nossas preocupações. Por isso eu tinha tantas coisas a dizer. Obrigado.

I.C.

CARTA DE UM ESCRITOR "MENOR" (1968)*

Caro Fink,

Sua resenha sobre *Ti con zero* publicada em *Paragone* me deu a rara satisfação de encontrar um crítico atentíssimo, que sabe *ler* (e citar) sem perder nada do que está na página. As três partes do livro são muito bem descritas, seja na análise de cada um dos contos, seja nas definições sintéticas, como aquela belíssima da segunda parte. (Seu ouvido estilístico faz descobertas surpreendentes, como as assonâncias pavesianas nas *Cosmicômicas*. Eu jamais teria pensado nisso, mas sua citação é persuasiva.) Mas não gostaria que você visse o valor da terceira parte apenas como uma polêmica com outros "desnarradores"; ou seja, meu trabalho — autônomo, e naturalmente aprecio que isso seja reconhecido — se move num espaço que não é decidido por mim, mas que é a situação literária na qual me encontro sucessivamente operando, e que sempre põe novos problemas. Claro, venho de experiências diversas das que hoje dominam o discurso literário, mas esse clima diferente que se criou me fez aprofundar aspectos que já estavam presentes em meu trabalho, dos quais mais ou menos obscuramente eu já me dava conta. Por exemplo, a propósito de situações culturais que não esco-

---

(*) Carta a Guido Fink, de 24 de junho de 1968, publicada em *Paragone Letteratura*, XXXVI, 428, pp. 7-9, out. 1985.

lhemos, mas em que nos vemos atuando: é muito justo que você defina de "bassanianos" *Os vanguardistas [fascistas]* em *Mentone* etc., porque sem Bassani eu nunca teria chegado àqueles contos, àquele particular enfoque de materiais autobiográficos — digamos, da própria singularidade da experiência num ambiente burguês de província. Para mim, Bassani foi importante por me tirar do impasse que imobilizou meu primeiro estilo do pós-guerra. (Mas na época eu não era capaz de perceber o verdadeiro valor de Bassani, valor que logo depois ele mesmo perdeu: a tentativa de fazer uma *ghost story* jamesiana da burguesia na Itália.) Entretanto ali (justamente por falta dessa fresta que acabei de mencionar) eu terminaria recuando de vez para uma zona de pequena literatura, do tipo *Il Mondo*, feita de autossuficiência moralista, sabedoria fácil e lirismo nostálgico. Portanto aqueles meus contos (quem sabe até mais bem-sucedidos que outros, mas isso não importa) correspondem a uma involução minha e do clima da literatura italiana daqueles anos, e lamento que você se recorde tão bem deles e os cite duas vezes. Então estou contente que você ache *Ti con zero* simpático; porém, quanto mais são "antipáticos" (isto é, difíceis de engolir segundo nossos hábitos de pensamento e nossos gostos), mais os livros contam; quanto mais trabalhosa é sua aquisição, mais contam. Mas agora preciso especificar: fazer um juízo desta fase de meu trabalho em relação e em oposição com a literatura de vanguarda europeia me parece pouco pertinente, porque está claro que continuo sendo um escritor de matriz artesanal, gosto de fazer construções que fecham bem, tenho uma relação com o leitor baseada na recíproca satisfação, ao passo que a vanguarda, antes de ser literatura, é uma atitude humana, uma relação diferente com a obra e o leitor (e é julgada segundo a peremptoriedade e o heroísmo dessa atitude); se alguém, digamos, "não nasce para isso", ou seja, se não tem essa característica como vocação fundamental, seria ridículo enveredar por ela. Só queria dizer isto: eu faço artesanato, mas numa época em que a vanguarda faz isso e mais aquilo; e ainda que os campos não se toquem eles se influenciam (como qualquer campo da palavra não pode ser indiferente aos outros campos da palavra). Por exemplo, agora estou lendo Heissenbüttel e eis que ele também me explica as coisas que estou fazendo, vejo com interesse — e gostaria de enfatizar isso — uma analogia entre minha posição (no plano do artesanato) e a dele (no plano da vanguarda).

Em suma, o que conta para mim é a participação em um trabalho comum, não os "resultados verdadeiramente maiúsculos" que você lamenta eu não ter atingido. Importa apenas a contribuição àquele algo de complexo que é uma cultura. O que são os resultados "maiúsculos"? Somente uma situação cultural *posterior* é que confere o valor de *maiúsculo* a um resultado. E mesmo isso não é senão símbolo de todo um trabalho de resultados, quem sabe até minúsculos, mas importantes. Acho que esse é um critério que não leva a lugar nenhum: vamos deixá-lo para as revistas de variedade literária que entrevistam escritores sobre a possibilidade de escrever "obras-primas". Quanto a mim, devo dizer que nunca dei a mínima aos resultados maiúsculos. Desde jovem, minha aspiração era tornar-me um "escritor menor". (Porque os chamados "menores" eram os que sempre me agradavam mais, e de quem eu me sentia mais próximo.) Mas esse critério já estava errado de saída, pois pressupõe que existam os "maiores".

No fundo, estou convencido de que não só não existem autores "maiores" e autores "menores", mas nem sequer existem "autores" — ou, de qualquer modo, não contam muito. A meu ver você ainda se preocupa demais em explicar Calvino com Calvino, em traçar uma história, uma continuidade de Calvino, e talvez este Calvino não tenha continuidade, morra e renasça a cada momento; o que importa é se, no trabalho que ele faz em certo momento, há alguma coisa que possa interferir no trabalho presente ou futuro dos outros, como pode ocorrer a qualquer um que trabalha, pelo simples fato de combinar e acumular possibilidades.

Mas devo acrescentar que, embora eu não a aprove metodologicamente, essa sua busca pelo verdadeiro Calvino leva a estabelecer um mínimo denominador comum que me agrada: *agressividade e nítida oposição*. Se isso transparece até de narrativas em que eu me propunha a ser o mais impessoal e distanciado possível, deve haver aí alguma verdade, e isso me deixa contente. Por isso seu ensaio me deu uma grande satisfação — como pode ver pela discussão passional que suscitou em mim —, e lhe sou imensamente agradecido.

Seu

Italo Calvino

*LITERATURA SENTADA (1970)**

G.C.: *O escritor trabalha sentado (quando não é tão sábio ou fantasioso para buscar outras posições), e o sedentarismo é um mal profundo. Um mal para todos, um mal universal do civilizado ocidental. Em seu imortal* De valetudine litteratorum, *Tissot diz que todas as desventuras físicas dos escritores advêm do esforço assíduo da mente* [mentis assiduus labor] *e da excessiva inatividade do corpo* [corporis continua requies]. *Também fala de uma culpa por estar sentado: culpa higiênica — mas uma culpa higiênica é a verdadeira culpa, um pecado contra o corpo, instrumento da palavra. Madame de Sévigné escreve à filha com conhecimento de causa: "Quase todos os nossos males decorrem de estarmos em cadeiras"* [textualmente: *d'avoir le cul sur la selle*]. *Por causa do sedentarismo, Van Swieten vê os homens das letras predestinados à apoplexia:* frequenter a tali causa oritur apoplexia. *Valensin, brilhante sexólogo, autor de um memorável livrinho sobre a próstata, infelizmente quase desconhecido na Itália, listando os problemas que o sedentarismo provoca na bexiga, observa que os japoneses modernizados, ao descobrirem a cadeira, ao mesmo tempo descobriram a hipertrofia prostática.*

Ficar sentado é com certeza um mal, mas andar a cavalo

(*) Resposta à questão de Guido Ceronetti sobre *Letteratura a sedere*, *Il Caffè*, XVII, 3, pp. 133-4, out. (dez.) 1970.

seguramente não era mais saudável. Entre tantas outras coisas, literatos e cavaleiros têm em comum o hábito de forçar o corpo a uma posição inatural. Seja como for, é sempre melhor ficar sentado que de pé e ter varizes. Na realidade, todos os males do homem decorrem de ele ter decidido ser um bípede, quando sua natureza lhe impunha distribuir o peso do corpo sobre quatro membros. Diga-se que, ao fazerem isso, nossos progenitores desenvolveram a habilidade das mãos que, liberadas da função locomotriz, tornaram possível a história humana. Mas penso que o perfeito equilíbrio tenha sido alcançado durante a longa era de permanência nas árvores. Embora as mãos não estivessem inteiramente disponíveis para as técnicas e as artes, devendo ainda servir para agarrar-se aos galhos, a variada estrutura dos suportes arbóreos impunha ao corpo humano posições sempre diversas, dando ocasião ao brilho de talentos continuamente novos. Basta pensar em como as civilizações terrícolas humilharam a inteligência do pé, favorecendo a vitória de uma obtusa progênie de homens de pé aderente ao solo com estulta e calosa pervicácia, obstruindo o caminho da seleção natural aos dotados de pés preênseis, versáteis, industriosos, agilmente digitais, nervosamente táteis, musicais.

 De todo modo, as glaciações que nos expulsaram das árvores, condenando-nos a uma vida que não nos é adequada, foram um evento irreversível. Construímos um mundo para bípedes sentados que não há mais nada a ver com nosso corpo, um mundo que será herdado pelos organismos mais aptos a sobreviver nele. Passando grande parte de minha vida parado à beira de uma escrivaninha, a forma que me seria mais cômoda assumir é a da serpente. Envolta em suas espirais, a serpente distribui seu peso uniformemente sobre todo o corpo e pode transmitir cada mínimo movimento a todos os membros, mantendo-os em exercício mesmo sem se deslocar. Porém me dou conta de que um mim-mesmo-serpente, dispondo apenas da cauda para todas as operações manuais, veria diminuídas algumas capacidades físico-mentais ligadas à digitação, da datilografia à consulta de obras de referência, da arte de contar nos dedos até o ato de roer unhas etc.

Então a forma perfeita seria a do polvo e seus tentáculos, cuja redundância de membros de grande versatilidade locomotriz-preênsil-postural se tornaria um incentivo a novos talentos operacionais, a novas metodologias e atitudes. Além disso, os polvos podem perfeitamente guiar um carro. É claro, pois, que os polvos tomarão nosso lugar. O mundo que construímos foi feito à sua imagem e semelhança: trabalhamos para eles.

FURTOS COM ARTE (CONVERSA COM TULLIO PERICOLI) (1980)*

P<small>ERICOLI</small> — Os desenhos da mostra que intitulei "Roubar de Klee" nasceram de uma necessidade prática: suspender deliberadamente por um tempo meu modo habitual de trabalhar para evitar o risco de que ele se tornasse repetitivo. Refiro-me mais precisamente à maneira de começar e de desenvolver a elaboração de um desenho. Sentia-me induzido a repetir as mesmas operações, a preparar a folha do mesmo modo, a partir do mesmo traço, quase da mesma imagem, a usar os mesmos tons.

Por que, a esta altura, me meti a trabalhar sobre Klee, começando algo semelhante a uma experiência de laboratório? Provavelmente porque, no mesmo momento em que me surgiu a necessidade — ou o desejo — de uma mudança, percebi que devia acertar as contas até o fim com aquele que eu tinha sido e, portanto, com certos mecanismos de meu trabalho e finalmente com Klee: o criador com quem praticamente convivi durante anos. Uma convivência que também me incomodou. Não podia fingir que tinha resolvido esse problema empurrando-o para baixo do tapete. Precisava enfrentá-lo do modo mais direto. (Talvez eu apenas tenha querido possuir até o fundo uma coisa da qual, na verdade, eu queria me libertar de uma

---

(*) Italo Calvino — Tullio Pericoli, *Furti ad arte*, conversas por ocasião da mostra de Tullio Pericoli Rubare a Klee. Milão: Edizioni della Galleria del Milione, 1980, 16 pp. não numeradas.

vez por todas.) E o contato direto com Klee me ajudou a romper os gestos automáticos de meu braço e a me mostrar quantas resistências estavam acumuladas nele.

Para realmente roubar de Klee eu precisava rastrear sua descoberta, a ponta mais avançada e mais luminosa de sua busca, e levá-la comigo. Dar-lhe uma nova "vida metempsicótica" (para usar a expressão de Almansi e Fink) em minhas folhas, nos meus desenhos. Então fui ver onde Klee tinha presumivelmente traçado sua primeira marca em um quadro, como tinha preparado o fundo, que tintas tinha usado antes e quais depois, por que um traço estava ali e não lá. E às vezes consegui recuperar aquela segunda anatomia que não é do objeto, mas do próprio quadro; quase erguendo a primeira pele, consegui entrever os cruzamentos de signos que me indicavam os possíveis desdobramentos.

Naquele ponto entendi que tinha de lidar com um problema mais geral: isso que poderíamos chamar de "furtos na arte". No fundo esse é um tipo de furto um tanto peculiar, que paradoxalmente enriquece o ladrão e o roubado (se me permitem a comparação, Cézanne não se enriqueceu com o furto perpetrado contra ele — ou melhor, em seu benefício — por Picasso?).

Foi nessa altura que me veio a ideia de uma conversa com você, que não me parece estranho à ideia de "roubar" e que seguramente — me parece — oculta, se assim posso dizer, uma natureza kleeana. Você falou de "formas que o mundo teria podido assumir em suas transformações e não o fez, por algum motivo fortuito ou por uma incompatibilidade de fundo: as formas descartadas, irrecuperáveis, perdidas" ("A origem dos pássaros"). Assim como Klee, você também está à procura de formas possíveis e desenháveis, que não existem na realidade, mas existem como possibilidades; usa palavras como "o escrevível" e "o narrável" (*Se um viajante numa noite de inverno*); mostra uma concha no ato de sua "figuração" ("A espiral"); desenvolve uma história a partir da combinação interdependente das imagens (*O castelo dos destinos cruzados*) e conclui o conto "Um sinal no espaço" escrevendo: "tão claro estava que independentemente dos sinais o espaço não existia e talvez nunca tivesse existido". Do mesmo modo, a folha do pintor não existe como espaço até que ele trace ali o primeiro sinal a lápis.

CALVINO — Então vamos começar do início. A ideia de que o artista é proprietário de alguma coisa é bem atrasada. A princípio a ideia de roubar não existia porque o estilo é algo geral, um modelo ideal. Na arte clássica, o estilo é um modelo a ser atingido, que todos devem alcançar. Portanto o critério de imitação de outras obras é canônico, é prescrito tanto ao artista quanto ao poeta. Pode-se dizer que a arte nasce de outra arte, assim como a poesia nasce de outra poesia, e isso é sempre verdade; mesmo quando alguém acredita estar simplesmente deixando o coração falar, ou imitando a natureza, de fato já imita representações, quem sabe sem se dar conta. Acho que sempre há imitação no aprendizado de um artista e de um escritor. Qual é o primeiro impulso? Alguém diz: gostaria de escrever uma poesia ou pintar um quadro ou escrever um conto do tipo daquele determinado quadro ou daquela poesia específica ou daquele tal conto. E isso é legítimo: para trazer à luz a voz, para existir como personalidade poética independente, começa-se a estabelecer a relação com um modelo ou vários modelos. Acho que, no início de qualquer atividade criativa, um jovem não deve ter escrúpulos em imitar, roubar. A citação pode ser consciente ou não. Ao abandonar-se à própria verve, seguramente o escritor deixa escapar reminiscências de leituras, e o pintor, reminiscências visuais de outros quadros.

Agora você explicitamente se propõe a acertar contas com Klee, mas antes, em seu grafismo minucioso e obsessivo, em suas fugas musicais de signos, em sua exigência de compor diversos materiais visuais, você continuava dialogando com Klee justamente naquilo que há de mais original e pessoal em seu trabalho de pintor.

Depois há a citação consciente, que tanto pode ser citação em homenagem a outro autor admirado quanto refazimento mais ou menos crítico ou paródico. O exemplo de Klee é o de um artista que tem grande força genética, que em cada quadro abre caminhos e certamente *está aí* para ser saqueado. É alguém que se dá em pasto à arte futura. Não faz mais que abrir caminhos que talvez não esteja tão interessado em trilhar, porque logo já está ocupado em abrir novas estradas e, assim, tudo o que ele faz é como um dom aos outros — do qual depois, quem sabe, se desinteressa.

PERICOLI — De fato, quando se pensa em Klee, não vem à mente um quadro ou um grupo restrito de obras, mas um trabalho em seu conjunto. À diferença de tantos outros.

CALVINO — À diferença de tantos outros — que podem ser definidos em um quadro, ou têm um quadro central, ou um grupo de quadros, ou um quadro por período —, em Klee há essa multidão. De fato, já vi muitas exposições de Klee e quase sempre elas me deram uma sensação de semiembriaguez, porque não sei onde me fixar. Quando topo com uma reprodução isolada ou com um quadro isolado de Klee num museu, posso me concentrar nele, mas a imagem de conjunto de Klee continua sendo aquele universo de possibilidades das formas, sempre muito reconhecíveis. Klee é muito rico, muito generoso, mas ao mesmo tempo não é nunca eclético, é sempre ele.

Você citou Cézanne-Picasso. Realmente nós olhamos Cézanne e na mesma hora o vemos através dos desdobramentos que o cubismo lhe deu. Picasso é esse extraordinário saqueador, é o Mercúrio da história da pintura, que se apossa e comenta e sintetiza os mais diferentes mundos formais.

PERICOLI — Picasso também refez outros pintores, como Cranach, Velázquez, El Greco, mas acho que o grande furto que ele cometeu foi em relação a Cézanne.

CALVINO — Ah, sim, sim. Em relação a Cézanne ou à arte negra ou a certo classicismo, em certos desenhos neoclássicos; além disso, há uns retratos de tipo quase manetiano, ou ainda os primeiros furtos a Puvis de Chavannes. É um homem que sempre soube roubar. No entanto, quando refaz *Las meninas*, aí ele não se apossa de Velásquez, ou quando refaz *Le déjeuner sur l'herbe*. São quase pretextos, reinterpretações de motivos, mas ele fica mais no exterior, na superfície. Quem sabe: hoje, depois de tantos anos em que toda a arte mundial parecia picassiana, talvez possamos dizer que ele serviu mais para a revivescência da tradição pictórica que estava atrás de si do que serviu aos outros. Talvez seja muito cedo para dizer, mas parece que hoje seu impulso ficou um tanto na sombra.

PERICOLI — Agora eu queria voltar ao seu trabalho e falar de você como escritor-ladrão, de sua relação com as obras dos outros e de sua relação com Klee.

CALVINO — Sempre tive a consciência de tomar emprestado, de fazer homenagens e, neste caso, fazer homenagem a um autor significa se apropriar de algo que é dele. Desde as primeiras coisas que escrevi tentava estabelecer encontros entre dois modelos bem diferentes, por exemplo, *Pinóquio* e Faulkner, Hemingway e Ippolito Nievo. Frequentemente são as leituras de infância que voltam a aflorar. Um desses autores de origem para mim sempre foi Stevenson. Talvez porque Stevenson fosse por sua vez um escritor que refazia outros, que imitava o romance de aventura visto por um literato extremamente refinado. E justamente quando comecei a fazer coisas mais "minhas", com *O visconde partido ao meio*, Stevenson passou a brotar de todos os lados, quem sabe até sem eu perceber. Borges também adora Stevenson, e Borges é o típico escritor que sempre remete a algo já escrito. Ao mesmo tempo, você pode tomar das obras alheias o impulso necessário para não se repetir.

Você acertou ao dizer que Klee é muito importante para mim. A pintura sempre me serviu como impulso para me renovar, como ideal de invenção livre, de sermos sempre nós mesmos fazendo continuamente coisas diferentes. Nesse sentido, o nome de Klee me parece fundamental.

Depois, a certa altura dos anos 1960, esse aspecto do roubo se torna um tema importante da problemática literária: o refazimento, a reescritura. Um típico exemplo é Michel Tournier, que reescreve o Robinson em *Vendredi ou les Limbes du Pacifique* [Sexta-feira ou os Limbos do Pacífico]. Foi naqueles anos que, numa transmissão radiofônica, me pus a recontar o *Orlando furioso* em prosa, com meu estilo; em *As cidades invi-*

síveis refaço *As viagens de Marco Polo*; além disso, em *O castelo dos destinos cruzados* me ponho a recontar *Fausto, Parsifal, Hamlet, Macbeth, Rei Lear*... Isso é um retorno àquilo que a literatura tinha sido até todo o período pré-romântico, e também em parte romântico. Os escritores de tragédias sempre refaziam os mesmos mitos, assim como as histórias dos Faustos e dos Dons Giovanni tomavam o armamentário das lendas medievais...

A necessidade de inventar uma história é algo relativamente moderno. Os antigos retomavam uma coisa que já existia, o mito. O próprio conceito de imitação em Aristóteles não é tanto imitação da natureza, mas do mito, isto é, de uma coisa já dada que se recria, que se reinterpreta.

Você agora está interessado em um tipo específico de trabalho sobre outras obras, e a palavra "roubar", do jeito que você usa, é como roubar um segredo, quase o furto de uma invenção. Essa busca em Klee da anatomia segunda, da anatomia secreta, do desenho atrás do desenho, me parece corresponder a uma curiosidade que frequentemente também me acontece com os autores mais distantes de mim. Fico fascinado em saber como eles fizeram, como construíram uma determinada obra. Por exemplo, Tolstói, sobre quem sempre se diz que representa diretamente a vida, o interessante é entender o método a partir do qual ele construiu sua narrativa. Toda vez que tenho a impressão de flagrar um esquema, um projeto, um mecanismo num autor assim, fico todo contente, como se tivesse conseguido entender um segredo oculto.

PERICOLI — Essa atividade de ladrão ou de falsário pode ser exercida de muitas maneiras: é possível citar, inverter a lógica, subverter a sintaxe, revirar a trama, transformar o cômico em trágico, inventar línguas que simulem outras. Em *Exercícios de estilo*, Queneau experimentou 99 modos possíveis de contar a mesma história. Você traduziu um romance de Queneau, *Les Fleurs bleues* [As flores azuis]; gostaria de saber qual é a relação que se instaura entre tradutor e texto. Talvez seja sobretudo nesse caso que se deva chegar a descobrir aquele mecanismo, aquele esquema que você mencionou, e alcançar os núcleos primordiais da ideação.

CALVINO — Traduzir é o mais absoluto sistema de leitura. É necessário ler o texto nas implicações de cada palavra. A experiência de tradução de *Les Fleurs bleues* de Queneau foi particular, porque muitas vezes havia jogos de palavras que eu precisava substituir com outros jogos de palavras, fazendo de modo que o texto tivesse o mesmo ritmo, a mesma agilidade e também a mesma necessidade interior — não só para mostrar que aqui havia um jogo de palavras e que agora eu coloquei outro no lugar. A tradução sempre implica uma intensidade especial de leitura; no fundo, esses seus trabalhos sobre Klee são leituras dele, tradução e desenvolvimento de algo implícito. Parece-me que o momento da leitura é fundamental nesta conversa que estamos tendo. Talvez a leitura já seja esse furto. Há aquela coisa ali, fechada, esse objeto do qual se extorque algo que está encerrado lá dentro. Há um arrombamento, há um furto com arrombamento em toda leitura verdadeira. Naturalmente, nesse sentido, os quadros e as obras literárias são construídos de propósito para serem saqueados. Assim como o labirinto é construído de propósito para que a gente se perca nele — mas também para que a gente se ache.

A experiência de ser traduzido também é do mesmo tipo: é um modo de se ler. Toda vez que discuto com um tradutor sobre meus livros, nas línguas que conheço, sou obrigado a repassar meu trabalho com outros olhos. Na maioria das vezes, a primeira impressão que tenho lendo a mim mesmo traduzido é meio desoladora. A gente vê o próprio texto muito empobrecido, acachapado. Então sou obrigado a tentar entender por que escrevi aquela determinada frase daquele determinado modo, e o que é que não passou para a tradução, ou seja, refletir sobre aquilo que escrevi: coloquei esse adjetivo aqui e não ali, usei uma construção que não é a mais usual, por quê? Ah, porque eu tinha tal e tal intenção. Tantas coisas se revelam a meus próprios olhos...

PERICOLI — Então poderia nascer outra narrativa, viabilizada pela nova leitura, que é feita por você através da tradução. Nesse caso, você se veria diante da singular possibilidade de roubar a si mesmo.

CALVINO — Ah, é verdade. E às vezes me dou conta de que expressei mal certas coisas, de que podia ter explicitado melhor certas nuances, que algumas de minhas intenções não vingaram, já que o tradutor não as percebeu. Como relacionar isso com nosso raciocínio sobre o furto? Quando vejo que a tradução não funcionou de primeira, isto é, quando vejo que não me saquearam bem, que não descobriram o que havia de secreto, então me sinto desiludido. É assim.

PERICOLI — Mas às vezes não lhe vem a dúvida de que seu segredo podia não ser tão fascinante?

CALVINO — Claro, claro. Porque talvez esse segredo não existisse, já que não foi encontrado. É bom que o segredo seja oculto, mas também é importante que, de algum modo, ele seja entrevisto, que o ladrão compreenda onde vale a pena arrombar.

PERICOLI — Falemos agora sobre copiar. Numa entrevista recente, Eduardo De Filippo contou que, quando era criança, copiou por imposição do pai dezenas de textos de teatro, palavra por palavra, e que dali nasceu seu amor pelo teatro e a vontade de escrever comédias. Por sua vez, em seu último livro, *Se um viajante numa noite de inverno*, você escreve:

> Por um instante, pensei compreender qual deve ser o sentido e o encanto de uma vocação até agora inconcebível para mim: a de copista. O copista vivia simultaneamente em duas dimensões temporais, a da leitura e a da escrita; podia escrever sem a angústia do vazio que se abre diante da pena; ler sem a angústia de que seu próprio ato não se concretize em algum objeto material.

CALVINO — Aqui, além da discussão sobre copiar-roubar, há um furto preliminar cometido contra Borges, que tinha escrito a história de Pierre Menard, autor do Quixote: alguém que tinha escrito um livro igual, palavra por palavra, ao de Cervantes, mas que era obra de Pierre Menard, e não de Cervantes, porque qualquer coisa dita por Pierre Menard tinha um significado diferente, entrava num contexto histórico diverso daquele de Cervantes. Desenvolvendo essa ideia, fiz com que o personagem escritor desse meu livro copiasse o início de *Crime e castigo* para dar impulso à sua imaginação em crise; uma vez copiado o início, ele tem a tentação de não parar mais, de continuar copiando. A figura do copista, que desapareceu de nossa sociologia literária e editorial, tinha certamente seu fascínio. Os últimos personagens famosos de copistas são Bouvard e Pécuchet, que se veem tomados por esse amor, por essa identificação com todo o saber. Enfim, em meu livro eu proponho como um dos tantos exercícios que podem ser feitos o de tomar um início já dado e tentar desenvolvê-lo de outro modo. De resto, um dos procedimentos canônicos da vanguarda é trabalhar sobre coisas já escritas. E isso também vale para a pintura.

PERICOLI — Certamente. Já na metade do século XVIII, na Inglaterra, Reynolds tinha teorizado esse conceito de imitação e trabalhava fazendo empréstimo das obras de outros pintores. Adotou o furto como método, usando habitual e sistematicamente imagens e invenções de pintores que o precederam para elaborar seus quadros. Era um arqueólogo da cultura figurativa. Costumava definir seu estilo de "histórico", provavelmente entendendo que em seus quadros há um pouco de história da arte, que neles se pudesse ler uma história das imagens. Foi até denunciado por essas apropriações consideradas indébitas e, no tribunal, defendeu-se afirmando que uma citação em um novo contexto é, de todo modo, exemplo de talento e de gosto.

CALVINO — Tenho a impressão de que isso corresponde a uma ideia de arte não centrada na personalidade do autor, mas na de que toda obra é patrimônio comum. Acho que é assim em muitas formas de arte não europeias… Na civilização oriental, por exemplo… uma vez que determinado modo de representar uma divindade passa a fazer parte do hábito, ele é repetido e introduzido em várias composições. Isso também pode acontecer entre nós, nas atividades de artesanato. Um escultor de presépios reproduz determinada figura de pastor ou de rei mago tal como a recebeu da tradição, segundo determinados moldes... Mas isso também é verdade na história da poesia. Os famosos epítetos homéricos, certas fórmulas que Homero usa, eram provavelmente patrimônio comum da tradição poética. Em muitas obras épicas e narrativas também há essas cláusulas que fazem parte da tradição.

PERICOLI — Neste ponto talvez a gente devesse falar do prazer, do prazer que se sente em roubar, em penetrar num sistema alheio. Todo ato relacionado a roubar, copiar, refazer, mudar, inverter, citar, ler com intenções ladroeiras certamente dá prazer. É provável que, num primeiro momento, haja a ilusão de sermos autores da obra em que nos inspiramos. Portanto, como você mesmo dizia, há o prazer de redescobrir um percurso e tornar a percorrê-lo sozinho. O prazer de reviver os momentos de formação de uma obra. Mais ainda, vemos satisfeita nossa tendência à ficção, a nos mostrarmos com uma máscara, ou seja, a não nos mostrarmos, nos escondermos. Tendência a nos libertarmos daquilo que não nos agrada em nós, entrando num corpo que nos parece mais protetor porque nos expõe menos. Libertarmo-nos da "angústia do vazio que se abre diante da pena", dos conflitos ligados à atividade criativa, do esforço para avançar na própria busca, do esforço que se sente de precisar inventar. Poder expressar-se se protegendo atrás de uma espécie de álibi, com uma limitação de responsabilidades.

CALVINO — Sim, me parece que as explicações que você listou são legítimas. Tentando sintetizá-las, talvez devêssemos observar o prazer de entrar num trabalho interpessoal, em algo que nos dá quase o sentimento de um processo natural, do qual participaram várias gerações, e que nos permite sair daquela luta individual da criatividade que tem suas satisfações, mas que também é muito estressante. Participar de uma criação coletiva, como alguma coisa iniciada antes de nós e que presumivelmente vai continuar depois, nos dá a impressão de uma força que passa através de nós. Se pensarmos bem, a vida biológica e sexual também é algo desse gênero. O ato amoroso é o que há de mais individual, mas também é a participação numa cadeia infinita, a repetição de alguma coisa que sabemos que está no centro do próprio curso da vida.

PERICOLI — Sem dúvida, até a história das artes figurativas se mostra como uma longa corrente de imagens ligadas indissoluvelmente. Uma corrente que se desenvolveu de maneira quase independente da vida social dos homens, que seguiu um percurso próprio como se possuísse uma existência autônoma, individual. E isso pode se revelar até numa única pintura. Há um afresco de Correggio que se encontra na igreja de São João Evangelista, em Parma, no qual uma fuga de carinhas redondas de anjos se debulha lentamente em redor do santo rumo ao infinito, e os rostos dos anjos se tornam cada vez menores até surgirem apenas de pequenos toques de pincel, sem nem mesmo os pontos dos olhos: um simples fervilhar de pinceladas minúsculas. Poderia ser a leitura, ainda que um tanto esquemática, de um percurso de nossa história da arte. As grandes caras em primeiro plano nos permitem interpretar as pinceladas mais distantes, que não seríamos capazes de entender se já não tivéssemos acumulado as imagens anteriores. O último toque de pincel só é um anjo porque a primeira grande cara nos informou antes.

CALVINO — É verdade, toda obra é legível em seu contexto. No entanto, caso se conservasse somente o centro desse afresco com apenas aqueles pontinhos, talvez ele também tivesse um sentido, seria um afresco abstrato.

PERICOLI — Mas hoje só podemos dizer "abstrato" porque houve um percurso que conhecemos.

CALVINO — Sim, sim, se abolíssemos as caras dos anjinhos precisaríamos substituí-las por outro percurso: os pontilhados dos quadros de Klee ou os triângulos e círculos de Kandinsky.

PERICOLI — Esse conhecimento de uma estrada quase individual da arte parece começar no Renascimento e se revelar no conceito vasariano do progresso das artes e, especialmente, nos testemunhos teóricos que Leonardo nos deixou sobre a pintura. De fato Leonardo chega a afirmar que o trabalho do artista não deve tender a agradar os clientes, mas ser feito "para satisfazer os melhores pintores", que são os únicos críticos de sua obra.

CALVINO — A pintura é algo que se faz, que produz a si mesma por meio de nós. Mas precisamos ter o cuidado de não dar a essa ideia de pintura como história, história interna da própria pintura, um sentido de historicismo finalista, isto é, mais do que um percurso vertical rumo a um ponto de chegada, a ideia de história da pintura deve ser vista como um alargar-se em extensão — o fim a que se tende é pintar todo o pintável, explicitar as possibilidades da pintura.

PERICOLI — Certamente não há uma verdade pictórica a ser alcançada.

CALVINO — Não há um progresso. Por exemplo, por longos períodos acreditou-se que o progresso fosse a verdade, a verdade fotográfica; noutros, ao contrário, que ele fosse o sublime. De fato, não existe outra finalidade senão extrair das possibilidades pictóricas todo o possível. Isso também vale para a literatura. E isso frequentemente nos leva a mudar, a variar, inclusive em nossos critérios de avaliação. Tanto é que hoje, depois de tanto tempo em que o valor principal era a individualidade estilística, a autenticidade pessoal, somos atraídos por esses procedimentos interpessoais ou impessoais, passando a considerar a arte que age através de nós ou apesar de nós. Por isso falamos de roubar, de imitar, como de operações importantes, ao passo que, se estivéssemos em pleno período clássico, quando todos os artistas e poetas tendem à norma, talvez fôssemos levados por reação a privilegiar os aspectos de expressividade individual.

PERICOLI — Portanto você acha que o ato de roubar, de se voltar para a obra de outros autores, é hoje uma operação importante. Então acredita que esse tipo de busca, numa dada época, seja típico do que comumente se chama de vitalidade ou de decadência? Seja como for, aceitando provisoriamente essa fórmula simplista, creio que denotem um período de vitalidade.

CALVINO — Também acho que seja uma época de vitalidade, mas é preciso estar sempre atento quando se fala de vitalidade ou decadência. Muitas vezes se fala do período alexandrino como uma fase de decadência, mas, se pensarmos que grande parte da cultura de que nos nutrimos vem da época alexandrina, veremos que esses períodos de grande acumulação cultural, de centrifugação de tantos materiais, são afinal como aquele caldo biológico em que a vida teve origem no início dos tempos.

PERICOLI — Acho que, além disso, a vitalidade se manifesta no fato de que não se aceitam as obras como objetos fechados, mas estimulados por um maior espírito crítico começamos a investigar os percursos, as etapas de formação, os estímulos, aqueles núcleos gerativos de que falávamos.

CALVINO — Sim, com certeza. Toda obra que contém em si a imitação, a citação ou a paródia pressupõe uma escolha, uma leitura, uma crítica, a ênfase em determinados aspectos, em determinadas linhas contrapostas a outras; trata-se, portanto, de uma atividade crítica.

PERICOLI — Para concluir esta conversa em que tanto falamos de roubar, de pais e de Klee, me vem a vontade de perguntar a mim e a você: Klee é filho de quem? Roubou de quem? Paradoxalmente não encontro uma resposta. Parece alguém isolado num mar de parentescos. Pensamos em alguns humores ligados a seu período, em algumas leituras, mas que não se concretizam em um nome.

CALVINO — Eu diria que Klee pertenceu a uma época em que havia uma inspiração antropológica da pintura. Assim como Picasso e os cubistas em geral voltavam suas atenções para a arte primitiva, a arte negra, do mesmo modo Klee observou os desenhos das crianças. Alguém poderia objetar que esse aspecto é mais vistoso e aparente que profundo, porque há nele um enorme conhecimento pictórico, mas esse conhecimento pictórico era aplicado a uma imediaticidade de representação que é aquela do desenho infantil ou do grafite pré-histórico.

PERICOLI — Talvez fosse possível pensar que, em vez de voltar-se para máscaras e estátuas, Klee tenha se interessado mais por certos grafismos, certas decorações e narrativas por imagens da arte primitiva, em que o signo surge vigoroso, vital — eu diria, "à Klee".

CALVINO — Sim, talvez, penso em certos desenhos dos peles-vermelhas, em certos motivos entre o ornamental e o expressivo, na África, na Oceania, na América pré-colombiana. É certamente a retomada de uma força primitiva, um reimergir as raízes nesse terreno mais antropológico que histórico de onde nasce a arte.

*TRADUZIR É O VERDADEIRO MODO DE LER UM TEXTO (1982)**

Entre os romances, assim como entre os vinhos, há aqueles que viajam bem e outros que viajam mal. Uma coisa é beber um vinho na localidade de sua produção, outra é bebê-lo a milhares de quilômetros de distância. Quanto aos romances, viajar bem ou mal pode depender de questões de conteúdo ou de questões de forma, isto é, de linguagem.

Frequentemente se ouve dizer que os romances italianos lidos com maior prazer pelos estrangeiros são os de ambientação marcadamente local, sobretudo os de ambiente meridional, ou seja, onde são descritos locais que podem ser visitados e onde é celebrada a vitalidade italiana segundo a imagem que se tem dela no exterior.

Creio que isso talvez tenha sido verdade há um tempo, mas hoje não é: primeiro, porque um romance local implica um conjunto de conhecimentos detalhados que o leitor estrangeiro nem sempre pode captar; segundo, porque certa imagem da Itália como país "exótico" já está distante da realidade e dos interesses do público. Enfim, para que um livro ultrapasse as fronteiras é preciso que haja razões de originalidade e razões de

---

(*) Conferência em um congresso sobre tradução (Roma, 4 jun. 1982). *Bollettino di Informazioni* (revista quadrimestral da comissão nacional italiana para a Unesco), XXXII (nova série), 3, pp. 59-63, set.-dez. 1985.

universalismo — justamente o contrário da confirmação de imagens notórias e do particularismo.

Nesse sentido a linguagem tem uma importância máxima, porque para manter a atenção do leitor desperta é preciso que a voz que lhe fala tenha certo tom, certo timbre, certa vivacidade. A opinião corrente é que se exporta melhor um escritor que escreva num tom neutro, que dá menos problemas de tradução. Mas acho que essa ideia também é superficial, porque uma escrita cinza só pode ter valor se o sentido cinzento que transmite tiver valor poético, isto é, se for criação de um tom cinza muito pessoal, do contrário ninguém se sente atraído a ler. A comunicação deve ser estabelecida por meio do timbre pessoal do escritor, e isso também pode ocorrer num nível corrente, coloquial, não diferente da linguagem do jornalismo mais brilhante e vivaz — ou pode ser uma comunicação mais intensa, introvertida, complexa, como é próprio da expressão literária.

Em suma, para o tradutor os problemas a resolver nunca diminuem. Nos textos em que a comunicação é de tipo mais coloquial, se o tradutor conseguir colher o tom justo desde o início, ele pode seguir nesse embalo com uma desenvoltura que parece — que deve parecer — fácil. Mas traduzir nunca é fácil. Há casos em que as dificuldades são resolvidas espontaneamente, quase inconscientemente, pondo-se em sintonia com o tom do autor; no entanto, para os textos estilisticamente mais complexos, com diferentes níveis de linguagem que se corrigem reciprocamente, as dificuldades devem ser resolvidas frase a frase, seguindo o jogo de contraponto, as intenções conscientes ou as pulsões inconscientes do autor. Traduzir é uma arte: a passagem de um texto literário, qualquer que seja seu valor, para outra língua requer a todo instante uma espécie de milagre. Todos nós sabemos que a poesia em versos é intraduzível por definição; mas a autêntica literatura, inclusive em prosa, trabalha justamente na margem intraduzível de toda língua. O tradutor literário é aquele que se põe inteiramente em jogo para traduzir o intraduzível.

Quem escreve numa língua minoritária como o italiano

chega mais cedo ou mais tarde à amarga constatação de que sua possibilidade de comunicar-se está sustentada sobre fios tão finos quanto teias: basta mudar o som, a ordem e o ritmo das palavras que a comunicação fracassa. Quantas vezes, lendo a primeira prova da tradução de um texto meu, me vinha um sentido de estranhamento diante daquilo que eu lia: está aqui tudo o que eu havia escrito? Como pude ser tão monótono e insípido? Depois, quando relia meu texto em italiano e o cotejava com a tradução, às vezes até constatava que ela era fidelíssima, mas em meu texto uma determinada palavra era usada com uma intenção quase imperceptivelmente irônica que a tradução não captava, uma subordinada em meu texto era rapidíssima, enquanto na tradução ganhava uma importância injustificada, um peso desproporcional; o significado de um verbo em meu texto era esbatido pela construção sintática da frase, enquanto na tradução soava como uma sentença peremptória — em outras palavras, a tradução comunicava algo inteiramente diverso daquilo que eu havia escrito.

Tudo o que eu não havia notado ao escrever e que só agora descobria, relendo-me por causa da tradução. Traduzir é o verdadeiro modo de ler um texto, e acho que isso já foi dito muitas vezes; posso apenas acrescentar que, para um autor, refletir sobre a tradução de um texto seu, discuti-lo com o tradutor, é o verdadeiro modo de ler a si mesmo, de compreender bem aquilo que se escreveu e por quê.

Estou falando em um congresso que trata de traduções do italiano para o inglês e preciso sublinhar duas coisas: primeiro, o drama da tradução tal como o descrevi é mais intenso quanto mais as duas línguas são próximas, ao passo que entre o italiano e o inglês a distância é tamanha que traduzir, em alguma medida, significa recriar, e é tanto mais possível salvar o espírito de um texto quanto menos se estiver exposto à tentação de fazer um decalque literal. As inquietações que antes mencionei me ocorriam com mais frequência quando eu me lia em francês, situação em que as possibilidades de mal-entendido são contínuas; para não falar do espanhol, que pode construir frases quase idênticas ao italiano cujo sentido é completamente oposto. Em inglês é possível obter efeitos tão diferentes do italiano que muitas vezes me acontece de não me reconhecer de modo algum; mas também há resultados felizes, porque nascem justamente de recursos linguísticos próprios do inglês.

Segunda coisa: os problemas não são menores quanto às traduções do inglês para o italiano, e não gostaria de passar a ideia de que só o italiano carrega consigo essa condenação de ser uma língua complicada e intraduzível — a aparente facilidade, rapidez e praticidade do inglês também demandam um talento que só o verdadeiro tradutor possui.

De qualquer língua para qualquer língua que se traduza, é necessário não só conhecer a língua, mas saber entrar em contato com o espírito da língua, com o espírito das duas línguas, saber como as duas línguas podem transfundir reciprocamente sua essência secreta. Tenho a sorte de ser traduzido por Bill Weaver, que possui esse espírito da língua no mais alto grau.

Acredito muito na colaboração do autor com o tradutor. Essa colaboração, antes que da revisão do autor sobre a tradução — que só pode se dar para o limitado número de línguas nas quais o autor pode emitir uma opinião —, nasce das perguntas que o tradutor faz ao autor. Um tradutor que não tem dúvidas não pode ser um bom tradutor: meu primeiro julgamento sobre a qualidade de um tradutor decorre do tipo de questões que ele me faz.

Também acredito muito na função do trabalho editorial, na colaboração entre editor e tradutor. A tradução não é algo que se possa pegar e mandar para a gráfica; o trabalho do editor é invisível, mas, quando existe, dá seus frutos, e quando não há — como a esmagadora maioria dos casos hoje na Itália e a regra quase geral na França — é um desastre. Naturalmente também pode haver casos em que o editor estraga o trabalho bem-feito do tradutor; mas acho que o tradutor, por melhor que seja — aliás, sobretudo quando é excelente —, necessita que seu trabalho seja avaliado frase a frase por alguém que coteje texto original e tradução, podendo nesse caso discutir com ele. Bill

Weaver poderá lhes dizer quanto é importante para ele a relação com uma grande editora como Helen Wolff, um nome que ocupa um lugar de ponta no meio editorial, primeiro na Alemanha de Weimar, depois nos Estados Unidos. Devo dizer que os dois países em que as traduções de meus livros conseguiram marcar presença na atual cena literária são os Estados Unidos e a França, não por acaso dois países onde tive a sorte de contar com editores excepcionais: falei de Helen Wolff, que tem uma tarefa mais fácil, já que por sua vez conta com um tradutor também excepcional como Bill Weaver; resta falar de François Wahl, que ao contrário teve de refazer de cima a baixo quase todas as traduções de meus livros publicados na França pela Seuil, até que na última consegui convencê-lo a também assinar a tradução — assinatura que, por justiça, também deveria constar das edições precedentes.

Há problemas que são comuns à arte de traduzir em qualquer língua, e problemas que são específicos à tradução de autores italianos. É preciso partir do dado concreto de que os autores italianos têm sempre um problema com a própria língua. Escrever nunca é um ato natural — quase nunca tem uma relação com a fala. Os estrangeiros que frequentam italianos devem ter notado uma particularidade de nossa fala: não sabemos terminar as frases, sempre deixamos as frases pela metade. Talvez os americanos não sejam muito sensíveis a isso, já que nos Estados Unidos também se fala com frases cortadas e interrompidas, exclamações, maneiras de dizer sem um conteúdo semântico preciso. Mas, se compararmos com os franceses, habituados a começar e terminar as frases, com os alemães, que devem pôr o verbo sempre no fim, e até com os ingleses, que geralmente constroem as frases com grande propriedade, veremos que o italiano falado na conversa habitual tende continuamente a desfazer-se no nada, e, se fosse preciso transcrevê-lo, seria necessário recorrer às reticências o tempo todo. Ora, já para escrever é preciso levar a frase até o fim, de modo que a escrita requer um uso da linguagem completamente diferente da fala cotidiana. É necessário escrever frases completas, que queiram dizer algo, porque o escritor não pode furtar-se a isso: Deve sempre dizer algo. Os políticos também terminam as frases, mas eles têm o problema oposto, que é o de falar para não dizer, e é preciso reconhecer que, nesse sentido, a arte deles é extraordinária. Até os intelectuais frequentemente conseguem terminar as frases, mas eles precisam construir argumentações completamente abstratas, que nunca toquem nada de real e que possam gerar outras falas abstratas. Esta é exatamente a posição do escritor italiano: é escritor aquele que usa a língua italiana de maneira inteiramente diversa daquela dos políticos, inteiramente diversa daquela dos intelectuais, mas sem que possa recorrer à fala cotidiana, porque ela tende a perder-se no inarticulado.

Por isso o escritor italiano vive sempre ou quase sempre num estado de neurose linguística. Deve inventar para si uma linguagem com que possa escrever, antes de inventar as coisas a serem escritas. Na Itália a relação com a palavra é essencial não só para o poeta, mas também para o prosador. Mais que outras grandes literaturas modernas, a italiana teve e tem seu centro de gravidade na poesia. Assim como o poeta, o prosador italiano presta uma atenção obsessiva a cada palavra — e ao "verso" contido em sua prosa. Quando ele não presta essa atenção em um nível consciente quer dizer que escreve como num transe, assim como ocorre com a poesia instintiva ou automática.

Esse sentido problemático da linguagem é um elemento essencial do espírito de nosso tempo. Por isso a literatura italiana é um componente necessário da grande literatura moderna, merecendo ser lida e traduzida. Porque o escritor italiano, ao contrário do que se acredita, nunca é eufórico, alegre, solar. Na maior parte dos casos, tem um temperamento depressivo, mas com um espírito irônico. Os escritores italianos podem ensinar apenas isto: a enfrentar a depressão, mal de nosso tempo, condição comum da humanidade de nosso tempo, defendendo-se com ironia, com a transfiguração grotesca do espetáculo do mundo. Também há os escritores que parecem transbordantes de vitalidade, mas é uma vitalidade no fundo triste, sombria, dominada pelo sentimento da morte.

É por isso que, por mais difícil que seja traduzir os italianos, vale a pena fazê-lo: porque vivemos com o máximo de alegria possível o desespero universal. Se o mundo é cada vez mais insensato, a única coisa que podemos tentar fazer é conferir-lhe um estilo.

LITERATURA E PODER (SOBRE UM ENSAIO DE ALBERTO ASOR ROSA) (1983)*

Nos anos 1960 — diz Asor Rosa — três vertentes ganham forma na literatura italiana de ponta, as quais correspondem a três perspectivas históricas daquele momento de transição de nossa sociedade: os reformistas, a neovanguarda e os revolucionários. Os reformistas acreditam que a realidade é cognoscível e, portanto, transformável; a vanguarda quer mimetizar o processo de destruição para poder sair dele; os revolucionários recusam como mistificadora qualquer mistura entre progressismo literário e revolução social, na qual poetas e escritores não têm nenhuma função privilegiada e nenhum mandato a cumprir.

Entre 1968 e 1977 a história se torna confusa: reformistas e neovanguardistas são varridos do mapa. Restam em cena os revolucionários, que são dois: Franco Fortini e Asor Rosa. Um dissídio de fundo os divide. Mesmo negando à literatura qualquer utilização política, Fortini vê como ponto de chegada uma homologia formal: a poesia, metáfora de um uso total da vida, é um fim assim como a revolução. Asor Rosa rechaça até essa "utopia da forma": a crítica revolucionária deve saber dizer somente e sempre "não".

Os fatos se precipitam; no último ato, os dois olham ao redor: o palco está deserto, a política não existe mais. Eles se aproximam, compreendem que também foram derrotados, se

---
(*) "Il poeta e Machiavelli", *La Repubblica*, 13 jan. 1983.

redescobrem irmãos. As luzes do proscênio se atenuam; a literatura também acabou. Rajadas de vento gélido sopram dos bastidores, voam alguns flocos de neve, uma folha seca. Os dois se enrolam num único manto e se afastam rumo ao fundo, enquanto as luzes se apagam. Cortina.

Tentei simplificar a argumentação de Asor Rosa, mas creio não ter traído seu sentido — que me parece historicamente exato em linhas gerais, além de definir com fidelidade as posições de cada um. Se recorri a uma encenação caricatural não foi para rir à custa dos outros, visto que também sou parte disso — posto fora de combate entre os primeiros, na condição de "reformista" — e não sou insensível às honrarias guerreiras que Asor Rosa me presta, como a um velho adversário. Talvez eu ria apenas para não dar também vazão a suspiros autobiográficos.

Abertamente autobiográfico é o corte que Alberto Asor Rosa deu ao ensaio em questão (95 páginas da seção "Letteratura e potere" [Literatura e poder], do primeiro volume de *Letteratura italiana* [Literatura italiana], coordenada por ele para a Einaudi), dedicado a "Lo stato democratico e i partiti politici" [O Estado democrático e os partidos políticos]. A história de quarenta anos de debate literário na esquerda (sobretudo no Partido Comunista Italiano e nas franjas do partido) intervém para iluminar os antecedentes das posições defendidas pelo autor nos anos 1960 (particularmente a batalha "antipopulista" de *Scrittori e popolo* [Escritores e povo], 1965) e depois.

Talvez seja necessário lembrar em poucas palavras aquela batalha que, na época, Asor Rosa combateu desde as fileiras da extrema esquerda operária, contra toda a literatura da Resistência, engajada, realista, sulista, pauperista, pedagógica de esquerda etc. Não em nome (como tantas vezes ocorre em casos semelhantes) de uma literatura que se pretende mais de esquerda ainda, mas para dizer que a política revolucionária de classes não podia nem devia ter uma literatura própria; a última literatura interessante do ponto de vista revolucionário tinha sido a da alta burguesia em crise, ou a da destrutividade formal das vanguardas, ambas quase ausentes da Itália.

O desenho geral da operação estava traçado com nitidez e dizia coisas que correspondiam a verdades evidentes, seja para quem partilhava sua ilusão de uma política de classes vista como um absoluto, seja para quem considerava a literatura e a vida pública com olho mais crítico e desapaixonado. Nos detalhes, para demonstrar a tese de que a ideologia fajuta da literatura italiana sempre foi o "populismo", tendo permanecido imutável durante o *Risorgimento*, o Fascismo e a Resistência, o volumoso panfleto era frequentemente injusto, cheio de forçações e generalizações, e em seu ataque arrasador não se preocupava em distinguir quem tinha tido uma função positiva ou negativa, nem quem tinha sido sincero ou falso.

Mas devo dizer que, no conjunto, assistir ao encouraçado Potemkin da literatura italiana de esquerda ir a pique por autoafundamento, de bandeiras despregadas, com os oficiais e a tripulação enfileirados no convés, em posição de sentido, foi um belo espetáculo. Pude saboreá-lo sem remorsos, nadando com todas as minhas forças a fim de me afastar do redemoinho. *Alegria de naufrágios* é uma poesia que sempre amei, mais ainda pelo título que pelos versos.

Ninguém tentou resgatar o encouraçado que afundou, e desde então não se ouviu falar mais dele. Somente uns neófitos pós-68 se apresentaram como inventores da roda, mas sem atrair muita atenção.

Agora Asor Rosa redesenha a parte fundamental de seu excurso histórico a partir da Segunda Guerra Mundial, atualizando-o até os dias de hoje — ou seja, quase vinte anos após a conclusão de *Scrittori e popolo*. (O novo ensaio se encerra simbolicamente em 1975, com a morte de Pasolini, mas a ótica é a dos anos 1980.) O que mudou em seu quadro? Certamente a perspectiva política revolucionária, que falta, mas sobretudo uma coisa ainda mais importante: a ideia de que a política fosse a chave de tudo e de que houvesse *a* teoria política única e absoluta.

Não é pouca mudança, e por mais que a argumentação de Asor Rosa pareça avançar sobre os mesmos trilhos por um largo percurso, há algumas novidades: o epíteto denegridor de "populista" é menos frequente, e outros nós problemáticos vêm à tona, por exemplo, o totalitarismo. Hoje Asor Rosa se pergunta como é possível que a polêmica antiautoritária (e mais genericamente antiestatal, antipoder) tenha tido tão pouco peso entre os escritores italianos engajados. Mas ele faz uma única exceção de escritor essencialmente antitotalitário: Alberto Moravia, a quem dedica um original perfil sob essa luz. A outra exceção que Asor Rosa sublinha é Carlo Levi, mas aqui se trata de um dos raros casos em que a originalidade do pensamento político precede a expressão literária. No entanto, para desenvolver tal argumentação, seria preciso alargar o campo de pesquisa histórica, falar também das zonas da literatura italiana mais distantes da problemática comunista.

Para enfatizar a continuidade do debate literário nos últimos anos do fascismo e logo após a Libertação, Asor Rosa esboça duas listas: uma, de escritores "engajados" que já o eram antes e continuam sendo depois; outra, de "desengajados" desde o início, e que continuam assim. Mas na lista dos "desengajados" muitos têm uma história política complexa e significativa, ainda que individual: Brancati (e aqui retorna o antitotalitarismo em primeiro plano), Piovene, Delfini.

Em linhas gerais, e quanto aos escritores e às revistas que ele seguiu mais de perto, eu diria que Asor Rosa vê sempre com clareza e se move na direção certa, mas essa exatidão nem sempre é aplicada aos detalhes. É possível apontar uma série de pequenos erros, mas muito vistosos, que parecem estar ali justamente para instigar o leitor a uma "caça aos erros", convidando-o a desconfiar sempre daquilo que está escrito.

Limito-me a observações gerais, porque aqui não é o lugar adequado para levantamentos mais minuciosos. A revisão das sucessivas fases da política cultural do Partido Comunista Italiano nos anos 1950 (e mais especificamente literária — naquele tempo, foram justamente os críticos literários que a guiaram) é rica de informações precisas, mas me parece que há uma supervalorização das formas de agitação partidária e parapartidária: um espaço excessivo é concedido, por exemplo, à "Aliança da

Cultura", criada por causa das eleições de 1948 e esquecida logo depois, embora seja verdade que a participação de Corrado Alvaro foi um dado significativo. (Nesse contexto, toda a figura de Alvaro mereceria ser reexaminada com cuidado.)

Esta é uma crítica que faço aos estudos de contemporaneidade italiana em seu conjunto: quando se estuda um movimento, uma revista, um autor, é preciso antes de tudo descrever quem eram seus interlocutores, adversários ou vizinhos. Fala-se sempre de *Politecnico* e nunca se menciona *Costume*, que era *a* revista literária na Milão dos anos 1945-6. Asor Rosa explica muito bem o que foi *Il Contemporaneo* de Salinari e Trombadori entre 1954-6, mas apenas cita *Il Mondo* de Mario Pannunzio, que era o modelo inclusive gráfico daquele (tanto que logo circulou o *bon-mot* que o definia como "Pequeno Mundo Contemporâneo".[*]

Em um estudo sobre a política cultural daqueles anos não se pode subestimar *Il Mondo*, que foi um sucesso quase sem precedentes em nossa história, pois durante quinze anos conseguiu aglutinar em torno de si toda a cultura não católica e não marxista. Creio que até agora *Il Mondo* tenha sido estudado apenas por sua relevância política de porta-voz da cultura liberal nos anos em que a Democracia Cristã estava ocupando todos os espaços de poder, mas valeria a pena estudar sua *linha literária*, que no fim das contas existiu (não inovadora no plano formal, é claro, mas com uma especial atenção ao costume, à moral e à psicologia italianas, inclusive no nível mais miúdo, observadas com amarga ironia e até com certa arrogância). Foi uma linha que teve sua influência na produção narrativa italiana, e sem ela dificilmente se situariam nomes de primeiro plano da cena literária de hoje, como Leonardo Sciascia (que Asor Rosa menciona de passagem).

Para completar o quadro dos anos 1950, no que tange aos interesses documentais, aos conteúdos literários e ao debate de

---

(*) Alusão aos populares romances de Antonio Fogazzaro: *Pequeno mundo antigo* (1896) e *Pequeno mundo moderno* (1901). (N. T.)

ideias, o mesmo valeria para a primeira série de *Nuovi Argomenti*, que, vista hoje, demonstra uma grande riqueza.

E não se pode subestimar o fato de que, na mesma época, se reafirmava uma continuidade com o pré-guerra florentino por meio da revista *Paragone*, a qual reconquistou de imediato a função canônica de periódico puramente literário, que ficara vacante por anos.

(Enquanto isso, a política governamental apostava sem muito brilho nessa continuidade, nos limites daquilo que conhecia sobre a literatura — sobretudo com a RAI e as outras poucas oportunidades de remuneração dos pobres literatos, naqueles tempos ainda não "afluentes".)

Além disso, seria o caso de lembrar que naquele mesmo período os Estados Unidos financiavam um programa que dava voz e espaço a intelectuais em função da Guerra Fria, com a rede de Sociedades para a Liberdade da Cultura, que dispunha de revistas em todos os países. Tudo isso acabou resultando na irrupção da má consciência americana, mas, como dado de política cultural, não pode ser liquidado com fórmulas simplistas: já é tempo de estudá-lo historicamente, comparando as revistas dos vários países. Minha impressão é que a italiana, *Tempo Presente*, era a melhor — e a menos instrumentalizada —, especialmente por mérito de Nicola Chiaromonte e sobretudo no período em que Zolla e Wilcock a editavam.

Enfim, me aproximei do núcleo do problema passo a passo: qualquer reflexão sobre *Literatura e poder* naqueles anos também deveria compreender as relações com o poder real, e não só com o poder sonhado pela oposição; e ainda com o poder econômico, que naqueles tempos paleomarxistas muitos consideravam o único poder efetivo (lembremos que a Olivetti e, em certa medida, a Pirelli tiveram alguma ligação com escritores).

Mas era preciso escolher um "recorte", e o interesse da análise de Asor Rosa está em concentrar-se em autores e revistas que para ele importavam na época, a partir de sua perspectiva obreira, sobre as quais ainda hoje ele tem o que dizer. Porque este era seu traço característico já nos anos 1960: provocadoramente, ele declarava que a verdadeira literatura era apenas "aquela outra", mas depois continuava tratando sempre "desta", da qual podia tirar as cascas e extrair os caroços ideológicos que, segundo ele, a corroíam.

Do mesmo modo, hoje, que uma problemática geral (tal como expressa por ele na introdução metodológica ao volume) deveria levá-lo a contemplar outras dimensões, outros pontos de referência e outras genealogias, ele centra o primeiro volume de sua *Letteratura italiana* no tema *Il letterato e le istituzioni* [O escritor e as instituições] (em que por instituições não se entendem o verso, a rima, a estrofe, como seria legítimo esperar, mas precisamente as instituições da vida pública, aquelas às quais se pagam os dízimos, as taxas e as extorsões), e dará prosseguimento com um segundo volume intitulado *Produzione e consumo* [Produção e consumo], focado sobretudo em "Classi e collocazione sociale dei letterati" [Classes e colocação social dos escritores] (antes de chegar, com o terceiro, a *Le forme del testo* [As formas do texto]).

Isto para dizer que, se nas entrevistas e apresentações, Asor Rosa promete um "Chega de De Sanctis!", e Furio Diaz o toma ao pé da letra e se escandaliza (*La Repubblica*, 28 de dezembro), e ele o aconselha a ler os textos (idem, 4 de janeiro), e o outro protesta "Mas então por que atacar o historicismo?" (idem, 9 de janeiro), aquilo sobre o que se discute são apenas intenções, e o que existe até agora são na realidade capítulos de história literário-social, a meu ver muito sólidos (e cada um deles mereceria uma resenha especializada).

No entanto há quem (eu, para não ir mais longe) responda às intenções de Asor Rosa de mudar o método com um "Tomara!", entranhado de ceticismo. Quem dera se conseguisse finalmente livrar-se dessa condenação italiana de buscar na literatura as razões para os desastres da política e os sonhos de uma política não desastrosa. Todos sabemos há tempos que essa é a pior abordagem para compreender algo da história política e também literária, mas é assim: sempre se continua girando em torno do mesmo ponto.

Em vez disso, pode ser interessante buscar no âmbito dessa dimensão da literatura muito italiana que se chama "ético--política" ou "moral e cívica" as mudanças terminológicas e conceituais. Se no passado se fazia a história dos ideais ou das consciências (incluída a consciência de classe), agora a ênfase recai nos centros de poder político (a corte, a cidade, as ordens religiosas, o Estado constitucional, os partidos) e das organizações culturais (academias, universidades, fundações). Isso pode ser um passo adiante no sentido da concretude, para entender como funcionam as cabeças que levam cravadas como um prego essa ideia fixa do poder — mas desde que se tenha em mente que os poderes da literatura são outra coisa, bem mais indiretos, feitos de modo a agir apenas em longuíssimos arcos de tempo, influenciando setores que escapam às amarras dos poderes visíveis (e por isso mesmo capazes de ser, de algum modo, mais duradores).

Se hoje a política é identificada com a mísera realidade de um poder que tem em si mesmo sua finalidade e com as astúcias para conquistá-lo e mantê-lo, temos a verdade de Maquiavel aplicada ao ínfimo, tal como confirmam cotidianamente os telejornais e as manchetes. E é bom que já não se tenham ilusões de que as coisas possam ser diferentes. Mas houve intervalos razoavelmente longos nas quatro décadas estudadas por Asor Rosa nos quais era ainda por ideias que se combatia, ideias sobre os modos de vida, sobre atribuição de valores, ideias de moral pública e privada, de gosto e de estilo e de linguagem, de imagens de como éramos e de como poderíamos ter sido — e a literatura, e a política, eram aspectos desse quadro.

Naturalmente o jogo de poder também existiu naqueles momentos, talvez até nos mesmos termos de hoje, embora quantificável em cifras com menos zeros, mas havia gente (um pouco em todos os lugares) que acreditava que as questões essenciais eram outras. E também havia, difícil de morrer, o sonho de um poder positivo que pudesse ser instaurado e contraposto à longa série de poderes nefastos — ao passo que hoje sabemos, ou deveríamos saber, que a única coisa que se pode fazer é tentar limitar os danos do poder dos outros.

Com isso não quero dizer que os períodos de idealismo (justo ou equivocado que seja) devem ser estudados em termos de história idealista, mas talvez recorrendo mais aos métodos da história das mentalidades, da sensibilidade, das formas do vivido cotidiano, da psicologia, da religiosidade (especialmente para os laicos), das superstições e preconceitos, do imaginário coletivo. O que por fim aproximaria o discurso histórico geral do estudo das formas literárias, dos textos em verso e prosa vistos de dentro, dos atos concretos e precisos em que consiste o *fazer* dos poetas e dos escritores.

OS ÚLTIMOS FOGOS (1983)*

Vinte anos já constituem uma distância histórica, e qualquer consideração sobre um movimento literário de vinte anos ganha forma, se não a partir de um juízo teórico, ao menos de uma avaliação em perspectiva com o antes e o depois. E logo se impõe a necessidade de escolher entre dois modos opostos de definir o "Grupo 63": a) como primeiro momento de ruptura na continuidade de nossa tradição, que punha em crise uma imagem de literatura e de sociedade literária até então substancialmente unitária quanto a critérios de valor, inclusões e exclusões, e que depois, ainda que recomposta, não foi mais como antes; b) como último episódio de agregação de poetas e escritores em torno de um programa comum ou de uma bandeira de movimento, última tentativa de dar um sentido coletivo à expressão de uma geração ou de uma época, de se escolher, definir e distinguir dos outros na maneira de entender o trabalho literário, como regularmente acontecia na história de nossa cultura nos últimos duzentos anos e como, depois do Grupo 63, não mais aconteceu.

Existem boas razões para ambas as teses: é verdade que, contra um sistema de cooptação que tradicionalmente regulava a renovação da literatura (começávamos a nos considerar escritores a partir do momento em que escritores mais velhos nos

(*) *La Repubblica*, 9-10 out. 1983.

consideravam como tais), o Grupo 63 desfere um ataque frontal contra a "literatura dos anos 50" tomada em bloco (alguns nomes mais que outros são tomados como bodes expiatórios, tratados por definições que nivelam o intimismo da "literatura da memória" ao sentimentalismo do romance água com açúcar) e se constitui como corpo separado e autônomo. Mas também é verdade que o separatismo, a autonomia, é um fato organizacional, de código cultural e de comportamento aceito e estabelecido coletivamente, de modo que os jovens que querem aderir devem renunciar a qualquer ecletismo expressivo ou compromisso com estilos usuais, cumprindo operações radicais no plano formal e submetendo os próprios textos à crítica severíssima do Grupo em leituras públicas.

Em suma, o costume que se instaura é completamente novo em relação aos nossos hábitos (tese a), mas também (tese b) é animado por um espírito de corpo e por uma convicção nas próprias razões literárias que tem seus precedentes diretos nas vanguardas históricas e que, depois, não mais se repetiu. Assim como a nítida bipartição pressuposta nas polaridades entre o "establishment" e a "vanguarda" foi a última tentativa de desenhar um mapa geral da literatura, conquanto rígido e simplificado, e de atribuir a cada um dos componentes um valor ideológico e um papel histórico, mesmo com todas as ilusões e os exageros polêmicos. Ao passo que, nos anos seguintes ao quinquênio 1963-7 (parece-me que a atividade do Grupo e da revista *Quindici* cobre essas datas), não se tentou mais nada semelhante.

Tenho a impressão de que o único momento vistoso de agregação literária dos últimos quinze anos, ou seja, o surgimento de uma nova geração de poetas em leituras públicas, que culminou em junho de 1979 com o Festival de Castelporziano, careceu de uma consciência crítica abrangente. Eram bem visíveis as exigências de expressão individual e de comunicação com um público, mas não o desenho de um quadro geral em que esse encontro pudesse ocorrer, isto é, uma nova e renovada ideia de literatura.

A análise "histórica" que hoje se pode fazer partindo do Grupo 63, sobre as carências do "depois", me parece ser muito mais importante que qualquer exigência de balanço baseada nas perguntas de sempre: quantas obras relevantes a neovanguarda criou?, o que restou dela? Ao que se pode responder de duas maneiras: que o legado dos movimentos da vanguarda histórica consiste sobretudo em arquivos de textos esparsos, documentos curiosos, revistinhas e publicações raras, que nos restituem um certo potencial de energia próprio daquela época. Ou então se pode responder examinando uma lista dos livros considerados significativos nos últimos vinte anos — de qualquer autor, ex-pertencente à neovanguarda ou não — para ver em quais deles está presente um vestígio dos movimentos sísmicos que agiram no mundo das formas literárias (na Itália e na Europa) no início dos anos 1960. Um exame desse tipo pode reservar algumas surpresas, dando conta dos efeitos indiretos que, em literatura, são sempre os que mais importam.

Com certeza esse modo de ver é intrínseco à minha ótica particular, de observador externo, que na época, mesmo pertencendo efetivamente à vilipendiada "literatura dos anos 1950", se dava conta de que a cena da literatura mundial era palco de muitas coisas estimulantes, das quais a especial angulação de nosso discurso crítico nos excluía, e portanto estava naturalmente curioso sobre o que poderia resultar de um brusco baralhamento das cartas do maço. E nisso eu era confortado pela parceria com Elio Vittorini, que, mesmo tendo entre suas bestas negras o "terrorismo das vanguardas", estava sempre pronto a captar as vibrações do novo e, já em 62, abriu *Il Menabò* àqueles que depois seriam os fundadores do Grupo.

Quem como eu havia entrado no mundo literário em outro momento, que também se pretendia de ruptura — 1945 —, pôde seguir ano a ano a acomodação daquele ímpeto inicial em uma fórmula a mais digna possível, mas nada nova ou sensacional, nascida da confluência da melhor cultura literária de nossos anos 1930 (a da revista *Solaria*) e da tradição "moral e cívica" do historicismo idealista e gramsciano. Nossa "literatura dos anos

1950" tinha sido isso; entretanto, já no final daquela década, o quadro cultural se mostrava bastante estreito devido ao aumento de informação sobre as culturas estrangeiras e visto que, com o fim da "guerra fria", algo mudara naquela preponderância da política sobre qualquer outro discurso, atitude que tinha caracterizado a atmosfera daquela época, infundindo-lhe de início uma tensão moral, mas depois também prudência, diplomacia, arredondamento de arestas. Pode-se então dizer que estavam dados todos os pressupostos para um movimento de ruptura. E que a literatura foi a primeira a registrar a mudança de mentalidade que circulava no ar.

Um quadro histórico do nascimento da neovanguarda também deveria dar conta dos antecedentes mais ou menos diretos: a revista milanesa *Il Verri*, de Luciano Anceschi, que explorava tudo o que ficava de fora daquele quadro anterior, e foi dela que despontaram os poetas "Novíssimos", depois fundadores do Grupo; certos ambientes universitários, ou ligados às artes visuais, ou à música moderna; e algum espaço para ações de guerrilha e ataques como *Il Caffè*, de Giambattista Vicari, na linha da sátira e do grotesco.

No entanto, acho mais interessante fazer a história do que veio em sequência, ou da sequência frustrada. O que tem a ver, ainda, com a hegemonia da política sobre a cultura italiana, ou melhor, da linguagem política acima de qualquer outra dimensão da linguagem. Já se disse muitas vezes que a neovanguarda entrou em crise porque os ambientes que deviam abastecer seu público potencial foram colhidos, nos anos em torno de 1968, por uma politização devoradora, com exclusão de qualquer outra linguagem. Mas já antes, ou seja, desde justamente 1963, o Grupo já tinha sofrido a acusação (dos mais velhos, na época) de ser a "literatura do neocapitalismo", e começara a sentir a necessidade de demonstrar que isso não era verdade, como se argumentos desse tipo pudessem ter algum sentido. Enfim, a pobreza e a falta de fundamento do discurso político, com seu falso rigor, tiveram mais uma vez razão sobre a potencialidade, a polifonia e a perspicácia do discurso literário.

Naturalmente tudo isso é um mar de rosas se comparado às experiências francesas, de início paralelas às italianas e depois cada vez mais divergentes, até as últimas cambalhotas de Sollers e de *Tel Quel* (agora *L'infini*). A politização também esteve ali, mas sempre apenas de ouvido, tanto na fase maoísta quanto na de estrelas e listras, e agora nos braços do bom Deus. Mas atrás disso houve alguma coisa que — independentemente de como se julgue — não pode ser jogada no mesmo saco; e se trata de uma cultura que ainda hoje conta com nomes de "mestres".

Hoje esse sentido da emergência de novos continentes do saber já não existe em nenhum lugar, e muito menos entre nós. As condições para dar à luz um novo movimento de vanguarda só poderiam subsistir na insatisfação com aquilo que há, e isso certamente não pode faltar. A literatura foi se atomizando (não só na Itália); cada um de nós pensa naquele pouco ou muito que pode fazer e se interessa cada vez menos em situá-lo em um contexto; e essa atitude parece predominante também e sobretudo nos jovens. Como se ninguém soubesse mais imaginar uma fala que articule e contraponha obras, posturas, tendências no momento mesmo em que se fazem, escavando um sentido geral do conjunto das produções individuais. É aqui que vanguarda, pré-vanguarda e pós-vanguarda não tiveram herdeiros.

GIAN CARLO FERRETTI, O BEST-SELLER À ITALIANA (*1983*)*

O livro de Ferretti poderia ser muitas coisas, e é sobre o que ele poderia ser que eu prefiro falar. Poderia ser uma explicação sobre que diabos quer dizer best-seller, sobre o que significam essas listas que os jornais publicam; mas para isso seria necessário citar cifras absolutas sobre tiragens e cópias vendidas, porque se nos limitarmos às classificações com base em percentuais, estabelecidas a partir de uma amostragem de livrarias, vamos continuar sem saber se determinado livro aparece em primeiro lugar porque naquela semana, entre todos os livros que não venderam, ele vendeu poucos exemplares a mais, ou se é realmente um livro que tem sucesso, e em que medida.

Poderia ser um estudo comparado sobre o que se entende por sucesso de livraria nos Estados Unidos (onde a expressão best-seller nasceu), na França, na Alemanha, na Itália (e qual seu significado na União Soviética, que, ao que se diz, seria o único país onde se estabelecem relações imediatas e muitas vezes dramáticas entre estratégia de tiragem e resposta do mercado, com o público fazendo fila nas livrarias no dia em que determinado livro é lançado).

(*) "La coda di Minosse", *La Repubblica*, 10 mar. 1983. A alusão a Franco Fortini diz respeito a uma crítica arrasadora de *Se um viajante numa noite de inverno* e *O nome da rosa*, de Umberto Eco, publicada pouco antes no *Corriere della Sera* ("Romanzi a mano e romanzi a macchina", 27 fev. 1983) e depois compilada no volume *L'ospite ingrato I e II*, Casale Monferrato: Marietti, 1985.

Poderia ser uma reflexão sobre as dificuldades que as editoras encontram em prever os sucessos e os insucessos, e como as tentativas de forçar as escolhas redundam em fiascos; sobre como previsões demasiado prudentes foram às vezes desmentidas e como frequentemente previsões otimistas demais acabaram abarrotando os depósitos com tiragens encalhadas; toda editora tem um anedotário vastíssimo e facilmente coletável sobre o assunto, que poderia servir para arrasar qualquer mito de planificação empresarial, ou tentar delinear algumas regras empíricas.

Poderia ser uma análise muito séria sobre o tempo de duração de um título na livraria, a diferença entre o best-seller que esgota e seu impacto numa temporada e o livro que, na surdina, continua seu curso nos anos; e como disso derivam diversas políticas editoriais e de distribuição, com o problema da relação entre novidades e reedições com seus relativos custos e imobilizações, o problema das coleções econômicas que só podem ter preços baixos com altas tiragens, enquanto estas tendem a se restringir, o problema das livrarias que só têm espaço para as novidades (coisa que no exterior já se sente há muitos anos, e que hoje se verifica na Itália). É este o nó dos problemas fundamentais da editora e do mercado livreiro em todo o mundo. (Nó também de problemas culturais: a relação que existe numa determinada cultura entre uma biblioteca ideal de base, de longa duração, e os livros mais ligados à atualidade, à coloração dos anos, às necessidades e aos humores imediatos.)

Ou então, deixando a orientação sociológica como pano de fundo, poderia ser um ensaio crítico sobre um grupo de romances que Ferretti pretende passar na peneira: Pontiggia, Calvino, Eco, Fruttero-Lucentini e alguns outros, e isso seria um tipo de crítica do qual se sente muita falta, uma análise não sobre um livro ou autor específico, mas que articule obras diferentes no traçado abrangente de uma situação literária. Mas quais são os possíveis elementos comuns? Caso se ponha em primeiro plano o sucesso — e aí voltamos ao início —, seriam necessárias cifras precisas (mas que depois deveriam ser avaliadas de modo distinto para quem está em seu primeiro romance e para quem já tem atrás de si muitos anos de publicações) e provavelmente se constataria que cada livro é um caso em si. Um elemento menos evidente sobre o qual Ferretti insiste é o da "projeção", da "engenharia"; mas o fato de que uma obra seja pensada, estudada e ponderada, buscando entender bem o que se está fazendo, seria realmente um mal? (Claro, também há os que confiam no transbordamento inconsciente dos tesouros de sua alma; mas o que podemos fazer nós, a quem falta a certeza de termos sido os escolhidos pela graça, senão buscar exaustivamente uma justificativa para nossas vidas nos aplicando em uma tarefa difícil?)

Outro dado comum possível: a intenção de conquistar o "mercado". Nesse caso seria preciso explicar — dando por óbvia a motivação mercantil — como alguém, em vez de seguir o método mais seguro de ater-se às receitas já testadas — próprias ou alheias —, quereria tentar novos caminhos, o que se trataria de experimentar com o público, tentar um encontro entre uma obra nova e um público em certa medida novo. Mas o que é isso senão o que se demanda a qualquer busca literária, sem o qual uma literatura não vive?

Falar de "mercado" quando se admite se tratar de um "micromercado", e que é imprevisível, refratário a qualquer "marketing", quando tudo o que se sabe dizer sobre ele é que não é de massa nem é de elite, pode parecer algo concreto, mas na verdade torna tudo mais abstrato. Melhor averiguar se cada livro singular tem uma razão literária que o justifique; e depois, quem sabe, se houver um sucesso excepcional, estudar seus motivos com base nisso.

Sendo assim, se há elementos comuns aos vários romances, eles devem ser buscados no plano literário, seja ele formal (falou-se de construções elaboradas e "fechadas"; aí está um tema que eu gostaria muito de ver tratado: como, a partir de uma poética que parecia desestruturar a obra, se passou a seu oposto), seja de conteúdo (na representação ou no sentido filosófico). Mas haveria muitas coisas interessantes (deixemos de fora Calvino, que é o único que não pode lamentar-se, porque Ferretti lhe dedica uma análise aprofundada e complexa) a dizer sobre esses romances. Chama particularmente a atenção que os temas de conteúdo político e social direto, que antes eram o alimento principal da crítica de esquerda, agora não sejam sequer tangenciados, como se fosse inconveniente nomeá-los na conversa; nem o fato de que se descubra, em um romance policial (Fruttero-Lucentini), que o assassino é o dono da Fiat foi julgado digno de nota pela crítica sociológica empenhada em definir as propriedades inefáveis do "produto" e do "mercado".

Quanto à interpretação filosófica geral, três dos romances considerados por Ferretti (Pontiggia, Calvino, Eco) foram estudados em um ensaio publicado no ano passado (Leonardo Lattarulo, *La ricerca narrativa tra logica e misticismo* [A pesquisa narrativa entre lógica e misticismo], Carte Segrete, p. 46); mesmo não compartilhando os pressupostos teóricos (a crise da totalidade, Lukács, Goldmann) com base nos quais Lattarulo dispara nos desafortunados autores saraivadas ainda mais letais que as de Ferretti, devo dizer que se trata de um discurso crítico coerente e, como tal, estimula a reflexão e a discussão.

Ao contrário, por que o ensaio de Ferretti nos deixa insatisfeitos? A meu ver, porque nunca se sabe "de onde" ele fala. Um rótulo político já não basta para definir ninguém, muito menos um tom esconjurador de carrasco dos costumes. Ferretti jamais nos diz quais são seus modelos positivos para os conceitos que usa habitualmente em sentido negativo, ou seja, tanto "romance de qualidade" quanto "romance de grande público", não diz se pensa que uma identificação ótima dos dois termos seria possível e desejável (eu, por exemplo, acredito que sim), ou se qualquer contato entre "qualidade" e público pressupõe uma degradação, ou se para ele "qualidade" é um termo negativo em si, posto que elitista. A desaprovação moralista que golpeia autores indistintamente, porque seriam demasiado elitistas ou então legíveis demais, que ataca a editoria porque demasiado industrial ou não suficientemente industrial, pode estar segura de ter todas as razões do mundo, mas é como se não tivesse nenhuma. Antes seria preciso ver com clareza dentro de si: o que se quer, qual é a escala de valores em que se acredita — no caso específico, a relação da literatura com os poucos e os muitos, com o sentimento e com as conjecturas, com os arquétipos e com os custos e preços, e qual lugar conferir a Rainer Maria Rilke e qual a Sherlock Holmes.

Pode-se até ter todas as razões para não saber que caminho tomar, mas então que se renuncie ao papel de moralista: fale-nos diretamente sobre sua incerteza, e é assim que nos ajudará a decidir. Um moralista inseguro não ajuda ninguém; não ajuda nem Fortini, que sempre espera que alguém lhe estenda uma mão, e no entanto é obrigado, para mostrar como se faz, a vibrar mais uma vez sua cauda de Minos e retorcê-la sobre as almas de nós, pecadores, a fim de estabelecer a que inferno estamos destinados (*Corriere della Sera*, 27 de fevereiro), sem por isso estar seguro de que deus delegou justo a ele essa tarefa ingrata nos séculos dos séculos.

*MUNDO ESCRITO E MUNDO NÃO ESCRITO (1983)**

Pertenço àquela parte da humanidade — uma minoria em escala planetária, mas creio que maioria entre meu público — que passa boa parte de suas horas de vigília em um mundo especial, um mundo feito de linhas horizontais onde as palavras se sucedem uma por vez, onde cada frase e cada parágrafo ocupa seu posto estabelecido: um mundo que pode ser muito rico, quem sabe até mais rico que o mundo não escrito, mas que de todo modo requer um ajustamento especial para se situar dentro dele. Quando me afasto do mundo escrito para reaver meu lugar no outro, naquele que costumamos chamar *o mundo*, feito de três dimensões, cinco sentidos, povoado por bilhões de nossos semelhantes, isso para mim equivale a repetir todas as vezes o trauma do nascimento, a dar forma de realidade inteligível a um conjunto de sensações confusas, a escolher uma estratégia para enfrentar o inesperado sem ser destruído.

Esse novo nascimento é sempre acompanhado por ritos especiais, que significam o ingresso numa vida diferente: por exemplo, o rito de colocar os óculos, já que sou míope e leio sem óculos, enquanto para a maioria presbita se impõe o rito oposto, ou seja, tirar os óculos usados para ler.

(*) Conferência lida na Universidade de Nova York como "James Lecture", no Institute for the Humanities, em 30 de março de 1983: "The Written and the Unwritten World", *The New York Review of Books*, pp. 38-9, 12 maio 1983; depois em *Letteratura Internazionale*, II, 4-5, pp. 16-8, primavera-verão de 1985.

■ *MUNDO ESCRITO E MUNDO NÃO ESCRITO*

Todo rito de passagem corresponde a uma mudança de atitude mental; quando leio, cada frase deve ser prontamente compreendida, pelo menos em seu significado literal, e deve tornar-me capaz de formular um juízo: o que li é verdadeiro ou falso, correto ou incorreto, agradável ou desagradável. Na vida ordinária, ao contrário, há sempre inumeráveis circunstâncias que escapam a meu entendimento, das mais gerais às mais banais: frequentemente me vejo diante de situações sobre as quais eu não saberia pronunciar-me, sobre as quais prefiro suspender o juízo.

Enquanto espero que o mundo não escrito se esclareça a meus olhos, há sempre uma página escrita ao alcance da mão, na qual posso tornar a mergulhar; e é o que logo faço, com a maior satisfação: pelo menos ali, ainda que só consiga entender uma pequena parte do conjunto, posso cultivar a ilusão de estar mantendo tudo sob controle.

Acho que na minha juventude as coisas também seguiam do mesmo modo, mas naquela época eu me iludia de que mundo escrito e não escrito se iluminassem reciprocamente; de que as experiências de vida e as experiências de leitura fossem de algum modo complementares, e cada passo adiante em um campo correspondesse a um passo adiante no outro. Hoje posso afirmar que, do mundo escrito, conheço bem mais do que no passado: dentro dos livros a experiência é sempre possível, mas seu alcance não se estende para além da margem branca da página. Já o que acontece no mundo que me circunda jamais deixa de me surpreender, de me assustar, me desorientar. Assisti a muitas mudanças em minha vida, no vasto mundo, na sociedade, e também a muitas mudanças em mim; entretanto não consigo prever nada, nem para mim nem para as pessoas que conheço, e muito menos quanto ao futuro do gênero humano. Não saberia prever as futuras relações entre os sexos, entre as gerações, os desenvolvimentos futuros da sociedade, das cidades e das nações, que tipo de paz haverá ou que tipo de guerra, o que significará o dinheiro, quais objetos de uso cotidiano vão desaparecer e quais novos vão surgir, que tipo de veículo e de maquinário se usará, qual vai ser o futuro do mar, dos rios, dos animais, das plantas. Sei bem que compartilho esta ignorância com aqueles que, ao contrário, pretendem saber tudo: economistas, sociólogos, políticos; mas o fato de não estar só não me dá nenhum alívio.

O que me pode dar algum alívio é o pensamento de que a literatura sempre compreendeu algo mais que as outras disciplinas, mas isso me faz lembrar que os antigos viam nas letras uma escola de sabedoria, e logo me apercebo do quanto, hoje, qualquer ideia de sabedoria é inalcançável.

A esta altura sei que vão me perguntar: se você diz que seu verdadeiro mundo é a página escrita, se só nela se sente à vontade, por que quer se afastar, por que pretende aventurar-se neste vasto mundo que você não é capaz de dominar? A resposta é simples: para escrever. Porque sou um escritor. O que se espera de mim é que eu olhe a meu redor e capture imagens rápidas do que acontece, para depois voltar a inclinar-me sobre a escrivaninha e recomeçar o trabalho. É para repor em movimento minha fábrica de palavras que preciso extrair novo combustível dos poços do não escrito.

Mas tentemos observar melhor como as coisas estão. É isso mesmo que acontece? As principais correntes filosóficas do momento dizem: não, nada disso é verdadeiro. A mente do escritor está obcecada pelas posições contrastantes de duas correntes filosóficas. A primeira diz: o mundo não existe, existe apenas a linguagem. A segunda diz: a linguagem comum não tem sentido, o mundo é inefável.

De acordo com a primeira, a espessura da linguagem se ergue acima de um mundo feito de sombras; de acordo com a segunda, é o mundo que se eleva como uma muda esfinge de pedra sobre um deserto de palavras como areia transportada pelo vento. A primeira corrente estabeleceu suas principais fontes da Paris dos últimos 25 anos; a segunda escorre desde o início do século partindo de Viena e, após várias transmigrações, reconquistando atualidade em anos recentes, inclusive na Itália. Ambas as filosofias têm fortes razões de sua parte. Ambas representam um desafio para o escritor: a primeira exige o uso de uma linguagem que responda apenas a si mesma, às suas leis internas; a segunda, o uso de uma linguagem que possa fazer frente ao silêncio do mundo. Ambas exercem seu fascínio e sua influência sobre mim. Isso significa que termino não seguindo nem uma nem outra, que não acredito em nenhuma das duas. Em que acredito, então?

Vejamos um momento se posso tirar alguma vantagem desta situação. Antes de tudo, se sentimos tão intensamente a incompatibilidade entre o escrito e o não escrito, é porque somos muito mais conscientes sobre o que é o mundo escrito: não podemos esquecer nem por um instante que se trata de um mundo feito de palavras usadas segundo as técnicas e as estratégias próprias da linguagem, segundo os peculiares sistemas em que se organizam os significados e as relações entre significados. Estamos conscientes de que, quando uma história nos é contada (e quase todos os textos escritos contam uma história, até um ensaio filosófico, até um balanço de sociedade anônima, até uma receita de cozinha), essa narrativa é posta em movimento por um mecanismo semelhante aos mecanismos de qualquer outra narrativa.

Esse é um grande passo à frente: hoje somos capazes de evitar muitas confusões entre o que é linguagem e o que não é, e assim podemos ver claramente as relações que intercorrem entre os dois mundos.

Não me resta senão fazer a contraprova e verificar que o mundo externo está sempre ali e não depende das palavras, ao contrário, ele é de certo modo irredutível às palavras, e não há linguagem, não há escrita que possa exauri-lo. Basta voltar as costas para as palavras depositadas no livro e mergulhar no mundo de fora, esperando alcançar o coração do silêncio, o verdadeiro silêncio pleno de significado... Mas qual é a via para alcançá-lo?

Há quem, por ter um contato com o mundo de fora, se limita a comprar o jornal todas as manhãs. Eu não sou tão ingênuo. Sei que, dos jornais, só posso extrair uma leitura do mundo feita por outros, ou melhor, feita por uma máquina anônima, especializada em escolher do pó infinito dos eventos aqueles que podem ser peneirados como "notícia".

Outros, para escapar das garras do mundo escrito, ligam a televisão. Mas eu sei que todas as imagens, até aquelas capturadas ao vivo, fazem parte de um discurso construído, assim como as dos jornais. Portanto, sem comprar o jornal, sem ligar a televisão, vou me limitar a sair e andar por aí.

Mas cada coisa que vejo nas ruas da cidade já tem seu lugar no contexto da informação homogeneizada. Este mundo que vejo, aquele que é costumeiramente reconhecido como *o mundo*, se apresenta aos meus olhos — pelo menos em grande parte — já conquistado, colonizado pelas palavras, um mundo que carrega sobre si uma pesada crosta de discursos. Os fatos de nossa vida já estão classificados, julgados, comentados antes mesmo que aconteçam. Vivemos em um mundo onde tudo já está lido antes mesmo de começar a existir.

Não somente tudo o que vemos, mas também nossos olhos estão saturados de linguagem escrita. O hábito da leitura transformou ao longo dos séculos o *Homo sapiens* no *Homo legens*, mas não é certo que este *Homo legens* seja mais sábio que o outro. O homem que não lia sabia ver e ouvir muitas coisas que nós não percebemos mais: os rastros dos animais que caçava, os sinais da proximidade da chuva ou do vento; reconhecia as horas do dia pela sombra de uma árvore, e a da noite pela altura das estrelas no horizonte. E quanto à audição, ao paladar, ao tato, sua superioridade não pode ser posta em questão.

Dito isto, é bom esclarecer que não vim aqui para propor um retorno ao analfabetismo para recuperar o saber das tribos paleolíticas. Lamento tudo o que possamos ter perdido, mas nunca me esqueço de que os ganhos superam as perdas. O que estou tentando entender é o que podemos fazer hoje.

Devo recordar as dificuldades peculiares que encontro, como italiano, em minhas relações tanto com o mundo quanto com a linguagem, isto é, como escritor de um país que oferece contínuas frustrações a quem busca entendê-lo. A Itália é um país onde ocorrem muitas histórias misteriosas, todas amplamente discutidas e comentadas todos os dias, mas sobre as quais nunca se chega a uma solução; um país onde todo acontecimento esconde um complô secreto — pois secreto é, e secreto permanece; onde nenhuma história chega ao fim porque se desconhecem seus inícios, mas entre início e fim podemos gozar seus infinitos detalhes. A Itália é um país onde a sociedade vive mudanças muito rápidas, inclusive nos costumes, no comportamento — tão rápidas que não conseguimos entender em que direção nos movemos, e cada fato novo desaparece tragado pela avalanche das recriminações e pelos alarmes de degradação e de catástrofe, ou pelas declarações satisfeitas com nossa tradicional habilidade de nos safarmos e ir sobrevivendo.

Por isso as histórias que podemos contar são, por um lado, marcadas pelo sentido do desconhecido e, por outro, por uma necessidade de construção, de linhas traçadas com nitidez, de harmonia e geometria; é esse o nosso modo de reagir às areias movediças que sentimos debaixo dos pés.

Quanto à linguagem, ela foi atingida por uma espécie de peste. O italiano está se tornando uma língua cada vez mais abstrata, artificial, ambígua; as coisas mais simples nunca são ditas diretamente, os substantivos concretos são usados cada vez mais raramente. Esta epidemia golpeou primeiramente os políticos, os burocratas, os intelectuais, depois se generalizou, estendendo-se a massas cada vez mais amplas de uma consciência política e intelectual. A tarefa do escritor é combater esta peste, dar sobrevivência a uma linguagem direta e concreta, mas o problema é que a linguagem cotidiana, que até ontem era a fonte viva à qual os escritores podiam recorrer, agora não escapa à infecção.

Enfim, acredito que nós, italianos, estamos na situação ideal para associar nossa atual dificuldade em escrever romances com as reflexões gerais sobre a linguagem e o mundo.

Uma importante tendência internacional na cultura de nosso século, aquilo que podemos chamar de abordagem fenomenológica em filosofia e efeito de estranhamento em literatura, nos impele a romper a tela de palavras e conceitos e a ver o mundo como se fosse apresentado pela primeira vez ao nosso olhar. Bem, agora tentarei abrir um vazio em minha mente e lançar sobre a paisagem um olhar livre de todo precedente cultural. O que acontece? Nossa vida está programada para a leitura, e me dou conta de que estou tentando *ler* a paisagem, o campo, as ondas do mar. Essa programação não quer dizer que nossos olhos sejam obrigados a seguir um instintivo movimento horizontal da esquerda para a direita, depois de novo à esquerda um pouco mais abaixo, e assim por diante. (Naturalmente falo de olhos programados para ler páginas ocidentais; os olhos japoneses usam um programa vertical.) Mais que um exercício ótico, ler é um processo que mobiliza olhos e mente ao mesmo tempo, um processo de abstração, ou melhor, uma extração de concretude por operações abstratas, como reconhecer traços distintivos, fragmentar tudo o que vemos em elementos mínimos, recompô-los em segmentos significativos, descobrir à nossa volta regularidades, diferenças, recorrências, singularidades, substituições, redundâncias.

A comparação entre o mundo e um livro tem uma longa história desde a Idade Média e o Renascimento. Em que linguagem está escrito o livro do mundo? De acordo com Galileu, trata-se da linguagem da matemática e da geometria, uma linguagem de absoluta exatidão. É desse modo que podemos ler o mundo de hoje? Talvez sim, caso se trate do extremamente distante: galáxias, quasares, *supernovae*. Quanto a nosso mundo cotidiano, ele mais nos parece escrito como um mosaico de linguagens, um muro cheio de grafites, carregado de escritas traçadas umas sobre as outras, um palimpsesto cujo pergaminho foi raspado e reescrito várias vezes, uma colagem de Schwitters, uma estratificação de alfabetos, de citações heterogêneas, de jargões, de caracteres pulsantes como aparecem na tela de um computador.

É uma mimese desta linguagem do mundo que devemos tentar alcançar? Foi o que fizeram alguns dos mais importantes escritores de nosso século: podemos encontrar exemplos disso em *Os cantos* de Ezra Pound, ou em Joyce, ou em algumas vertiginosas páginas de Gadda, sempre tentado pela obsessão de associar cada detalhe com todo o universo.

Mas a mimese será mesmo o caminho mais certo? Eu tinha partido da oposição inconciliável entre mundo escrito e mundo não escrito; se suas duas linguagens se fundem, meu raciocínio desaba. O verdadeiro desafio para um escritor é falar do intrincado enrosco de nossa situação usando uma linguagem que pareça tão transparente a ponto de criar um sentido de alucinação, como Kafka conseguiu fazer.

Talvez o primeiro passo para renovar uma relação entre linguagem e mundo seja o mais simples: fixar a atenção num objeto qualquer, o mais banal e familiar, e descrevê-lo minuciosamente como se fosse a coisa mais nova e mais interessante do universo.

Uma das lições que podemos tirar da poesia de nosso século é o investimento de toda nossa atenção, de todo nosso amor pelo detalhe, em algo que esteja longíssimo de qualquer imagem humana: um objeto, ou planta, ou animal em que possamos identificar nosso sentido da realidade, nossa moral, nosso eu, como fez William Carlos Williams com um cíclame, Marianne Moore com um náutilo, Eugenio Montale com uma enguia.

Na França, desde que Francis Ponge começou a escrever poesias em prosa sobre objetos humildes como um pedaço de sabão ou de carvão, o problema da "coisa em si" continuou a marcar a pesquisa literária, passando por Sartre e por Camus, para atingir sua expressão extrema na descrição de um quarto de tomate levada a cabo por Robbe-Grillet. Mas acho que a última palavra ainda não foi dada. Recentemente, na Alemanha, Peter Handke escreveu um romance baseado inteiramente em paisagens. E também na Itália a abordagem visual é elemento comum entre alguns dos últimos escritores novos que li.

Meu interesse pelas descrições também se deve ao fato de que meu último livro, *Palomar*, compreende várias descrições. Tento fazer de tal modo que a descrição se torne narração, mesmo permanecendo descrição. Em cada uma dessas minhas breves narrativas, um personagem pensa exclusivamente com base naquilo que vê, desconfiando de qualquer pensamento que lhe chegue por outras vias. Meu problema ao escrever esse livro é que eu nunca fui propriamente aquilo que se chama um observador; portanto a primeira operação que eu precisava fazer era concentrar minha atenção em alguma coisa e depois descrevê-la, ou melhor, fazer as duas coisas simultaneamente, porque, não sendo um observador, se observo — suponhamos — uma iguana no zoológico e não escrevo logo tudo o que vi, depois esqueço.

Devo dizer que a maior parte dos livros que escrevi, e dos que tenho em mente escrever, nascem da ideia de que escrever um livro assim me parecia impossível. Quando me convenço de que certo tipo de livro está completamente além das possibilidades de meu temperamento e de minhas capacidades técnicas, me sento à escrivaninha e começo a escrevê-lo.

Foi o que aconteceu com meu romance *Se um viajante numa noite de inverno*: comecei imaginando todos os tipos de romance que nunca vou escrever; depois tentei escrevê-los, evocando dentro de mim a energia criativa de dez diferentes romances imaginários.

Outro livro que estou escrevendo fala dos cinco sentidos, para demonstrar que o homem contemporâneo perdeu o uso deles. Meu problema ao escrever esse livro é que meu olfato não é muito desenvolvido, tenho pouca atenção auditiva, não sou um gourmet, minha sensibilidade tátil é aproximativa e sou míope. Para cada um dos cinco sentidos, preciso fazer um esforço que me permita dominar uma gama de sensações e nuances. Não sei se vou conseguir, mas tanto nesse caso quanto nos outros, meu objetivo não é simplesmente fazer um livro, mas mudar a mim mesmo — objetivo que, acho, deveria ser o de toda aventura humana.

Vocês podem objetar dizendo que preferem os livros que mobilizam uma experiência verdadeira, possuída integralmente. Ora, eu também. No entanto, em minha experiência, o impulso para escrever está sempre ligado à falta de algo que se queria conhecer e possuir, algo que nos escapa. E, como conheço bem esse tipo de impulso, tenho a impressão de poder reconhecê-lo igualmente nos grandes escritores cujas vozes parecem nos chegar do cume de uma experiência absoluta. O que eles nos transmitem é, mais que o sentido de uma experiência alcançada, um sentido de aproximação da experiência; o segredo deles é saber conservar intacta a força do desejo.

Em certo sentido, acho que sempre escrevemos sobre algo que não sabemos: escrevemos para que o mundo não escrito possa exprimir-se por meio de nós. No momento em que minha atenção se afasta da ordem regular das linhas escritas e acompanha a complexidade movente que nenhuma frase pode conter ou exaurir, me sinto próximo de entender que, do outro lado das palavras, há algo que busca sair do silêncio, busca significar por intermédio da linguagem, como dando golpes no muro de uma prisão.

O LIVRO, OS LIVROS (1984)*

Caros amigos,

Estou feliz de ter podido aproveitar o convite da Feira do Livro para visitar pela primeira vez Buenos Aires, que sempre desejei conhecer, e estou especialmente feliz por estar com vocês neste momento, em um clima de reconquista da liberdade.

Desculpem se lhes falo em italiano: espero que muitos que estão aqui entendam nossa língua, assim como entendo a de vocês, embora não me sinta suficientemente seguro para usá-la durante uma conferência inteira. Conforta-me o fato de que a origem italiana de tantos argentinos dê à nossa língua um lugar especial na cultura de vocês, a ponto de não precisarem considerá-la uma língua inteiramente estrangeira.

Dirigindo-me a todos os que estão nesta Feira, quero tentar analisar as sensações que sinto toda vez que visito uma grande exposição de livros: uma espécie de vertigem de perder-me neste mar de papel impresso, neste firmamento imenso de capas coloridas, neste pulvísculo de caracteres tipográficos; a abertura de espaços sem fim, como uma sucessão de espelhos que multiplicam o mundo; a expectativa de uma surpresa que pode vir a meu encontro por um novo título que me chama a

---

(*) Conferência proferida na Feira do Livro de Buenos Aires e publicada em *Nuovi Quaderni Italiani*, Instituto Italiano di Cultura, Buenos Aires, 10, pp. 11-21, 1984.

atenção; o desejo repentino de ver reeditado um velho livro fora de catálogo; o abatimento e simultaneamente o alívio de pensar que os anos de minha vida mal bastarão para ler ou reler um número limitado dos volumes que se estendem diante de meus olhos.

São sensações diferentes — vejam bem — daquela que se sente diante de uma grande biblioteca: nas bibliotecas se deposita o passado como em estratos geológicos de palavras silenciosas; numa feira de livros, é a renovação da flora escrita que se perpetua, é o fluxo das frases recém-publicadas que tenta fluir rumo aos leitores futuros, que pressiona para derramar-se em seus circuitos mentais.

Não creio ser um acaso que as grandes feiras internacionais de livros ocorram no início do outono: em Frankfurt, no mês de outubro; em Buenos Aires, em abril. Para mim, que sou italiano, o início do outono é a estação da vindima; assim como a vindima celebra a cada ano a multiplicação dos cachos carregados de sumo, a Feira do Livro comemora a renovação de um ciclo, o da multiplicação dos volumes. A mesma sensação de abundância e profusão domina os dois gêneros de festa outonal; o fermento da tinta tipográfica emana uma atmosfera de embriaguez não menos contagiosa que a do mosto a borbulhar nas dornas.

Os livros são feitos para estar em multidão, um livro isolado só faz sentido quando se põe ao lado de outros livros, na medida em que precede e sucede outros livros. Foi assim desde que os livros eram rolos de papiro que se alinhavam nas prateleiras das bibliotecas perfilando seus cilindros verticais como tubos de órgãos, cada qual com sua voz grave ou delicada, festiva ou melancólica. Nossa civilização se baseia na multiplicidade dos livros, e só se encontra a verdade perseguindo-a das folhas de um volume às folhas de outro, como uma borboleta de asas coloridas que se nutre de várias linguagens, confrontos, contradições.

Claro, houve civilizações, religiões e povos que se reconheceram num único livro, "o Livro", mas ele podia conter uma multiplicidade de livros, como aquele que justamente chamamos de Bíblia, isto é, *tã biblía*, "os livros" no plural, não "o livro". E mesmo quando o texto sacro é de fato um livro no singular, como o Corão, ele exige uma produção interminável de comentários e de exegeses, de modo que se pode afirmar que quanto mais um livro é considerado definitivo e indiscutível, mais ele prolifera tomando bibliotecas inteiras.

A ideia de um livro absoluto de vez em quando aparece também na literatura profana, como o Livro com ele maiúsculo imaginado por Mallarmé — mas eu diria que se trata de uma tentação diabólica. Melhor o gesto perplexo e modesto de quem leva adiante o próprio livro como uma glosa aos livros escritos anteriormente, ou considera a própria obra o capítulo de um superlivro composto por todos os volumes já escritos ou ainda por escrever, de autor conhecido ou desconhecido, em todas as línguas.

A imaginação popular atribuía poderes sobrenaturais à palavra escrita e sonhava com um livro que tornasse possível o domínio do mundo a quem o possuísse e soubesse encontrar a palavra certa em suas páginas. O livro mágico aparece como instrumento sobrenatural nas fábulas, nas lendas, nas aventuras cavaleirescas; frequentemente seus poderes eram voltados para o mal, mas a própria magia nefasta podia transformar-se em ajuda providencial se usada por mãos justas.

Em *Orlando furioso* o mago Atlante faz surgir de seu livro mágico um palácio onde tudo é ilusão, povoado pelos fantasmas dos paladinos mais valorosos e das damas mais atraentes. O cavaleiro que se perdia entre aqueles muros evanescentes, perseguindo uma sombra na qual reconhecia seu inimigo mortal ou a mulher amada, não encontrava mais a via de saída até que o livro se fechasse e o palácio se dissipasse no nada. Mas quando Astolfo se apodera do livro mágico — cavaleiro que tem uma especial intimidade com tudo o que é maravilhoso —, eis que ele conquista o poder de montar na sela do Hipogrifo e voar até a Lua.

No poema de Ariosto, todos os estrondos do barulho férreo das armas — lanças, espadas, cimitarras, mas também as primeiras detonações de arcabuz, porque nessas páginas a pólvora faz sua aparição na literatura cavaleiresca —, a arma absoluta é o livro mágico. Qual o poder da palavra que o livro mágico encerra? A palavra pode mudar o mundo? Ou em vez disso a palavra tem o poder de dissolver o mundo, de ser mundo ela mesma, de substituir a própria totalidade pela totalidade do mundo não escrito?

Orlando furioso é um livro que contém todo o mundo, e este mundo contém um livro que quer ser mundo. Mas não sabemos o que está escrito nesse livro mágico. Talvez o volume que Astolfo consulta voando na sela do cavalo alado seja justamente o poema que narra sobre ele, Astolfo, sobre o cavalo alado e sobre a viagem deles até a Lua.

A metáfora do livro como mundo e a do mundo como livro têm uma longa história, desde a Idade Média até hoje. Quem é capaz de ler o livro do mundo? Somente Deus ou também o homem? A metáfora do livro-mundo está no centro das discussões teológicas sobre a sapiência divina e sobre os limites do conhecimento humano.

No início da era moderna, tanto Francis Bacon quanto Galileu Galilei contrapõem à autoridade dos livros escritos nas linguagens dos homens o livro da Natureza que Deus escreveu em sua linguagem, e cuja decifração cabe ao homem fazer. Tommaso Campanella condensa a ideia em um soneto: "*Il mondo è il libro dove il Senno Eterno/ scrisse i proprii concetti...*"*. Galileu acrescenta que o livro do mundo foi escrito por Deus num alfabeto matemático e geométrico.

Não por acaso o poeta preferido de Galileu era justamente Ludovico Ariosto: assim como Astolfo sobrevoa montado no Hipogrifo os territórios da Lua com a ajuda do livro mágico, do mesmo modo Galileu, com o auxílio do raciocínio matemático, explora pelo telescópio a paisagem lunar e a descreve em suas sombras e seu alvor ofuscante.

Mas também há uma página de Galileu na qual o cientista florentino afirma que todo o mundo pode ser contido num livro

---

(*) "O mundo é o livro onde a Razão Eterna/ traçou os próprios conceitos..." (N. T.)

minúsculo: o alfabeto. Segundo Galileu, o alfabeto é a maior invenção feita pelos homens, porque pela combinação de uns vinte caracteres se pode dar conta de toda a multiforme grandeza do universo. Do mesmo modo, diz ele, a paleta do pintor é suficiente para representar todo o visível mediante a combinação das cores simples. O alfabeto ainda permite a mais veloz transmissão do pensamento entre pessoas distantes, entre pessoas de séculos diversos, entre os mortos e os vivos...

Então os poderes da palavra residem nas infinitas potencialidades que a arte combinatória nos abre? Da Idade Média de Ramon Llull ao Setecentos de Leibniz, a arte combinatória mostrou-se aos engenhos mais ambiciosos como a chave de todo conhecimento e acendeu neles o sonho do livro universal.

Da China nos chega, trazido por missionários jesuítas, um livro em que todos os destinos humanos estão contidos na combinatória de seis linhas tracejadas ou contínuas: o "livro das mutações", como se chama. Leibniz estuda os 64 hexagramas desse antigo livro chinês não para interrogar o futuro, mas para extrair dele um sistema de cálculo binário que, dois séculos mais tarde, se tornará o sistema da informática.

Então o livro mágico, o livro absoluto cujos arcanos superam os limites de toda linguagem, não seria nada mais que um modelo de cérebro eletrônico? Mas o computador só vale para nós na medida em que pode memorizar e executar uma grande quantidade de programas que somos nós que elaboramos e inserimos em seus microcircuitos. Voltamos à multiplicidade como condição primeira de qualquer ato de conhecimento. Tal como o computador não tem sentido sem programas, sem seu software, também o livro que pretenda ser considerado "o Livro" não tem sentido sem o contexto de muitos, muitos outros livros ao seu redor.

Outra tentação que também se reapresenta desde os tempos mais remotos é a de concentrar o saber de todos os livros num só discurso: a enciclopédia. Podemos dizer que esse desejo parte das motivações mais razoáveis, de uma necessidade de ordem e método: traçar um mapa dos territórios do saber humano, verificar os limites dos nossos conhecimentos. Talvez qualquer civilização, em qualquer época, não possa furtar-se a tentar a empresa enciclopédica; mas também é verdade que essa pretensão de unificar os saberes humanos plurais se revelará sempre uma ilusão, porque todo tipo de conhecimento tem seu método e sua linguagem próprios, que diverge dos outros métodos e das outras linguagens, e não se deixa inserir em um desenho circular como a própria palavra "enciclopédia" sugere.

Mas o que agora me importa sublinhar é que, nos primórdios da era moderna, assiste-se ao nascimento de um gênero literário, o romance, que desde as origens traz em si uma vocação enciclopédica. Rabelais acumula nos livros de Pantagruel todo o saber das universidades e das tavernas, todas as linguagens dos eruditos e dos plebeus; e, meio século depois, Cervantes nos faz assistir ao encontro entre o sublime da poesia e o prosaico da vida cotidiana, o mundo ideal dos livros e da fantasia e o bom senso elementar dos provérbios, a dura sabedoria das estradas poeirentas e das estalagens malcheirosas: uma mistura explosiva de elementos que rebenta na loucura de Dom Quixote e inaugura a literatura moderna.

Essa vocação enciclopédica continuará se manifestando na história do romance; com efeito, em nosso século os romances-enciclopédias são os mais significativos, de *A montanha mágica* a *O homem sem qualidades* e sobretudo o *Ulysses* de Joyce, que confere a cada capítulo um estilo diferente e um território diverso da experiência humana. Na Itália, o romancista enciclopédico por excelência é Carlo Emilio Gadda, que em *Aquela confusão louca da via Merulana* condensa num enredo policialesco os dialetos de Roma e de meia Itália, a arte barroca e a epopeia de Virgílio, a psicologia e a fisiologia, mas acima de tudo uma filosofia do conhecimento.

Talvez os romances sejam as únicas enciclopédias que realmente compõem um quadro da totalidade a partir da singularidade das experiências humanas, das vivências individuais sempre parciais, sempre contraditórias, sempre ambíguas, jamais unívocas. A totalidade é um conceito dos filósofos que permanecerá sempre abstrato; o que os escritores de romance procuram é tecer uma rede que ligue a experiência custodiada nos livros durante os séculos àquele pulvísculo da experiência que atravessamos dia a dia em nossas vidas — e que nos parece cada vez mais inapreensível e indefinível.

O livro, os livros. A ideia de que os livros são gerados pelos livros, como por uma força biológica inerente ao papel escrito, pode provocar angústia: se o discurso escrito passa através da mão que escreve, e o autor não é mais que o instrumento de algo que *se escreve* independentemente dele, talvez não sejamos nós a escrever os livros, mas os livros a nos escreverem.

Quem acha esta hipótese angustiante, vai preferir acreditar que a página que escreve é um espelho no qual projeta a imagem de si mesmo: o livro como equivalente escrito da própria pessoa naquilo que ela tem de mais interior, um prolongamento da própria individualidade, manifestação da própria existência única e irrepetível. O si mesmo como livro a ser decifrado; o livro como espelho ou autorretrato: este também é um modo de considerar a escrita que assinala os inícios da cultura moderna, seguindo a lição de Montaigne que continua através de Rousseau até nossos dias, até Marcel Proust e depois. "Quem toca este livro toca um homem", dizia Walt Whitman.

Mas os livros em que um ser humano se narra e se descreve com a evidência de uma verdade nunca antes alcançada são raros e extraordinários, e penso que não seria bom se eles fossem mais numerosos, a menos que se queira ver multiplicar os desabafos e os narcisismos de que a literatura já está tão saturada. Um grande livro não vale propriamente porque nos ensina a conhecer um determinado indivíduo, mas porque nos apresenta um novo modo de compreender a vida humana, aplicável também aos outros, do qual nós também podemos nos servir para reconhecer a nós mesmos. Se cada pessoa humana contivesse um livro próprio e não lhe restasse senão depositá-lo sobre o papel (ou pô-lo numa tigela como um ovo), as bibliotecas estariam abarrotadas por populações imensas de duplos em papel de todos os vivos e defuntos, menos perecíveis que os corpos de carne e osso que se juntarão no vale de Josafá, perspectiva que seria — esta sim — a mais angustiante de todas. Prefiro acreditar numa biblioteca ideal, que acolha os modelos exemplares de experiência, os protótipos, as formas essenciais a partir das quais se poderá deduzir todo o possível.

Para sair das considerações gerais e passar à minha experiência de escritor, devo dizer que, mais que o desejo de escrever *meu* livro, o livro como equivalente de mim mesmo, me impulsiona o desejo de ter diante de mim o livro que eu gostaria de ler, e então tento me identificar com o autor imaginário desse livro ainda por escrever, um autor que até poderia ser muito diferente de mim.

Por exemplo, publiquei recentemente na Itália um livro todo feito de descrições. No centro deste livro há um personagem chamado Palomar, que só pensa por meio da observação minuciosa de tudo o que lhe cai sob os olhos: uma iguana no jardim zoológico ou os queijos no balcão de uma loja. O problema é que não sou propriamente o que se chama de um observador: sou muito distraído, absorto em meus pensamentos, incapaz de concentrar a atenção naquilo que vejo. Assim, antes de escrever cada capítulo desse livro me vi na necessidade de cumprir uma operação preliminar: pôr-me a observar coisas que estiveram sob meus olhos centenas de vezes e registrar cada mínimo detalhe delas, para fixá-las na memória, como nunca tinha feito antes; exercício que pode revelar-se de uma extrema dificuldade quando se trata, por exemplo, do céu estrelado de uma noite de verão ou das folhas de relva de um prado. Então eu precisava de algum modo tentar mudar a mim mesmo para me tornar semelhante ao suposto autor daquele livro que eu queria escrever. É assim que escrever um livro se torna uma experiência de iniciação, na medida em que implica uma contínua educação de si, e este deveria ser o ponto de chegada de qualquer ação humana.

Quando eu era muito jovem, pensava que minha falta de experiência da vida fosse um grave obstáculo para a escrita; pensava que só podia me permitir escrever poesias irônicas e melancólicas ou prosas poéticas nutridas por minhas memórias infantis e por meus sonhos. Mas os romances que eu lia naquele tempo falavam de uma vida brutal e errante, de guerras e de aventuras em países longínquos; aqueles romances me apaixonavam, mas me pareciam pertencer a um mundo tão distante do meu a ponto de não poder estabelecer nenhuma relação com aquilo que algum dia eu seria capaz de escrever. Ainda não imaginava que as experiências coletivas de minha geração no último período da Segunda Guerra Mundial — com tudo o que tinham de tragédia e horror, mais aquele elemento de aventura picaresca nas astúcias pela sobrevivência — iriam legitimar minha atividade de escritor iniciante, e justo na direção de uma narrativa das experiências de vida e de morte, como até pouco tempo antes eu só me imaginava capaz de frequentar na condição de leitor.

A primeira imagem que a crítica e o público fizeram de mim foi, portanto, uma imagem de escritor realista e popular, e eu tentei escrever os livros desse novo "eu mesmo". Mas o milagre que me aconteceu com o primeiro romance e os primeiros contos não se repetiu, e tudo o que eu escrevia me parecia afetado.

A crise durou até quando decidi escrever não o romance que eu pensava que deveria escrever, ou que os outros esperavam que eu escrevesse, mas o romance que eu teria gostado de ler, um livro que parecesse vindo de outro tempo e de outro país, de um autor desconhecido, um velho volume encontrado no sótão, meio roído pelos ratos, ao qual pudesse me abandonar com o fascínio das leituras infantis. Foi então que encontrei a veia fantástica que mais tarde o público e a crítica julgaram a mais correspondente a meu temperamento.

Mas mesmo em seguida sempre procurei não ficar prisioneiro de nenhuma imagem de mim mesmo. Gostaria que cada livro que escrevo fosse o primeiro, queria que a cada vez meu nome fosse o de um escritor novo. Continuo me apaixonando ao ler livros, especialmente se sinto que jamais saberia escrever nada do gênero, e tento confrontar-me com seus autores, compreender o que me torna diferente deles, o que eles têm que eu não tenho. Essa ideia funciona em mim como um desafio. Exagerando um pouco, poderia dar esta definição sobre meu trabalho: tão logo me convenço de que um certo gênero de literatura está além de minhas possibilidades, não tenho paz enquanto não tento enveredar naquela direção, para verificar se é mesmo tão impraticável. E, como não gosto de deixar um trabalho pela metade, continuo até que meus esforços tomem a forma de um livro.

Sempre fui atraído pela vegetação das florestas, e a narrativa de todo tipo, de todos os tempos e de todos os países se apresenta a mim como a imagem de uma floresta de histórias, onde numa primeira mirada parece que cada planta se confunde com as outras, mas, assim que a atenção se fixa, percebemos que nenhuma planta é igual a outra.

Trinta anos atrás me embrenhei na floresta do conto popular, mergulhando no folclore das regiões italianas, nas fábulas transmitidas pela voz das avós em todos os dialetos, e tentei distinguir e fazer escolhas numa vegetação densa e intrincada de maravilhas e encantos.

Essa experiência reforçou em mim a atenção por alguns aspectos, a proliferação de histórias umas das outras, as estruturas mais simples e eficazes que são reconhecíveis como esqueleto das aventuras mais complicadas, a origem oral da arte de narrar, origem da qual restam traços mesmo quando essa arte se concretiza em obras escritas, o interesse pelas recolhas de novelas indianas, árabes, persas, cuja influência foi sensível no desenvolvimento da novelística italiana e europeia.

Na literatura escrita, frequentemente essa multiplicidade infinita de histórias transmitidas de boca a boca é dada por meio de uma moldura, uma história em que se inserem as outras histórias. Boccaccio promove o encontro de um grupo alegre de jovens de ambos os sexos numa vila florentina a fim de fugir da peste que devasta a cidade; e ali cada um narra em turnos uma novela por dia, durante dez dias. Os desdobramentos desse modelo caracterizam a evolução da arte de narrar nas literaturas do Ocidente.

Em meus últimos livros, esse modelo tradicional se transformou na invenção de mecanismos geradores de histórias que senti a necessidade de elaborar em planos cada vez mais complicados, ramificados, facetados, aproximando-me da ideia de um hiper-romance ou romance elevado à enésima potência.

A iniciativa de tentar escrever romances "apócrifos", isto é, que eu imagino escritos por um autor que não sou eu, levei-a até as últimas consequências em meu livro *Se um viajante numa noite de inverno*. É um romance sobre o prazer de ler romances; o protagonista é o Leitor, que por dez vezes começa a ler um livro que, por vicissitudes estranhas à sua vontade, não consegue terminar. Então precisei escrever o início de dez romances de autores imaginários, todos de algum modo diferentes de mim e diferentes entre si: um romance todo feito de suspeitas e de sensações confusas; outro, de sensações corpóreas e sanguíneas; um introspectivo e simbólico; um revolucionário-existencial; um cínico-brutal; um de manias obsessivas; um lógico e geométrico; um erótico-perverso; um telúrico-primordial; um apocalíptico-alegórico. Mais que me identificar com o autor de cada um dos dez romances, tentei me identificar com o leitor: representar o prazer da leitura de determinado gênero, mais que o próprio texto. Mesmo assim, em alguns momentos me senti como atravessado pela energia desses dez autores inexistentes. Mas busquei principalmente conferir evidência ao fato de que cada livro nasce na presença de outros livros, em relação e em confronto com outros livros.

Agora talvez eu devesse responder a uma pergunta que hoje se ouve circular com frequência, e que é de praxe numa Feira do Livro: você fala do livro como de algo que sempre existiu e sempre existirá, mas temos certeza de que o livro tem um futuro pela frente? Que ele sobreviverá à concorrência dos meios eletrônicos audiovisuais? Como se transformará ou será substituído por quê? E em que se transformará o escritor?

Bem, minha resposta pode ser apenas uma: de fidelidade ao livro, aconteça o que acontecer. Vamos nos colocar na perspectiva dos séculos. Os livros circularam por muitos séculos antes da invenção de Gutenberg e certamente vão encontrar novas formas de sobrevivência nos séculos futuros.

A primeira editora de cujas atividades temos notícias detalhadas, por meio das cartas de Cícero, é aquela fundada em Roma em torno de 50 a.C. por Tito Pompônio Ático, para a difusão dos clássicos gregos e das novidades latinas; era organizada não muito diversamente das editoras de nossos dias, com a diferença que, em vez dos tipógrafos, havia um grande número de escribas.

Claro, na época o número de leitores não era o das atuais tiragens dos best-sellers; porém, se pensarmos que ainda hoje tantos livros fundamentais continuam tendo uma difusão limitada, veremos também que as comparações numéricas são menos desencorajadoras do que se pensava. O importante é que o fio ideal que corre através da escrita não se interrompa. Saber que, mesmo durante os séculos de ferro e fogo da Idade Média, os livros encontraram abrigo nos conventos e um espaço para se conservar e multiplicar, em parte me tranquiliza, e em parte me preocupa. Poderia até sorrir com a ideia de nos retirarmos em conventos dotados de todo o conforto para fazermos uma editoria de qualidade, abandonando as metrópoles às invasões bárbaras dos videoteipes; mas lamentaria pelo resto do mundo que ficaria privado dos livros, de seu silêncio cheio de murmúrios, de sua calma reconfortante ou de sua sutil inquietude.

Há uma continuidade na solidão que o escritor carrega atrás de si como um destino inerente à sua vocação, mas dessa solidão se desenvolve uma vontade e uma capacidade de comunicar: aquela especial comunicação da literatura que se estabelece de indivíduo a indivíduo, e que somente em algumas épocas e em certas ocasiões pode ver-se amplificada em comunicação de massa. Saber que Petrarca e Boccaccio trocavam entre si códices de pergaminho nos quais haviam copiado de próprio punho e com fina elegância as próprias obras ou as de Dante me convence de que os períodos de esplendor literário podem abrir-se quaisquer que sejam as condições exteriores.

Sabemos que a forma dos livros mudou várias vezes na

história e que certamente continuará mudando. Não que isso me deixe alegre, porque sou um aficionado dos livros inclusive como objetos, na forma que eles têm agora, apesar de ser cada vez mais raro encontrar edições que expressem o amor pelo objeto-livro — o qual, para acompanhar nossas vidas, deveria ser feito com toda a arte.

Com certeza muitas coisas vão mudar, se é verdade que com os *word-processors* nossos livros serão compostos diretamente por nossas mãos, sem passar pela tipografia. Assim como vão mudar as bibliotecas, que talvez venham a conter apenas microfilmes. Isso me entristece um pouco, porque não ouviremos mais o rumor das páginas.

Mudará nosso modo de ler? Talvez, mas não podemos prever como. Podemos dizer que temos um testemunho direto sobre uma importante revolução no modo de ler ocorrido no passado, porque Santo Agostinho nos contou com espanto o momento em que se deu conta dela. Quando foi encontrar Santo Ambrósio, Agostinho percebeu que o bispo de Milão estava lendo, mas de uma maneira que ele nunca tinha visto antes: silenciosamente, apenas com os olhos e a mente, sem emitir um som, nem sequer mover os lábios. Agostinho tinha passado por escolas importantes e por ambientes de eruditos, mas jamais suspeitara de que se pudesse ler tal como Ambrósio fazia, sem pronunciar as palavras.

Mas talvez no futuro haja outros modos de leitura dos quais não suspeitamos. Parece-me equivocado depreciar toda novidade tecnológica em nome dos valores humanistas em perigo. Penso que cada novo meio de comunicação e difusão das palavras, das imagens e dos sons pode reservar novos desdobramentos criativos, formas novas de expressão. E penso que uma sociedade tecnologicamente mais avançada poderá ser mais rica de estímulos, de opções, de possibilidades, de instrumentos diversos e, consequentemente, terá cada vez mais necessidade de ler, de coisas para ler e de pessoas que leiam.

Penso que a leitura não é comparável a nenhum outro meio de aprendizado e de comunicação, porque ela tem um ritmo próprio, que é governado pela vontade do leitor; a leitura abre espaços de interrogação, de meditação e de exame crítico, enfim, de liberdade; a leitura é uma relação com nós mesmos, e não apenas com o livro: como nosso mundo interior, através do mundo que o livro nos abre.

Talvez o tempo que poderia ser destinado à leitura seja cada vez mais ocupado por outras coisas; isto já é verdade hoje, mas talvez fosse ainda mais verdade no passado, para a maior parte dos seres humanos. Seja como for, quem tem necessidade de ler, quem tem prazer de ler (e ler é certamente uma necessidade-prazer), vai continuar recorrendo aos livros, aos do passado e aos do futuro.

POR QUE VOCÊS ESCREVEM? (1984)*

Durante vários meses o jornal parisiense *Libération* preparou o número especial publicado em 22 de março. Escritores de todo o mundo se depararam com a seguinte questão: "Por que vocês escrevem?". A enquete remetia a um precedente histórico: um número de novembro de 1919 da revista *Littérature* de André Breton, Louis Aragon e Philippe Soupault. A mesma pergunta tinha sido feita naquele ano, época em que cataclismos e tremores haviam sacudido não só a arte e a literatura, mas todos os aspectos da vida e do pensamento. Essa referência estava contida no convite de *Libération* aos escritores, e não sei se buscava estabelecer um paralelo entre aquele momento e o nosso, depois que os anos 1960 tinham marcado — sobretudo na cultura francesa — um impulso de renovações fundamentais (em que a própria noção de *écriture* tinha sido um dos campos de batalha), e após o arrefecimento de todos os radicalismos de pensamento. Basta a comparação entre as primeiras e as últimas décadas do século para imediatamente sentirmos como nossa época é acomodada e cinzenta, tanto nos impulsos renovadores quanto nos normalizadores; mas a grande novidade é que este andamento mais calmo (ao menos aparentemente) não nos

---

(*) "Io ho detto che...", *La Repubblica*, 31 mar./1 abr. 1985. Reelaboração da resposta dada à enquete de *Libération*, "Pourquoi écrivez-vous? 400 écrivains répondent", número hors-série, p. 83, [22] mar. 1985.

deixa tristes, e não experimentamos nem por um instante a saudade de épocas mais movimentadas, a tal ponto estamos convencidos de que só podemos esperar surpresas ruins.

Esse estado de espírito pode refletir-se nas respostas a uma pergunta como "*Pourquoi écrivez-vous?*" [Por que vocês escrevem?]. O fato é que, em grande parte das respostas, prevaleceu o gesto instintivo de defesa diante da questão demasiado vasta, da pretensão de colocar problemas excessivamente gerais. Nesse sentido a resposta de Samuel Beckett foi — e não se poderia esperar outra coisa — lapidarmente exemplar e consistiu apenas nas três sílabas de uma expressão coloquial: "*Bon qu'à ça*". (Só sei fazer isso.)

Aqui vou me limitar a lhes dizer como me saí da enrascada. Gentilmente perseguido pela insistência epistolar e telefônica dos redatores do "*Libé*", e por amigos encarregados de me convencer, depois de me garantirem que eu podia dar uma resposta breve, só me restava fazer um esforço e enfrentar a sensação de aniquilamento que a pergunta me inspira: por que escrevo?

Já tinha começado dar voltas ao cérebro quando me chega o livro de Primo Levi *L'altrui mestiere* [O ofício alheio] (sobre o qual já falei nesta coluna), e vejo que um dos primeiros capítulos se intitula — vejam só a coincidência — "*Perché si scrive?*" [Por que se escreve?], um texto provavelmente nascido como resposta a uma enquete semelhante. A pergunta, formulada de modo mais impessoal ("se escreve" em vez de "vocês escrevem"), dava a Levi a ocasião de redigir uma lista ponderada (com seu espírito equilibrado e onicompreensivo) das boas ou não tão boas motivações que levam a gente a escrever. Primeiro vinham as razões que ele sentia como suas; depois, pouco a pouco, aquelas sobre as quais ele manifestava reservas ou que sentia como estranhas.

As motivações consideradas por Primo Levi eram nove. Escreve-se: 1) porque se sente o impulso ou a necessidade disso; 2) para divertir ou divertir-se; 3) para ensinar algo a alguém; 4) para melhorar o mundo; 5) para divulgar as próprias ideias (variante da precedente); 6) para libertar-se de uma angústia; 7) para ficar famoso; 8) para ficar rico; 9) por hábito (motivação deixada por último porque "a mais triste de todas").

Com essa lista à disposição, achei que minha tarefa seria bem mais fácil, porque agora dispunha de uma base da qual partir para uma reflexão metódica. Mas logo me dei conta de que as dificuldades não diminuíam: o que eu poderia dizer, já que escrever sempre me custa um grande esforço, é uma violência contra mim e não me diverte nem um pouco? (Embora divertir quem me lê, ou pelo menos não entediar, é o primeiro dever social a que me vejo comprometido.) De resto, não acho que tenha uma vocação pedagógica; desconfio de quem tem a pretensão de melhorar o mundo; desconfio especialmente de minhas ideias, que tantas vezes se mostraram equivocadas etc. Enfim, responder a essa enquete equivalia a entrar numa crise depressiva.

Poupo-os de outras elucubrações para não violar o imperativo social apenas enunciado e passo imediatamente a expor as três motivações que comuniquei ao *Libération*, como conclusões de meu exame de consciência.

Por que escrevo?

1) Porque estou insatisfeito com o que já escrevi e gostaria de corrigi-lo de alguma maneira, de completá-lo, propor uma alternativa. Nesse sentido, não houve uma "primeira vez" em que me pus a escrever. Escrever sempre foi tentar apagar alguma coisa já escrita e pôr no lugar dela algo que ainda não sei se vou conseguir escrever.

2) Porque lendo X (um X antigo ou contemporâneo) me pego pensando: "Ah, como eu gostaria de escrever como X! Pena que isso esteja completamente além de minhas possibilidades!". Então procuro imaginar essa situação impossível, penso no livro que não escreverei nunca, mas que gostaria de poder ler, de poder pôr ao lado de outros livros que amo numa prateleira ideal. E eis que algumas palavras, algumas frases já se apresentam à minha mente... Desse momento em diante não penso mais em X, nem em nenhum outro modelo possível. É

naquele livro que penso, naquele livro que ainda não foi escrito e que poderia ser o *meu* livro! E tento escrevê-lo...

3) Para aprender algo que não sei. Agora não me refiro à arte da escrita, mas ao resto: a qualquer saber ou competência específica, ou simplesmente àquele saber mais geral que chamam "experiência de vida". Não é o desejo de ensinar aos outros aquilo que sei ou imagino saber que me dá vontade de escrever, mas, ao contrário, a consciência dolorosa de minha incompetência. Então meu primeiro impulso seria escrever para fingir uma competência que não tenho? No entanto, para ser capaz de fingir, preciso de algum modo acumular informações, noções e observações, devo conseguir imaginar o lento acumular-se de uma experiência. E só posso fazer isso na página escrita, onde espero capturar ao menos o vestígio de um saber ou de uma sabedoria que, na vida, apenas tangenciei e logo perdi.

SOBRE O MUNDO EDITORIAL

*APONTAMENTOS PARA UMA COLEÇÃO DE SONDAGEM MORAL (1960)**

A MORAL DO FAZER

A principal característica desta coleção deveria ser a abertura para linhas de uma moral da atividade prática, do fazer técnico e econômico, da produção, enfim, do trabalho (e no trabalho está inserida a organização do trabalho). Mas existem livros desse tipo? Acho que bastaria reexaminar sob essa perspectiva os textos menores das várias literaturas para se topar com excelentes exemplos, agrupáveis em duas categorias:

a) *memórias*, que vão das mais antigas memórias de testemunho econômico do tipo "Mercador de Prato" às do gênero "nobres agricultores do início do século XIX", mas incluindo o máximo possível de coisas divertidas de quem quer que tenha feito um trabalho com paixão e competência e tenha escrito um bom livro sobre isso, tipo as memórias de Mark Twain timoneiro de embarcações no Mississippi ou o maravilhoso *The Mirror of the Sea* [O espelho do mar] de Conrad, ensaios sobre a arte de navegar, mas seria preciso chegar até a indústria moderna, quem sabe, para concluir que não há nada, e isso já seria um resultado, a indicação de uma lacuna.

(*) Datiloscrito de três páginas intitulado "Appunti e idee generali per una piccola collezione di testi di ricerca morale per l'uomo moderno"; no rodapé, a data "Chicago, 18 de janeiro de 1960". Publicado pela primeira vez em *Saggi 1945-1985* [Ensaios 1945-1985]. Milão: Mondadori, 1995, pp. 1705-9.

b) *tratados*, que obviamente tenham uma razão poética e moral, e aqui não acho que os antigos tratados de autores clássicos e renascentistas (por exemplo, de agricultura) possa reservar surpresas — todos são uma grande chatice; mas penso sobretudo que sob esse ponto de vista vale a pena examinar aqueles livros orientais (japoneses) que transmitem as regras de qualquer arte elementar como o ritual de uma sabedoria superior (religiosa, mas fazendo assim nós enfatizamos seu justo aspecto de ética imanentista).

O CONFRONTO COM A NATUREZA

É a situação elementar a partir da qual toda ação humana ganha impulso; daí a riqueza poética e moral que sempre terão os *testemunhos dos exploradores*, de quem quer que esteja lutando com a natureza. Uma coleção desse tipo poderia dar espaço a livros assim, clássicos e modernos, que naturalmente sejam lidos logo, e não conservados entre os clássicos. Mas o critério deve estar preso à atualidade da *moral do limite humano*, digo, de seu contínuo alargamento, hoje, na era espacial. Nessa série eu gostaria de incluir livros (se houvesse) que expressassem a ética e a poesia do esporte como via para aumentar os poderes do homem, isto é, um Hemingway ou um Saint-Exupéry que tivessem queimado seus resíduos decadentes.

A MORAL DA PESQUISA (LIVROS DE CIENTISTAS)

A ciência, modo exemplar de confronto com a natureza, será representada na coleção por textos em que ela se torna uma via de conhecimento total, reintegração de um humanismo completo. Dois tipos:

a) *as reflexões do pesquisador*: livros como o das ideias de Einstein até o *Journal d'un biologiste* [Diário de um biólogo] com prefácio de Rostand;

b) *a ética do método*: ou seja, quando a memória científica se torna ela mesma um texto exemplar, que transcende a importância do tema tratado. E aqui não me refiro tanto a Leonardo ou Galileu, mas sim a alguma obra menor e exemplar de Freud, ou ainda às famosas lições de Charcot (em geral, eu tenderia a incluir a psicologia na coleção mais como exemplo de clareza científica, e não como "espírito").

A MORAL DO AGIR HISTÓRICO

a) *testemunhos de revolucionários*: os livros mais bonitos de um ponto de vista moral e espiritual que nosso século nos deu são as cartas do cárcere de prisioneiros políticos. O homem não passivo diante da história é hoje o mais idôneo para expressar uma ética ligada ao fazer. Fácil localizar os precursores no passado. (Aqui uma redescoberta de Herzen poderia ter êxito.)

b) *testemunhos sobre a ética do poder*, em que alguns valores venham à tona, ainda que não aprovemos aquele poder. E o mesmo se diga para a ética da guerra.

c) *testemunhos de espectadores*, simples relatos em que a história se apresente em seu fazer-se, com seu autêntico sabor.

d) *livrinhos exemplares de historiadores*, que valham, como já se disse sobre os livros de ciência, para além daquilo que narram.

A MORAL DE EROS E DO AMOR

A civilização moderna (Estados Unidos) tende a uma ética da felicidade que é antes de tudo felicidade de Eros, e ao mesmo tempo sente a necessidade de uma moral depois da crise da antiga moral sexual. A coleção terá textos de variada exemplificação do laço amoroso, nó de todas as relações entre o eu e o próximo, textos que serão quer *testemunhos* antigos e modernos de apaixonados, libertinos, cortesãs, pessoas exemplares etc., quer *invenções de poetas* essenciais para uma casuística amorosa de hoje.

A FIGURA HUMANA

Há algo que, para nós, possa corresponder àquilo que a "santidade" é para os que acreditam nos santos? Ou melhor, é possível exprimir um valor humano exemplar não em relação a determinadas coisas que se fazem, a situação particular em que nos encontramos, mas apenas por um determinado modo de viver a própria vida, de usar a própria existência como meio de expressão? Os textos que escolheremos tentarão formular uma resposta abrangente a essa pergunta.

a) *o realizar-se se doando aos outros*: testemunhos sobre um determinado tipo de homem de ação filantrópica moderna (Schweitzer, Dolci, Simone Weil).

b) *o realizar-se se doando a si mesmo*: aqui poderíamos incluir aquela parte da experiência religiosa da própria interioridade que reconhecemos como verdadeiro conhecimento e, ao mesmo tempo, a literatura de interioridade laica e moderna.

c) *a educação*, memórias de educadores ou de juventude, ou relatos que possam dar uma ideia moderna de pedagogia em sentido lato;

d) *retratos*: aqui eu incluiria aquelas peculiares obras, biografias ou perfis de personagens ilustres ou não escritos por grandes autores (por exemplo, os escritos de Górki sobre Tolstói ou Lênin), que têm o poder de transmitir o fascínio de uma personalidade única, aquilo que só se transmite por meio da pessoa viva.

A FILOSOFIA

a) *a moral prática do filósofo*: aqui se publicam escritos menores dos maiores filósofos sobre problemas da vida e da ação; típico exemplo os escritos de moral ou vida prática de Croce;

b) *a filosofia do prático*: esta linha já está representada caso a caso nos itens anteriores.

POESIA E ARTE

Coloco por último porque, naturalmente, é o pulmão da coleção e tende a predominar sobre todo o resto, se não seguirem rígidas proporções; isto, evidentemente, caso se queira fazer uma coleção orientada, e não uma das costumeiras "universais", decidida com base em critérios de puro gosto.

a) *o conhecimento poético de si*, isto é, os textos diarísticos, psicológicos, íntimos e morais de escritores ou poetas, além dos epistolários;

b) *a moral do fazer poético*: e aqui há a mina dos textos dos escritores e artistas sobre o próprio ofício, que gostaríamos de apresentar como um caso particular do "fazer" humano;

c) *a poesia é moral per se*: e assim também podemos introduzir na coleção obras criativas menores, *trouvailles* preciosas etc.; basta resguardar o sentido das proporções;

d) *a poesia como primeira voz humana*: e aí colocamos todos os testemunhos de pessoas do povo, as fábulas populares, a poesia primitiva etc., ali onde poesia, religião, moral, vida ainda são um só todo.

UM PROJETO DE REVISTA (1970)*

Estes cadernos publicarão textos de literatura criativa (narrativa, poesia, teatro) e ensaios sobre determinados aspectos, problemas e tendências, exemplificados pelos textos publicados no mesmo número. Eles pretendem acompanhar — por

(*) Datiloscrito de quatro páginas, provavelmente datado de 1970. Publicado pela primeira vez em *Saggi 1945-1985*, op. cit., pp. 1710-7. Trata-se da mesma revista de que fala Calvino no início do ensaio "O olhar do arqueólogo", em *Assunto encerrado*, e também na entrevista a Fernando Camon recolhida em *Il mestiere di scrittore: Conversazioni critiche* [O ofício dos escritores: Conversações críticas], Milão: Garzanti, 1973: "Sobre revistas ou coisas desse tipo, sim, de vez em quando conversamos, fazemos projetos. Especialmente com Gianni Celati, que é uma espécie de vulcão de ideias, o amigo com quem tenho a troca de ideias mais substanciosa. Mas sempre se acaba tendendo a uma revista de estudos, de teoria, estamos numa época mais especulativa que criativa, acho que é isso. No final, sempre acabaríamos fazendo uma coisa que seria lida por uns gatos pingados; então é melhor fazer livros. Mas também sonho com uma revista bem diferente, diferente sobretudo como público: uma revista de romances em fascículos, como os que eram feitos por Dickens, Balzac. Ela deveria acolher textos de escritores verdadeiros, escritos sob encomenda (acredito muito em escrever sob encomenda), e por meio dela reencontrar as funções autênticas de uma relação com o público: o choro, o riso, o medo, a aventura, o enigma... deveria ser uma espécie de *Linus*, mas não em quadrinhos, romances em episódios com muitas ilustrações, uma diagramação atraente" (*Saggi 1945-1985*, pp. 2785-6). O número 14 de *Riga* foi dedicado a esse projeto: "*Alì Babà*. Progetto di una rivista 1968-1972", organizado por Mario Barenghi e Marco Belpoliti (Milão: Marcos y Marcos, 1998). O texto aqui reproduzido está conservado entre os papéis de Calvino, em várias cópias: uma, dentro de uma pasta que reúne os trabalhos de 1970; outra, dentro de uma pastinha vermelha de papelão rígido, em meio à correspondência com Gianni Celati, Guido Neri e Carlo Ginzburg.

meio do trabalho de escritores jovens ou não tão jovens, novos ou que tenham coisas novas a dizer — a argumentação da literatura italiana no instante em que ela se faz.

Querem deixar claro que se trata de uma argumentação — de muitas argumentações juntas, que podem articular-se numa conversa geral — que passa de livro a livro, de manuscrito a manuscrito, e descobrir o fio dessa argumentação inclusive ali onde parece haver apenas um fervilhar desordenado.

Este é o momento adequado de tentar "fazer o balanço" sobre muitas questões e buscar entender como podemos ir mais além. Muitas coisas mudaram nestes últimos anos no mundo; também está mudando a Itália, que é tão pouco hábil seja em se renovar, seja em se conservar. (Para manter firmes as coisas que se quer manter firmes, quando todo o resto se move, a única saída é saber achar o modo certo de movê-las.)

Assim os cadernos passarão em revista a nova relação entre língua e dialeto, hoje; ou a nova relação entre o Sul e aquilo que não é mais Sul nem mesmo no Sul, e aquilo que do Sul também passou ao Norte; ou a nova relação entre as coisas que queremos dizer e a necessidade de, a certa altura, começar a falar em versos; ou o problema de introduzir na estrutura da narrativa, tal como se foi desenvolvendo até aqui, aquela especial cadência de vida que é a da humanidade que trabalha nas grandes fábricas seis vezes por semana; ou como a certo ponto ficou difícil falar da guerra; ou como a certo ponto ficou difícil falar do amor; ou como a certo ponto fica difícil falar de pessoas com alto potencial vital e moral, em lugar de pessoas meio cinzentas, meio tristes, meio medíocres.

Todos eles problemas que podem ser considerados com proveito pelo escritor dotado de uma força poética autônoma, ou por aquele dotado de uma mera propensão a testemunhar. E todos eles problemas muito "italianos", mas precisamente aqueles que nos servem para romper a casca de um descritivismo setorial e local em que a literatura italiana tende a calcificar-se.

Mas não que se esteja melhor fora da Itália. À primeira vista, se diria que a linha argumentativa da literatura tal como

■ *MUNDO ESCRITO E MUNDO NÃO ESCRITO*

ainda estava bem viva na Europa e na América logo após a Segunda Guerra Mundial, uma linha de relação do homem com o mundo, uma argumentação filosófica, moral, histórica e pública, que a literatura contrapunha como verificação ou antítese à da teoria, essa linha argumentativa — toda interrogativa e voluntária — parece ter sido abandonada ali. De um lado, as tendências tecnicistas, como a "nova escola" francesa, que aparentemente querem conformar a literatura ao tipo de problemática — talvez mais rigorosa, porém bem mais limitada — que até aqui foi específica das artes figurativas; de outro, os jovens arautos da revolta incondicional, como os americanos da *beat generation*. Isso é o que parece à primeira vista; mas na realidade não é assim, não houve essa total ruptura dos pontos (e deixando para trás as pastagens mais férteis por uma nova trilha onde resta bem pouco a meter entre os dentes). No fundo, no fundo, acreditamos que aquela linha discursiva continua, e todos os fatos novos — franceses, ingleses, americanos, poloneses, espanhóis (e os italianos, que não estão fora desse quadro como parecem) — precisam ser vistos em perspectiva, e não nivelados num mesmo plano.

Contestamos a imagem de um mundo borbulhante e informe, de pura objetividade, tal como a Terra superpovoada poderia parecer ao primeiro marciano que chegasse. A literatura que queremos descobrir ou inventar gostaríamos que espelhasse a humanidade terrestre voltada para a nova relação entre o indivíduo, os outros, o espaço, o tempo, aquilo que é, aquilo que não é, de quando se encontrará na astronave, na estação interplanetária, no desembarque em Marte.

TEMAS:

As grandes funções:
o riso
o terror (falsa função: o choro)

a viagem — a aventura — a iniciação — a desambientação
o erotismo
o obsceno
a agressividade — a violência — o ódio
a adivinha
reintegração da justiça — reparação de um erro — redenção — metamorfose que estabelece nova ordem

Estratégia narrativa:
o começo
o término
suspense
o tempo
as "rimas" na narrativa
as "estrofes" na narrativa

Lugares simbólicos:
a floresta

a casa $\begin{cases} \text{casa de fora} \\ \text{casa de dentro} \\ \text{casa familiar} \\ \text{casa inimiga} \\ \text{casa familiar que se torna inimiga} \end{cases}$

a cidade
o éden
o inferno
o percurso iniciático (o além — purgatório)
o deserto
a multidão
os lugares reais (o que podem significar como locais romanesco-simbólicos): Chicago, Roma, Milão, Shanghai, os esgotos, os campos de concentração, a escola, a bolsa etc.

Instituições:
a descrição
a paisagem

■ *MUNDO ESCRITO E MUNDO NÃO ESCRITO*

como as coisas são feitas (manuais de técnica)
o diálogo
a conversa
a definição de um caráter (tipologia humana)
a meditação
o monólogo
a dimensão da memória

O eu:
Santo Agostinho
Stendhal

O personagem como:

objeto de identificação $\begin{cases} \text{exaltante} \\ \text{narcísica} \\ \text{irônica} \end{cases}$

objeto de desejo
objeto de execração $\begin{cases} \text{dramática} \\ \text{cômica} \end{cases}$
figura de proteção
figura de ameaça

Como ler:
um encantamento
uma canção de ninar ou *nursery rhyme*
um mito $\begin{cases} \text{primitivo} \\ \text{clássico} \end{cases}$
uma fábula
uma lenda budista
um cantar de gesta
um historiador $\begin{cases} \text{da antiguidade} \\ \text{medieval} \end{cases}$
uma tragédia $\begin{cases} \text{clássica} \\ \text{elisabetana} \\ \text{classicista} \end{cases}$
um romance de folhetim do século XIX

um romance sentimental
um nonsense
um fato de crônica
um boletim de ocorrência
um acidente automobilístico na solicitação de ressarcimento à seguradora
as memórias de um general
um "caso clínico"
como a narrativa oral sobrevive hoje?
a piada obscena
a piada política

Também todos os tipos de relato em forma não narrativa:
horóscopos
inscrições funerárias
bestiários, herbários, lapidários

As narrativas condensadas em imagens:
os emblemas
as árvores genealógicas
os quebra-cabeças
a cartomancia
os ex-votos
as pranchas da *Encyclopédie* sobre artes e mistérios

Grandes categorias estilísticas:
o antropomorfismo
o estranhamento
a agressão linguística
a objetividade
transparência — espessura

A linguagem:
linguagem comum — linguagem pessoal
o italiano $\begin{cases} \text{como convenção} \\ \text{como humor local} \end{cases}$
o antiquado — o moderno

■ *MUNDO ESCRITO E MUNDO NÃO ESCRITO*

Os vários temas podem ser exemplificados por:

a) romance novo italiano (em episódios?) encomendado ad hoc.
b) romance recente estrangeiro (em episódios?) escolhido ad hoc.
c) clássico pouco conhecido ou velho romance popular etc. (antologizado ou resumido?).
d) clássico recontado por escritor contemporâneo (contratado).
e) exemplificações antológicas com montagem didascálica.
f) levantamentos bibliográficos.

Em cada número poderia haver:

I) TEXTOS

1) um episódio de a.
2) um episódio de b.
3) um episódio de c.
4) um de d.

(b e c são prescindíveis e podem preencher eventuais lacunas de a. De qualquer modo, cada número deveria iniciar algo novo. Depois de três ou quatro episódios, se o romance não terminar, pode-se interrompê-lo e remeter ao volume.)

II) O CONTO E A CRÔNICA

5) um fato de crônica (morte de Pinelli; Casati-Stampa; Gadolla): pede-se a três ou mais escritores que narrem o acontecimento.
6) um setor da atualidade italiana analisado como "campo narrativo": personagens, ambientes, papéis, ações, vocabulário

etc. (por exemplo: a magistratura; Reggio Calabria; os imigrantes), confiado a um ou mais jornalistas.

7) um setor da atualidade internacional analisado na organização de significados que ele assume *para nós* (por exemplo: israelo-árabe-beduínos nas recíprocas trocas de funções oprimido-opressor): confiado a um semiólogo, a um geógrafo, a um sociólogo, a um historiador etc.

III) TEMAS E PROBLEMAS

Apresentações de temas ou gêneros (ver lista dos temas e "como ler") com antologias exemplificativas e levantamentos bibliográficos. Esses temas ou gêneros deveriam ser escolhidos (no mesmo número ou em alternados) segundo o interesse predominante entre os mais relevantes:

8) tema referente à literatura.
9) tema referente à literatura popular.
10) tema referente à antropologia.
11) tema referente ao contexto sociopolítico atual.
12) apresentação de um autor (com antologia e bibliografia) (clássico ou popular ou contemporâneo) pertinente a um dos temas do número.
13) um autor ou um fato literário que não tenha nenhuma relação com os debates do resto do número (por exemplo: Francis Ponge), para criar um contraste, abrir um horizonte de leitura diferente, mostrar que também podemos nos enganar ou que as coisas importantes podem ser outras.

IV) A ILUSTRAÇÃO

14) os grandes ilustradores (desde o século XIX) estrangeiros e italianos.

15) um artista gráfico contemporâneo (convidado a ocupar algumas páginas com suas propostas).

16) os pintores contemporâneos e a narrativa: entrevista com um pintor ou escultor (neodadaísta ou pop ou neoexpressionista etc.) para ver a relação de seu mundo figurativo com a escrita, a narração etc.

v) O BIBLIÓFILO — O COLECIONADOR

A orientação geral de gosto é voltada para as edições populares, e não para as edições luxuosas; é ao colecionador dos velhos livros da Sonzogno que nos dirigimos.

17) como fazer uma coleção de livros de... (as edições no mercado; edições estrangeiras; sebos)

18) apresentação de uma primeira edição de um clássico que tenha um interesse visual; ou de uma coleção; ou de romances em fascículos etc.

19) apresentação de uma revista selecionada entre as mais importantes do ponto de vista visual (*Minothaure*) ou tematicamente curiosas (*La Ruota*, revista panteísta de A. G. Bragaglia).

UMA NOVA COLEÇÃO:
*AS CENTOPAGINE EINAUDI (1971)**

Centopagine é uma nova coleção Einaudi de grandes narradores de todos os tempos e de todos os lugares, apresentados não em suas obras monumentais, não nos romances de amplo respiro, mas em textos que pertencem a um gênero não menos ilustre e nada menor: o "romance breve" ou o "conto longo". O nome da coleção não deve ser tomado ao pé da letra: cada volume apresentará um romance completo, e as páginas poderão chegar a 150 ou até duzentas, ou quem sabe apenas noventa. Mais que na dimensão, o critério de escolha se baseará na intensidade de uma leitura substanciosa, que possa encontrar seu espaço mesmo nos dias menos relaxados de nossa vida cotidiana.

O catálogo Einaudi já é muito rico em ótimas traduções de textos famosos, há tempos esgotados nas livrarias, e que voltarão a ter um lugar natural na Centopagine: basta pensar nos grandes narradores russos. Mas também haverá muitas traduções novas, em alguns casos de obras nunca publicadas na Itália, e propostas de títulos esquecidos ou raros sobre os quais a atualidade de nossos interesses lança uma nova luz. Como em toda coleção de clássicos do romance, o século xix continuará sendo uma mina inesgotável, um período (com o início do século xx) revisitado com nossos olhos de hoje sobre as obras-

---

(*) Prospecto de divulgação da coleção, que acompanhava os primeiros quatro títulos.

-primas consagradas, com as perspectivas que ele abre às nossas explorações. Mas não faltarão as vozes dos séculos precedentes, seja como releitura dos clássicos, seja como proposta de novas descobertas. Esta angulação moderna de leitura será também indicada pelas introduções, escritas em grande parte por críticos e escritores italianos.

Sendo assim, as *novidades* da coleção pretendem assumir naturalmente uma postura que não tem nada de precioso, de achados curiosos ou de orientação de gosto, mas, ao contrário, querem responder a uma demanda fundamental por "matérias-primas".

A primeira fornada é por si representativa desta atitude e de sua calibragem interna: ao lado de textos que já foram cavalo de batalha da velha Universal Einaudi, como *A sonata a Kreutzer* de Tolstói e *Noites brancas* de Dostoiévski, novas traduções de clássicos do romance breve, como *Pierre et Jean* de Maupassant e *Daisy Miller* de Henry Miller; uma joia do romantismo alemão que também é um dos romances mais hilariantes e frescos já escritos, *Aus dem Leben eines Taugenichts* [História de um preguiçoso] de Eichendorff; e uma redescoberta do *Ottocento* italiano, *Fosca* de Iginio Ugo Tarchetti.

Já se pode prever que a presença da literatura italiana na Centopagine será a maior responsável pelo gosto de ineditismo da coleção. O romance italiano entre a Unificação e a Grande Guerra está — salvo por uns poucos nomes consagrados — todo por descobrir. A comparação com as grandes narrativas estrangeiras é certamente intimidadora: mas a riqueza dos motivos de interesse que a leitura desses nossos autores menores nos reserva (como quadro social, como língua, como costume, como gosto), a densidade de notícias sobre nós mesmos, quase uma espécie de autobiografia nacional, nos compensam amplamente a desvantagem.

Tiraremos a prova com o volume que inaugura a coleção: *Fosca*, romance de um escritor morto aos trinta anos, em 1869, entre romântico, decadente e um tanto maldito, Iginio Ugo Tarchetti. Trata-se da história da paixão de um jovem oficial por uma mulher feia e hipersensível. Mas em que consiste a feiura de Fosca? O autor insiste muito nisso, mas pouco a descreve: o único — ou quase — dado preciso que podemos deduzir é a magreza, qualidade certamente negativa numa época que privilegiava a beleza opulenta, mas que outras épocas e outras modas, antes e depois, estarão prontas a reabilitar. Pelo pouco que Tarchetti nos diz, os lineamentos do rosto e as serpentinas contorções do corpo da mulher até prenunciam uma estilização que a arte figurativa levará às últimas consequências logo depois. Entre os vários mistérios que o romance não esclarece (a doença psicossomática que mantém a vida de Fosca presa por um fio; o papel do médico, que puxa os fios da experiência amorosa como um meticuloso maestro, ou melhor, como um demiurgo absoluto; a atitude do coronel primo de Fosca, que diante dela se mostra um protetor tão distraído quanto suscetível) e entre as zonas cinzentas de fundo (a guarnição de oficiais que nunca vemos aplicada em funções militares, mas apenas em discussões de cenáculo científico; a localidade que parece perdida no fim do mundo, e no entanto não dista muito de Milão), o mistério da fascinante feiura de Fosca assume um sentido quase simbólico. Fosca é uma personagem entre art nouveau e dannunziana, brotada com uma antecipação de pelo menos vinte anos em um mundo que não é (ainda) o seu, parecendo uma visitante de outro planeta, ou uma mutante da evolução da espécie. Quem a vê se sente simultaneamente rechaçado e atraído, como sempre ocorre diante dos fatos — da arte ou da vida — que nos advertem que algo está mudando.

CATÁLOGO DA COLEÇÃO CENTOPAGINE*

Iginio Ugo Tarchetti, *Fosca*
Liev Tolstói, *A sonata a Kreutzer*
Guy de Maupassant, *Pierre et Jean*

(*) Organizado por Mario Barenghi.

Fiódor Dostoiévski, *Noites brancas*
Henry James, *Daisy Miller*
Edmondo De Amicis, *Amore e ginnastica* [Amor e ginástica]
Joseph Conrad, *A linha de sombra*
Joseph von Eichendorff, *Aus dem Leben eines Taugenichts*
Denis Diderot, *A religiosa*
Herman Melville, *Benito Cereno*
Aleksandr Púchkin, *A filha do capitão*
Mark Twain, *O homem que corrompeu Hadleyburg*
Anton Tchékhov, *Enfermaria nº 6*
Stendhal, *A abadessa de Castro*
Achim von Arnim, *Isabella von Ägypten: Kaiser Karl des Fünften erste Jugendliebe* [Isabela do Egito, primeiro amor de Carlos v]
Achille Giovanni Cagna, *Alpinisti ciabattoni* [Alpinistas borra-botas]
Carlo Dossi, *L'Altrieri. Nero su bianco* [Anteontem. Negro sobre branco]
Thomas Nashe, *The Unfortunate Traveller* [O viajante desafortunado]
Gaetano Carlo Chelli, *L'eredità Ferramonti* [A herança Ferramonti]
Lazarillo de Tormes
Honoré de Balzac, *Ferragus*
E.T.A. Hoffmann, *Prinzessin Brambilla* [A princesa Brambilla]
Marchesa Colombi, *Un matrimonio in provincia* [Um casamento de província]
Robert Louis Stevenson, *The Pavilion on the Links* [O pavilhão sobre as dunas]
Thomas de Quincey, *Confissões de um comedor de ópio*
Angelo Costantini, *La vita di Scaramuccia* [A vida de Scaramouche]
William Beckford, *Vathek*
Liev Tolstói, *Dois hussardos*
Madame de La Fayette, *A princesa de Clèves*

UMA NOVA COLEÇÃO: AS CENTOPAGINE EINAUDI ■

Joseph Conrad, *Coração das trevas*
Voltaire, *Zadig*
Charles Sealsfield, *Die Prärie am Jacinto* [A pradaria do Jacinto]
Robert Louis Stevenson, *Olalla*
Fiódor Dostoiévski, *O sonho do tio*
Édouard Dujardin, *Os loureiros estão cortados*
Guido Nobili, *Memorie lontane* [Memórias distantes]
Friedrich de la Motte Fouqué, *Ondina*
Nyta Jasmar, *Ricordi di una telegrafista* [Recordações de uma telegrafista]
Giovanni Boine, *Il peccato* [O pecado]
Henry James, *The Reverberator* [O revérbero]
Ambrose Bierce, *Storie di soldati* [Histórias de soldados]
Neera, *Teresa*
Giovanni Cena, *Gli Ammonitori* [Os vaticinadores]
Carlo Dossi, *Vita di Alberto Pisani* [Vida de Alberto Pisani]
William Butler Yeats, *Rosa Alchemica* [Rosa alquímica]
Kate Chopin, *O despertar*
Remigio Zena, *Confessione postuma: Quattro storie dall'altro mondo* [Confissão póstuma: Quatro histórias do outro mundo]
Hans J.Ch. von Grimmelshausen, *Lebensbeschreibung der Erzbetrügerin und Landstörzerin Courage* [Vida da arquitrapaceira e vagabunda Coragem]
Emilio Praga e Roberto Sacchetti, *Memorie del presbiterio* [Memórias do presbitério]
Honoré de Balzac, *A menina dos olhos de ouro*
Prosper Mérimée, *Carmem e outros contos*
Nikolai Leskov, *Otcharovannyi strannik* [O viajante encantado]
Henry James, *Os papéis de Aspern*
Nikolai Gógol, *Vetcherov na khutore bliz Dikanki* [Noites na fazenda de Dikanka]
Luigi Pirandello, *Il turno* [O turno]
E.T.A. Hoffmann, *O elixir do diabo*

Enrico Pea, *Moscardino. Il Volto Santo. Il servitore del diavolo* [Moscardino. A Face Santa. O servidor do diabo]
Denis Diderot, *Jacques, o fatalista, e seu amo*
Herculine Barbin, *O diário de um hermafrodita*
Anatole France, *A rotisseria da rainha Pédauque*
Charles Baudelaire, *La Fanfarlo*
Gustave Flaubert, *Três contos*
Giuseppe Torelli, *Emiliano*
Fiódor Dostoiévski, *Memórias do subsolo*
Leurence Sterne, *A Political Romance* [Um romance político]
Carlo Dossi, *La desinenza in A* [A desinência em A]
Honoré de Balzac, *Les Petits Bourgeois* [Os pequeno-burgueses]
Fiódor Dostoiévski, *O eterno marido*
Fiódor Dostoiévski, *O jogador*
William Butler Yeats, *John Sherman. Dhoya*
Théophile Gautier. *Spirite: Nouvelle fantastique* [Espírito: Novela fantástica]
Antoine-François Prévost, *A história do cavaleiro des Grieux e de Manon Lescaut*
Henry James, *A London Life* [Uma vida londrina]
Federigo Tozzi, *Con gli occhi chiusi* [Com os olhos fechados]
Henry James, *The Sacred Fount* [A fonte sagrada]
Theodore Fontane, *Schach von Wuthenow*
Algernon Charles Swinburne, *A Year's Letters* [Um ano de cartas]

A EINAUDI BIBLIOTECA JOVENS (1974)

A história e as estórias. Para quantos de nós as grandes datas históricas continuam evocando a atmosfera de uma leitura juvenil? Quantas vezes a primeira lembrança que associamos aos Idos de março esteve ligada à noite shakespeariana em que Brutus está acordado em seu jardim, ou à batalha de Waterloo e ao tremor de Fabrizio del Dongo? E o mesmo vale para as atmosferas de uma época e de uma civilização que não vivemos: dizer da Londres da Revolução Industrial e pensar na de Oliver Twist, dizer da Petersburgo tsarista e pensar na do dostoievskiano Raskólnikov.

A *história*, aquilo que pouco a pouco aprenderemos a reconhecer como uma única trama que liga no tempo a presença multiforme dos homens na Terra, se nos apresenta desde o início como um fluxo e uma flutuação de estórias, de narrativas diferentes em ritmo e sotaque, mas todas carregadas de uma força que se impõe à imaginação, ao raciocínio, às escolhas. Em seguida, quando a tivermos tecido bem, eis que essa trama unitária e compacta da *história* (em que as *estórias* que tinham sido nosso primeiro ponto de referência se verão quase relegadas ao papel de elemento decorativo, de ilustração à margem do texto) começará a desfazer-se entre nossas mãos: compreenderemos que continuidade e sincronia são ilusórias, que tampouco a "história universal" se salva de ser apenas um ponto de vista particular, um de nossos tantos preconceitos. Mas as *estó-*

rias, aquelas que passaram a fazer parte de nosso patrimônio mental com a evidência dos emblemas e dos símbolos, com toda sua carga de significados, vão continuar trabalhando dentro de nós, significando e abrindo novas falas.

Esta coleção de cinquenta livros de narradores, historiadores e memorialistas — muitos deles famosos, outros bem conhecidos, e todos de algum modo "associados" à leitura de um público juvenil — tende a desenhar um panorama que é ao mesmo tempo a história do mundo e uma ilustração das atitudes mentais diante do mundo. Da mentalidade mítica à científica, da ética cavalheiresca ao protesto social. Os cinquenta títulos são indicativos: cada um deles foi escolhido criteriosamente, nenhum é supérfluo. Mas isso não quer dizer que os livros só poderiam ser esses: assim como são cinquenta, poderiam se tornar cem — e certamente se tornarão, se não nesta série, como primeiro núcleo de leituras que se estende pelos anos, propagando-se nas escolhas posteriores de cada leitor. Enfim, cinquenta livros para ler e recordar: livros que se *abrem* para outros livros e para o mundo.

Já dissemos que historiadores estarão ao lado de narradores, lidos como narradores: Heródoto, Tácito, Gibbon, Gregorovius, representados por um fragmento de suas obras monumentais que se apresente como leitura autônoma, sem desencorajar pelo tamanho excessivo. Ao lado deles, os excepcionais "repórteres" contemporâneos, como o John Reed da Revolução Russa e o Edgar Snow da Revolução Chinesa. Depois, o amplo espectro das relações dos escritores com o passado histórico, sem excluir os humores polêmicos que levam um Bertolt Brecht a desencavar os problemas dos "grandes".

Por outro lado (é preciso lembrar), cada narrador é *historiador* de seu tempo, seja ele Radiguet ou Pasolini, já que faz um testemunho direto do comportamento e da linguagem de uma fatia da sociedade. Não menos historiadores são Poe ou Kafka, quando projetam os fantasmas ocultos de sua sociedade, quando explicitam os pesadelos e as profecias de uma época. O mito e o vivido são os dois polos entre os quais se estende a carga de verdade que a narrativa transmite.

Esta reproposta da *narratividade* como história pode parecer contracorrente nestes dias em que a história — aquela que se ensina na escola, a das pesquisas dos especialistas, a que é objeto de discussão pública — afasta os "acontecimentos" e as "personagens" para pôr em primeiro plano os suportes materiais, as estruturas, as instituições, a economia, as estatísticas, as cifras ou a interpretação ideológica. Entretanto, justamente por isso, hoje que estamos mais protegidos contra as armadilhas da *petite histoire* e contra as mistificações anedóticas, nos parece bastante atual fazer um convite à redescoberta daquela dimensão da memória histórica que se canaliza na narrativa. Uma dimensão que não podemos perder sem perdermos o impulso decisivo em nossa participação consciente para mudar o mundo.

CATÁLOGO DA COLEÇÃO EINAUDI BIBLIOTECA JOVENS*

Theodor H. Gaster, *The Oldest Stories in the World* [As mais antigas histórias do mundo]

Heródoto, *L'antico Oriente* [O antigo Oriente]

Plutarco, *Vite dei grandi Greci* [Vidas dos grandes gregos]

W. Shakespeare, *Da Coriolano a Cleopatra: Tre drammi romani* [De Coriolano a Cleópatra: Três dramas romanos]

Bertolt Brecht, *Os negócios do senhor Julio César*

Suetônio e Tácito, *Nero*

Edward Gibbon, *The Fall of the Roman Empire in the West* [A queda do Império Romano do Ocidente]

Ferdinand Gregorovius, *Roma nel Medioevo* [Roma na Idade Média]

Erik, o vermelho, e outras sagas vikings

Marco Polo, *As viagens*

As mil e uma noites

Walter Scott, *Ivanhoé*

(*) Organizado por Mario Barenghi.

William H. Prescott, *The Conquest of Mexico* [A conquista do México]
Alexandre Dumas, *A rainha Margot*
Bertolt Brecht, *Vida de Galileu*
Saint-Simon, *A corte do Rei Luís XIV*
Daniel Defoe, *Robinson Crusoé*
Voltaire, *Cândido ou o otimismo*
Aleksandr Púchkin, *A filha do capitão*
Wolfgang Goethe, *Os sofrimentos do jovem Werther*
Victor Hugo, *Noventa e três*
Stendhal, *A cartuxa de Parma*
Fenimore Cooper, *O último dos moicanos*
Charles Dickens, *Oliver Twist*
Edgar Allan Poe, *Gordon Pym seguido de Os assassinatos da rua Morgue*
Liev Tolstói, *Contos de Sebastopol*
Herman Melville, *Benito Cereno. Billy Budd*
Ivan Turguêniev, *Pais e filhos*
Fiódor Dostoiévski, *Crime e castigo*
Guy de Maupassant, *Racconti della guerra franco-prussiana* [Contos da guerra franco-prussiana]
Émile Zola, *Germinal*
Mark Twain, *As aventuras de Huckleberry Finn*
Robert Louis Stevenson, *Raptado*
Stephen Crane, *O emblema vermelho da coragem*
Frank Thiess, *Tsushima*
Jack London, *Martin Eden*
Joseph Conrad, *A linha de sombra. Coração das trevas*
Thomas Mann, *Tonio Kroeger. Morte em Veneza. Tristão*
Franz Kafka, *A metamorfose e outros contos*
Mario Silvestri, *Isonzo 1917*
John Reed, *Dez dias que abalaram o mundo*
Edgar Snow, *Red Star Over China* [Estrela vermelha sobre a China]
Nuto Revelli, *La strada del davai* [A estrada do davai]
Robert Antelme, *A espécie humana*

A EINAUDI BIBLIOTECA JOVENS ■

Beppe Fenoglio, *Racconti partigiani* [Contos partisans]
Pier Paolo Pasolini, *Una vita violenta* [Uma vida violenta]
Leonardo Sciascia, *A cada um o seu*
José M. Arguedas, *Os rios profundos*
George Jackson, *Soledad Brother* [Irmão de Soledad]
Italo Calvino, *La memoria del mondo e altre storie cosmico-miche* [A memória do mundo e outras histórias cosmicômicas]

A BIBLIOTECA ROMÂNTICA MONDADORI (1981)*

Em maio de 1930, simultaneamente ao lançamento dos primeiros seis volumes da Biblioteca Romântica Mondadori, circulou um opúsculo à guisa de programa e também de *espécimen*, igualmente encadernado em tecido verde, também impresso em papel oxford e com a mesma tipologia da coleção. Continha, além da lista dos cinquenta volumes previstos, com os nomes dos tradutores, uma apresentação assinada pelo diretor da coleção, G. A. Borgese.

O slogan (na época se dizia "o programa e o movimento inaugural") com que a Biblioteca Romântica foi lançada dizia: "Os grandes escritores românticos estrangeiros se tornam clássicos italianos". A principal novidade literária dessa iniciativa consistia no fato de que as traduções eram em grande parte confiadas a escritores conhecidos; mas ainda havia uma novidade editorial não menos relevante: o lançamento em amplo mercado de um tipo de livro com características quase de bibliófilo. A Biblioteca Romântica era formada por cinquenta volumes anunciados todos ao mesmo tempo: um corpus que se pretendia completo e plenamente representativo da literatura mundial.

Estamos nos primórdios da editoria moderna e de quali-

(*) La *"Romantica"*, em *Editoria e cultura a Milano tra le due guerre (1920--1940)*, Milão, 19-21 fev. 1981. Atas do congresso, Fundação Arnoldo e Alberto Mondadori, Milão, 1983, pp. 172-8.

160

dade na Itália; não por acaso, o diretor da Biblioteca Romântica era um crítico de destaque, que tinha uma ideia de literatura como patrimônio mundial, e não apenas nacional (o que, dito hoje, pode parecer óbvio, mas não era a regra naqueles tempos). Cabe ainda lembrar que Borgese projetou a coleção e lhe deu início, mas não pôde acompanhar sua execução até o fim, porque logo depois (em 1931) a atmosfera da Itália oficial em torno dele ficou tão pesada que o forçou a emigrar para os Estados Unidos, de onde só retornou após o final da guerra. Entretanto seu nome continuou aparecendo no frontispício da coleção até 1938, isto é, até o número 46. Portanto o nome do diretor da coleção só não aparece nos últimos quatro volumes.

O título que abria a Romântica era *A cartuxa de Parma*, na tradução de Ferdinando Martini. A apresentação de Borgese entrava no volume como posfácio. Os outros números serão acompanhados apenas de breves notas informativas. O hábito das introduções demasiado longas e acadêmicas ainda não se abatera sobre nossa editoria.

O programa da Romântica se completará em doze anos, fechando-se em chave de epopeia assim como começara: os dois tomos de *Guerra e paz*. Um título que, naquele meio-tempo, se tornara bastante atual — estamos em 1942. Os doze anos da Romântica acompanharam uma época de mudanças no horizonte cultural do público italiano e nas tendências da editoria. Podemos considerar o posfácio de Borgese de 1930 como documento de uma fase de transição.

A primeira coisa que nos chama a atenção é a etiqueta "romântica" aplicada em bloco a uma série de livros que em sua maioria pertencem, sim, ao século xix, mas que também incluem o *Gulliver* de Swift e o *Cândido* de Voltaire, assim como Zola e Maupassant, que nenhuma história literária situaria sob esse rótulo. Mas Borgese esclarecia na Introdução:

Por obras românticas entendemos, historicamente, obras das literaturas cristãs e modernas; romântico, como o próprio nome diz, é aquilo que nasceu da herança de Roma. Nessas literaturas, o gênero mais feliz, o gênero por excelência, é a épica em prosa: o romance.

Portanto, "romântica" em contraposição à Antiguidade clássica, mas principalmente "romântica" como "romance", sem referência à época e à escola; assim, a área semântica do termo parece, em parte, sobrepor-se à de "narrativa", termo então raramente usado no vocabulário crítico. As mudanças que a linguagem conheceu nos últimos cinquenta anos poderiam ser o tema de um estudo que reservaria muitas surpresas. E eu gostaria de acrescentar uma citação de Borgese que talvez dê outra conotação ao termo "romântica", ou seja, aquela mais ligada ao uso cotidiano: ao falar do aspecto visual da coleção, diz-se que o editor a dotou de todos os atributos que podem fazê-la não só "valiosa para os bibliófilos", mas também apreciada "pelas mulheres, grande maioria do público leitor".

Entre os escritores convidados a transformar os clássicos estrangeiros em italianos, além do próprio Borgese, que tinha traduzido o *Werther*, havia os mais conhecidos daquela época: Panzini, para *La Vie de bohème* [Cenas da vida boêmia] de Murger (tradução sobre o qual Borgese, na apresentação da coleção, se apressou a alertar: era a única exceção tolerada pelo critério da máxima fidelidade), Marino Moretti para Maupassant, Lucio D'Ambra para De Musset. Mas as duplas de destaque nessa primeira lista são três: Bontempelli para *Atala e René* de Chateaubriand, Palazzeschi para *Tartarin de Tarascon* e Marinetti para a *La Tentation de St.-Antoine* [A tentação de Santo Antão] de Flaubert, projeto que acabou não sendo realizado. Depois, um belo canteiro de escritoras e poetas, todas escolhidas — vejam só — para traduzir romances que têm um nome de mulher no título: Grazia Deledda traduz *Eugénie Grandet*, Ada Negri, *Manon Lescaut* e Sibilla Aleramo, *La principesse de Clèves* [A princesa de Clèves], o único desses títulos cujo autor é uma mulher. No programa inicial também estava previsto Annie Vivanti com *Tess D'Uberville*, de Hardy. Mas quantas dessas traduções devem de fato ser consideradas obras de quem as assinou? A essa pergunta talvez possam responder os arquivos conservados nas editoras, os biógrafos das pessoas em questão, os críticos de estilística. Quem tem prática com o trabalho editorial sabe que muitas vezes as traduções passam por várias mãos. E o próprio Borgese advertia em sua apresentação contra o emprego de "fantasmas" no trabalho de tradutor.

Sem entrar nessa matéria espinhosa, me limitarei a algumas reflexões inspiradas por essas duplas. Palazzeschi-Daudet: aqui eu diria que a aproximação soa redutiva quanto ao estro do poeta e narrador florentino, quase como se quisessem encerrá-lo (e esta era, creio, a tendência da crítica da época) nas dimensões de uma afável caricatura provincial. E que dizer de Bontempelli--Chateaubriand? Um, com seu amor pela geometria e pela lucidez, o outro, todo exuberante em contrastes de sombra e luz. Outra dupla sensacional é Bacchelli-Voltaire, na qual se encontram uma pousada corpulência e uma ágil magreza. Porém, mais estranho ainda parece a aproximação entre Voltaire e Ugo Ojetti — que era o primeiro nome previsto no programa, depois substituído por Bacchelli. Mas certamente a dupla mais sensacional, que depois ficou apenas no projeto, é Marinetti-Flaubert, com as visões à Bosch do Santo no deserto se cruzando com as palavras em liberdade do Futurismo...

Outros encontros talvez nasçam de um jogo de assonâncias e associações: a Francesco Pastonchi, declamador de Dante com grande prestígio no *bel mondo*, encomendou-se não sem ironia *A dama das camélias*; Angiolo Silvio Novaro, que é de uma cidade marítima e muito popular entre o público infantil por seus poemas das estações, incumbiu-se de Stevenson.

Entre o programa de 1930 e o catálogo dos cinquenta títulos efetivamente publicados no intervalo de doze anos há algumas diferenças e mudanças tanto nos textos quanto nos tradutores, de modo que o número de escritores-tradutores aumenta, com um inesperado Corrado Alvaro traduzindo Walter Scott e um precioso Bacchelli que traduz um capítulo do *L'Astrée* [A Astrea] de Honoré d'Urfé (além da grande empreitada dos romances e contos voltairianos).

Mas se somam sobretudo muitos nomes novos, os quais se tornarão famosos justamente naqueles anos. Ao passo que a primeira lista de Borgese era caracterizada por presenças típicas da Itália entre os séculos xix e xx, como Ferdinando Martini, Fausto Maria Martini, Guido Mazzoni, Guido Biagi, Fernando Palazzi, Giuseppe Lipparini, eis que a esses velhos nomes se acrescentam alguns dos que serão, dos anos 1930 em diante, os príncipes embaixadores das literaturas estrangeiras entre nós: aí está Diego Valeri, que leva a cabo *Madame Bovary*, um texto ao qual Borgese, na apresentação, diz ter renunciado porque não encontrava o tradutor adequado; aí está Mario Praz, que apresenta um dos textos menos conhecidos da coleção, *Esther Waters*, de George Moore; aí está Carlo Linati, que associará seu nome à introdução de Henry James na Itália e, aqui, o apresenta com *The American* [O americano]; aí está Lavinia Mazzucchetti, que enfrenta o fantasmagórico Hoffmann e o límpido Stifter. Giacomo Debenedetti, nosso primeiro intérprete de Proust, surge no papel insólito de tradutor do inglês de *O moinho sobre o Floss*, de George Eliot. E o primeiro tradutor de Joyce, Alberto Rossi, apresenta *The Tragic Comedians* [Os comediantes trágicos], de Meredith, um texto que no programa aparecia sob os cuidados de Lauro de Bosis, que naquele meio-tempo partiu em seu generoso voo sem retorno.

E por fim aparece Elio Vittorini em seus primeiros combates como tradutor, associado a um escritor toscano, Delfino Cinelli, numa grande empreitada: os dois volumes de contos de Poe; Vittorini, que pouco depois se tornará uma das colunas da Medusa, a outra coleção mondadoriana que, ainda nos anos 1930, abrirá as janelas para o mundo da narrativa contemporânea.

Recordemos ainda um volume que reexumava duas traduções clássicas: a indefectível *Viagem sentimental* de Sterne--Foscolo, e um título mais raro, que valeria a pena reeditar hoje, tanto pelo texto quanto pela versão: *Der Geisterseber* [O visionário] de Schiller traduzido por Berchet.

Até aqui passei em revista o catálogo da Romântica porque ele representa bem essa situação de passagem num momento de renovação do gosto, das necessidades culturais e dos horizontes críticos. Mas o fato essencial é a consciência do problema da tradução. Apresentando sua coleção, Borgese dedica uma série de reflexões sobre o tema, que culmina na promulgação não de um decálogo, mas, digamos, de um "pentálogo" do tradutor:

> Deve-se traduzir diretamente do texto, adotando a melhor edição.
> Deve-se traduzir integralmente, sem cortes e arbitrariedades.
> Para que a tradução seja durável, é preciso que esteja escrita numa escorreita língua italiana, corrente, sem vestes arcaicas ou vernáculas, exceto nos casos em que certas ênfases sirvam para imitar determinadas características do texto.
> Para os nossos colaboradores seria supérflua esta outra norma (que os leitores comuns não podem compreender, mas os editores e escritores, sim):
> a tradução deve estar sinceramente sob a responsabilidade de quem a assina, e não sob os cuidados de um jovem amigo ou de uma pessoa da família, sendo posteriormente legitimada pela autoridade de um nome reconhecido.

Esta última passagem vale por um tratado de sociologia literária e nos confirma em que medida as preocupações que devem nortear o trabalho editorial continuam inalteradas.

Um ponto que, no entanto, nos remete a uma situação sociocultural diferente da nossa — não digo mais atrasada, note-se bem, mas certamente diversa — é o que diz respeito ao lugar da língua francesa na cultura do italiano médio, um lugar que agora está ocupado em larga medida pelo inglês, mas certamente não no plano das leituras em língua original. Nesse sentido é sintomático o fato de que Borgese se sinta na obrigação de explicar por que a coleção também inclui traduções do francês, uma vez que "todos os italianos sabem francês".

As razões que Borgese alega são duas: primeiro, que a afirmação não é de todo verdadeira, porque, ainda que muitos entendam o francês, o deturpam na pronúncia e, ao ler, perdem a musicalidade das frases; segundo, que se queria envolver na iniciativa alguns dos melhores escritores italianos, e então era indispensável traduzir livros franceses, porque os literatos italianos — diz Borgese — "no mais das vezes foram e são conhecedores medíocres de outras línguas modernas".

Dada essa familiaridade com a língua, seria de esperar que a escolha dos títulos franceses seguisse um critério mais ousado e excitante; entretanto, feitas as contas, não se poderia dizer que isso aconteça. Ou seja, os séculos XVII e XVIII estão dignamente representados, e a inclusão de Choderlos de Laclos é sem dúvida um ponto a favor para a coleção. Mas é na segunda metade do século XIX que a escolha nos parece um pouco decepcionante, apesar da boa surpresa de *Dominique*, de Fromentin. Às vezes são razões extrínsecas que orientam as inclusões: se de Zola se optou por *Au Bonheur des dames* [O paraíso das damas], isso se deve ao fato de que — é sempre Borgese quem o esclarece — já existia uma tradução de Ferdinando Martini.

Assim, passando à literatura alemã, Borgese antecipa a pergunta: "Por que escolhemos, de Goethe, a *Wilhelm Meister theatralische Sendung* [A missão teatral de Wilhelm Meister], deixando de fora o clássico e monumental *Meister*, de que a *Missão* é apenas o primeiro ensaio juvenil?". E então nos explica que o *Meister* maior é "livro de poetas e eruditos", e que já havia uma ótima tradução dele feita por Spaini, motivo que me parece editorial e culturalmente suficiente. A escolha alemã se valia da colaboração direta do próprio Borgese, que, além do *Werther*, deveria ter organizado e traduzido uma miscelânea com o *Taugenichts* [Preguiçoso] de Eichendorff e o *Schlemihl* de Chamisso; mas esta que teria sido uma das pérolas da coleção veio a faltar por causa da partida de Borgese. Apesar disso, eu diria que a seleção alemã é a melhor da Romântica, ou seja, é a menos óbvia e, em sua essencialidade e agilidade, a mais rigorosa, com o delicioso Mörike de *A viagem de Mozart a Praga* e as pequenas antologias de contos de Heine e Stifter. Continuando a repassar as escolhas nas várias literaturas, uma a uma, nos deparamos com a inglesa, que se abre com *Lady Roxana* de Defoe: também aqui um título menos conhecido de um autor de primeira grandeza, e também aqui o motivo se deve a uma tradução já existente (a de Guido Biagi). No conjunto, a escolha inglesa não tem nada de banal, com propostas de primeira ordem como Jane Austen e Walter Pater, mas não acho que seja o prato mais excitante do menu — uma pena, porque seria uma boa ocasião de atrair um público novo para o século XIX inglês.

As literaturas escandinavas, que na mesma época encontravam uma atenta acolhida numa coleção paralela a essa, a Grandes Escritores Estrangeiros da Utet, também comparecem aqui com um romance de Jacobsen, *Marie Grubbe*. Mas o número limitado de volumes da Romântica certamente não permitia muita elasticidade para representar de modo mais amplo as literaturas europeias menores. A escolha espanhola se fortalece com o *Dom Quixote* de Ferdinando Carlesi e com um volume de picarescos organizado por Ravegnani; quanto ao século XIX, minha ignorância não me permite julgar se Valera e Pereda conseguem contrabalançar a exclusão de Pérez Galdós. Representando o romance lusitano havia Eça de Queiroz, autor muito lido na Itália da época e hoje, talvez, injustamente esquecido.

A pedra de toque de uma coleção como essa é a literatura russa. Já se manifestava no público mais atinado uma nova exigência de qualidade das traduções; basta lembrar uma iniciativa como aquela turinense do Gênio Eslavo, de Alfredo Polledro, que repunha em circulação os grandes nomes do romance russo — até ali na maioria das vezes retraduzidos do alemão e do francês — em traduções diretas, completas e fiéis. Essa herança será resgatada no final dos anos 1930 por Giulio Einaudi com a coleção azul dos Narradores Estrangeiros Traduzidos, que terá sua espinha dorsal nos clássicos russos, sobretudo por mérito de Leone Ginzburg. Os volumes azuis dos Narradores Estrangeiros da Einaudi foram, de algum modo, os sucessores da Romântica mondadoriana, no momento em que esta já havia esgotado seu programa. Entre essas duas experiências, no que diz respeito aos romances russos oitocentistas, a Romântica faz uma escolha que se pode considerar canônica, com os dois maiores Tolstói e os dois maiores Dostoiévski (ou, se quisermos, dois dos maiores Dostoiévski, que são ao menos três), o Turguêniev de *Pais e filhos*, em certo sentido o carro-chefe da coleção, pois se trata de um texto indispensável que não circula em outras edições, e um Gógol, infelizmente não o mais representativo (*Tarás Bulba* e duas novelas).

O nome de Gógol nos faz lembrar a extraordinária tradução dos *Contos de São Petersburgo* feita por Tommaso Landolfi, que entrará no catálogo da Rizzoli. Percorrendo a lista dos tradutores da Romântica, vemos que não só Landolfi, mas também outros nomes da Florença dos herméticos, da *Solaria* e de todo aquele círculo estão ausentes, como se as polêmicas literárias da época tivessem cavado um fosso intransponível. O único nome proveniente daquele âmbito é o de Vittorini, o destemido siciliano que naqueles anos cumpria uma etapa no Giubbe Rosse,[*] mas já apontava decididamente para Milão; as traduções de Poe para a Romântica seriam seu cartão de visita para uma passagem que será completada primeiramente na Medusa e depois nas edições Bompiani, no início dos anos 1940, em que a tradução se torna uma proposta de revigoramento estilístico para a prosa italiana.

Assim chegamos à mais jovem das literaturas, a americana, para completar nossa revisão dos cinquenta títulos da Romântica. Os romancistas americanos estão se impondo na Europa, e as edições mondadorianas da Medusa vão ser, apesar dos obstáculos impostos pela censura, um dos primeiros canais dessa abertura, especialmente com os Faulkner traduzidos por Pavese.

(*) Famoso café florentino frequentado por escritores e artistas, ainda hoje em atividade. (N. T.)

Mas até a mais conservadora Romântica sente os novos ventos; prova disso é que, se o programa de 1930 só previa um Poe e um Hawthorne, ao final Poe se desdobrará em dois volumes e se acrescentará um James. O outro grande romancista americano de meados do século XIX, Melville, fica fora dos planos de Borgese, mas é preciso dizer que, mesmo nos Estados Unidos, ele só foi descoberto tardiamente e, em suma, era um nome novo. Será um pequeno editor de Turim, Frassinelli, orientado pela mão segura de Franco Antonicelli, que encomendará a Pavese (estamos sempre naqueles anos 1930 que viram a gênese de tantas coisas) a tradução de *Moby Dick*. Depois virão, respectivamente por Einaudi e por Bompiani, *Benito Cereno* e *Billy Budd*, este último confiado a outro tradutor excepcional, Eugenio Montale.

Deixei por último a literatura americana a fim de encerrar com uma recordação pessoal muito importante para mim: o *Gordon Pym* de Poe, lançado pela Romântica, foi das primeiras leituras sérias, totais, de minha infância. Um tio meu tinha a assinatura dos volumes verdes, aliás, tinha feito a subscrição de uma das primeiras assinaturas que davam direito a receber cada volume com um ex-líbris personalizado; entre os títulos dourados dos dorsos enfileirados na prateleira escolhi *Gordom Pym*, e foi uma das experiências mais emocionantes de minha vida: emoção física, porque certas páginas me deixaram literalmente com medo, e emoção poética, como o chamado de um destino.

Isto para lembrar uma das funções da Romântica, certamente não a menor: fornecer uma plataforma, construir fundamentos para a cultura literária, para o fascínio do grande romance, para os italianos que então se abriam ao horizonte da leitura.

CATÁLOGO DA BIBLIOTECA ROMÂNTICA MONDADORI*

Dostoiévski, *Os demônios*
Daudet, *Tartarin de Tarascon*
Goldsmith, *O vigário de Wakefield*
Goethe, *Wilhelm Meister theatralische Sendung* [A missão teatral de Wilhelm Meister]
Stevenson, *A ilha do tesouro*
Stifter, *O solteiro e outros contos*
Poe, *Tales of the Grotesque and Arabesque* [Contos do grotesco e arabesco]
Voltaire, *Romanzi e racconti* [Romances e contos]
Dickens, *David Copperfield*
Eliot, *O moinho sobre o Floss*
Tolstói, *Guerra e paz*
Murger, *Cenas da vida boêmia*
Laclos, *As relações perigosas*
Flaubert, *Madame Bovary*
Prévost, *A história do cavaleiro des Grieux e de Manon Lescaut*
Zola, *O paraíso das damas*
Eça de Queiroz, *O crime do padre Amaro*
James, *The American*
Jacobsen, *Marie Grubbe*
Bernardin de Saint-Pierre, *Paulo e Virgínia*
Scott, *Waverley*
Cervantes, *Dom Quixote*
Balzac, *Eugénie Grandet*
Goethe, *Os sofrimentos do jovem Werther*
Gautier, *O capitão Fracasso*
Stendhal, *A cartuxa de Parma*
Dumas, *A dama das camélias*
Hawthorne, *A letra escarlate*
France, *Thais*

(*) Organizado por Mario Barenghi.

Maupassant, *Uma vida*
Fromentin, *Dominique*
Moore, *Esther Waters*
Swift, *As viagens de Gulliver*
Balzac, *Um conchego de solteirão*
Tchékhov, *O duelo*
Heine, *O Rabi de Bacherach e outras histórias*
Wilde, *O retrato de Dorian Gray*
Musset, *A confissão de um filho do século*
La Fayette, *A princesa de Clèves*
Defoe, *Lady Roxana*
Mörike, *A viagem de Mozart a Praga*
Austen, *Orgulho e preconceito*
Turguêniev, *Pais e filhos*
Valera, *Pepita Jiménez*
Pereda, *Sotileza* [Sutileza]
Gógol, *Tarás Bulba*
Sterne, *Viagem sentimental*
Schiller, *Der Geisterseher* [O visionário]
Tolstói, *Anna Kariênina*
Meredith, *The Tragic Comedians* [Comediantes trágicos]
Poe, *Gordon Pym e outras histórias*

SOBRE O FANTÁSTICO

OS CAVALEIROS DO GRAAL (1981)*

Quando o rei Artur está prestes a morrer, ordena que sua espada mágica Excalibur seja lançada ao fundo de um lago, para que nenhuma mão indigna se apose dela. O fiel Girflet não tem coragem de fazer isso com a espada real: por duas vezes finge lançá-la no lago, mas na verdade a esconde e joga na água antes a própria espada e, depois, a bainha. Em ambas as vezes Artur percebe o engodo, porque Girflet diz não ter visto nada especial. Finalmente Girflet se decide a obedecer, mas, antes que a espada toque a água, do lago emerge uma mão, um braço (mas o corpo a que pertencem não se mostra), e a mão agarra a espada pela empunhadura, brandindo-a no ar e desaparecendo no fundo das águas.

Este é o final de *Lancelote em prosa*. No final da *Demanda do Santo Graal* também aparece uma mão sem que se veja a quem pertence, mas esta desce do céu para agarrar o Graal e levá-lo consigo para as nuvens. As duas mãos, a celestial e a que emerge das profundezas, uma pertencente à iconografia religiosa mais conhecida e a outra bem mais surpreendente e sugestiva, parecem representar os dois aspectos das lendas do ciclo bretão: o da simbologia cristã e o do paganismo druídico — as duas chaves com que lemos hoje as aventuras da Távola Redonda.

(*) "Una scodella chiamata Graal", *La Repubblica*, 31 maio-1º jun. 1981.

Segundo a definição de Leo Spitzer, "a aventura é uma situação singular, extraordinária, imprevista, que vem de fora do homem, que 'acontece' e precisa ser superada por ele com coragem e argúcia, numa vitória que representa uma prova moral de si mesmo". No romance medieval de cavalaria o termo "aventura" aparece reiteradamente e às vezes com significados mais amplos ainda, que extrapolam da experiência individual para se tornarem situação excepcional de um lugar, ou de um objeto, ou de uma série de fenômenos, com a anulação das normas da natureza e encantamentos. É "aventura" a desolação que assolou as Terras Devastadas, a charneca estéril e selvagem onde se desenrolam as peripécias de Percival.

"Após a morte do rei Uther Pendragon, pai do bom rei Artur, os homens valorosos foram deserdados, empobrecidos, arruinados injustamente, suas terras devastadas..." Esse sentido de vida larvar e precária de uma cavalaria a errar por paragens desertas e hostis, com o imperativo de restaurar um passado de cujo esplendor se apagou toda memória, acompanha todo o ciclo dos romances arturianos.

Se bem observada, a poesia épica se nutre mais do páthos da derrota que do páthos da vitória (nem a *Ilíada* é uma exceção, narrando um momento de impasse e de crise entre os Aqueus), e isso confirmaria as hipóteses sobre as remotas origens históricas das lendas acerca do rei Artur. Quer se queira associá-lo às lutas dos britânicos do século VI contra os saxões, quer às dos bretões do século X contra os normandos, esse ciclo seria a celebração de uma última era gloriosa dos celtas e a promessa de uma revanche (com o retorno de Artur da ilha afortunada onde ele é acolhido após a morte).

Quanto às origens da Távola Redonda como objeto, tanto a tradição galesa quanto a irlandesa e a bretã afirmam que Artur a mandou construir para que nenhum de seus barões pudesse vangloriar-se de um posto mais privilegiado que os outros. (Lembremos as discussões sobre a forma da mesa antes do início das tratativas de paz entre norte-americanos e vietnamitas em Paris.) Portanto, um símbolo de igualdade: em um poema inglês do século XIII, mas certamente referido a tradições bem mais antigas, é um marceneiro da Cornualha que propõe a Artur (para pôr fim às disputas que grassavam entre os cavaleiros) fabricar uma mesa à qual pudessem sentar-se 1600 homens sem que houvesse disputas por lugares de honra. A maior mesa redonda medieval que se conservou é a de Winchester, à qual podem se sentar 25 pessoas. Já as tradições cristãs fixam em doze o número de lugares, mais um vacante: a Távola Redonda como réplica da mesa da Última Ceia e da primeira mesa eucarística de José de Arimateia.

Mas o círculo também é símbolo de totalidade cósmica, ligado ao culto solar (e lunar): na civilização céltica primitiva, ele é característico não apenas dos objetos mágicos, mas também da arquitetura. Um comentador de hoje identifica a Távola Redonda com a forma circular de Stonehenge.

Seja como for, o que importa — quaisquer que sejam suas origens — é que a fortuna do ciclo romanesco se inicia com um poeta do século XII de grande frescor em cada detalhe, sutileza psicológica, graça na versificação em rimas emparelhadas e fascínio na evocação de um passado misterioso: Chrétien de Troyes. É difícil encontrar no mercado boas edições do texto original, porque se diria que na França de hoje o francês medieval, espinhoso mas cheio de sabor, só é lido por especialistas: nas coleções mais difusas de *livres de poche*, Chrétien se encontra apenas em transcrições em prosa no francês moderno. (É mais ou menos como se traduzíssemos Dante e Boccaccio em italiano moderno.)

Acaba de sair em italiano uma boa tradução em prosa de Angela Bianchini de dois romances de Chrétien e de vários outros textos do ciclo bretão no volume *Romanzi medievali d'amore e d'avventura* [Romances medievais de amor e de aventura] (Garzanti, 308 pp., Coleção I Grandi Libri). O volume repete, atualizando-o na ampla introdução, uma edição Casini de muitos anos atrás. A citação que fiz mais acima de Spitzer provém do prefácio que ele escreveu especialmente para esse trabalho de sua ex-aluna Bianchini.

Apesar de incompleta, a obra-prima de Chrétien é o *Percival*, em que o personagem infantil é traçado com humor surpreendente nos diálogos e no comportamento, na ingenuidade selvagem que o torna invencível, cujo desenvolvimento é seguido por meio de um autêntico percurso iniciático. A cavalaria, da qual sua mãe inutilmente tentou mantê-lo afastado, é descoberta por ele como uma realidade de contornos oníricos, e podemos dizer que a aventura cavaleiresca faz seu ingresso na literatura já com essa aura de mito. E também com uma ponta de paródia, já que vemos os feitos dos cavaleiros imitados pelo espírito inocente desse rapaz crescido nos bosques. Portanto podemos dizer que a literatura cavaleiresca nasce e morre com dois casos de loucura sublime: Percival e Dom Quixote.

Percival toma tudo ao pé da letra: primeiro os conselhos da mãe; depois, os do bravo homem que o arma como cavaleiro. Ele é ao mesmo tempo um desajeitado e uma força da natureza, mas é também um puro, um iluminado, quase um monge zen.

Sua visita ao castelo do Rei Pescador é cheia de mistérios: qual é o segredo do rei inválido? O que significam os três objetos levados em procissão: a lança ensanguentada, o prato e a tigela chamada "graal"? Por que Percival não pede explicações? E por que o fato de não ter feito perguntas é uma culpa que terá graves consequências? O romance incompleto não nos explica nada, e dessa incerteza nasce toda uma biblioteca de "continuações" em várias línguas (a alemã será mais tarde belamente retomada por Wagner em seu *Parsifal*), em que se entrelaçam as aventuras de Percival, de Gauvain e de Lancelote (cujo adultério com a rainha Guinevere, esposa de Artur, é outra culpa de funestas consequências). Será Galaaz, o cavaleiro virgem, que porá fim ao feitiço do Graal, e não Percival, que é um feliz fornicador, embora com toda a inocência.

A continuação mais elaborada é a versão mística de Robert de Boron, em que o graal se torna o Santo Graal, o cálice em que Jesus bebeu na Última Ceia e no qual seu sangue foi recolhido por José de Arimateia. Nada disso havia em Chrétien de Troyes, mas ele já parece apontar a senda da simbologia cristã ao dizer (pela boca do Rei Eremita) que o graal contém uma hóstia que, por si só, basta para nutrir o Rei Pescador. Quaisquer que fossem as intenções de Chrétien, é provável que a simbologia do graal também remonte a rituais celtas referentes ao ciclo da vegetação e da fecundidade, como muitos estudiosos modernos interpretaram. (A ferida do Rei Pescador é textualmente "no meio das pernas".) Mas os mistérios do romance incompleto não param por aí. O falecido pai de Percival sofrera uma ferida semelhante à do Rei Pescador (ou dos Reis Pescadores, porque este também tem um pai inválido). Depois Percival encontra uma prima que lhe revela uma relação de parentesco com aquela dinastia infeliz. Mas por parte de pai ou de mãe? Todas as possíveis genealogias que se podem extrair das indicações de Chrétien são confusas e contraditórias.

Apenas em anos recentes um poeta, que é também matemático, Jacques Roubaud, conseguiu formular uma proposta de árvore genealógica que associa Percival ao Rei Pescador, ou melhor, às várias gerações de Reis Pescadores. Revela-se, assim, uma hipótese inédita de explicação do segredo em torno do qual todo o ciclo se movimenta. No centro de tudo há um incesto, aliás, uma série de incestos, filho-mãe e pai-filha (ao passo que um incesto irmão-irmã está na origem dos problemas familiares do rei Artur).

A interpretação incestuosa não se choca com a mística. Ao contrário. O esquema genealógico da família dos Reis Pescadores seria não só o mesmo da família de Adão, mas também o da família de Jesus, assim como (segundo Roubaud) foram reconstituídos por Gioacchino da Fiore!

O livro de Roubaud (*Graal Fiction* [Ficção graal], Gallimard, 1978) é tão cheio de imaginação e erudição, que lamento não ter espaço para resumi-lo mais amplamente aqui: são ideias que vão da interpretação de um adivinho galês, em que caçadores (nobreza guerreira derrotada) são sucedidos por pescadores (guerrilha popular), à do graal como livro.

A ideia central é esta: por intermédio de Bleddri, ou Blaise, bardo galês do século XI que após a invasão de Gales pelos normandos se transfere para a França e passa a viver na corte de Poitiers, a cultura celta, já dispersa nas florestas e nas charnecas, encontra o caminho de sua sobrevivência inserindo justamente no berço da poesia provençal, do amor cortês, do idealismo cavaleiresco, a paixão carnal e ardente das histórias de Tristão e Isolda e de Lancelote e Guinevere. É carregada desse fermento subversivo que a "matéria de Bretanha" chega até Dante, para quem o romance de adultério na corte do rei Artur é o que move os olhos e empalidece os rostos de Paolo e Francesca, até o beijo das bocas trêmulas que decide os destinos da literatura ocidental.

CONTOS FANTÁSTICOS DO SÉCULO XIX (1983)*

O conto fantástico é uma das produções mais características da narrativa do século XIX e também uma das mais significativas para nós, já que nos diz muitas coisas sobre a interioridade do indivíduo e sobre a simbologia coletiva. À nossa sensibilidade de hoje, o elemento sobrenatural que ocupa o centro desses enredos aparece sempre carregado de sentido, como a irrupção do inconsciente, do reprimido, do esquecido, do que se distanciou de nossa atenção racional. Aí estão a modernidade do fantástico e a razão da volta do seu prestígio em nossa época. Sentimos que o fantástico diz coisas que se referem diretamente a nós, embora estejamos menos dispostos do que os leitores do século passado a nos deixarmos surpreender por aparições e fantasmagorias, ou melhor, estamos prontos a apreciá-las de outro modo, como elementos da cor da época.

É no terreno específico da especulação filosófica entre os séculos XVIII e XIX que o conto fantástico nasce: seu tema é a relação entre a realidade do mundo que habitamos e conhecemos por meio da percepção e a realidade do mundo do pensamento que mora em nós e nos comanda. O problema da realidade daquilo que se vê — coisas extraordinárias que talvez

---

(*) Introdução a *Racconti fantastici dell'Ottocento*. Milão: Oscar Mondadori, 1983, 2 v., I, pp. 5-14. [Ed. bras.: *Contos fantásticos do século XIX*. São Paulo: Companhia das Letras, 2004, pp. 9-18.]

sejam alucinações projetadas por nossa mente; coisas habituais que talvez ocultem sob a aparência mais banal uma segunda natureza inquietante, misteriosa, aterradora — é a essência da literatura fantástica, cujos melhores efeitos se encontram na oscilação de níveis de realidades inconciliáveis.

Tzvetan Todorov, em sua *Introduction à la littérature fantastique* [Introdução à literatura fantástica] (1970), afirma que aquilo que distingue o "fantástico" narrativo é precisamente uma perplexidade diante de um fato inacreditável, uma hesitação entre uma explicação racional e realista e o acatamento do sobrenatural. Entretanto, o personagem do incrédulo positivista que aparece frequentemente nesse tipo de narrativa, vista com piedade e sarcasmo porque deve render-se ao que não sabe explicar, nunca é contestado em profundidade. De acordo com Todorov, o fato extraordinário que o conto narra deve deixar sempre uma possibilidade de explicação racional, ainda que seja a da alucinação ou a do sonho (boa tampa para todas as panelas).

Já o "maravilhoso", também conforme Todorov, se distingue do "fantástico" na medida em que pressupõe a aceitação do inverossímil e do inexplicável, tal como ocorre nas fábulas das *Mil e uma noites*. (Distinção que se aplica à terminologia literária francesa, em que o *fantastique* quase sempre se refere a elementos macabros, como aparições de fantasmas do além. Já o uso italiano associa mais livremente "fantástico" a "fantasia"; de fato, falamos de "fantástico ariostiano" quando, segundo a terminologia francesa, deveríamos dizer "o maravilhoso ariostiano".)

É com o romantismo alemão que o conto fantástico nasce, no início do século xix; mas já na segunda metade do século xviii o romance "gótico" inglês havia explorado um repertório de temas, ambiente e efeitos (sobretudo macabros, cruéis, apavorantes) do qual os escritores do romantismo beberiam abundantemente. E, posto que um dos primeiros nomes que sobressaem entre estes (pela perfeita fatura do seu *Peter Schlemihl*) pertence a um autor alemão de origem francesa, Chamisso, que acrescenta à sua cristalina prosa alemã a leveza setecentista tipicamente francesa, a componente francesa se apresenta desde os primórdios como essencial. A herança que o século XVIII francês deixa ao conto fantástico do romantismo é de dois tipos: há a pompa espetacular do "conto maravilhoso" (do *féerique* da corte de Luís XIV às fantasmagorias orientais das *Mil e uma noites*, descobertas e traduzidas por Galland) e há o desenho linear, rápido e cortante do "conto filosófico" voltairiano, em que nada é gratuito e tudo mira a um final.

Assim como o "conto filosófico" setecentista foi a expressão paradoxal da razão iluminista, o "conto fantástico" nasceu na Alemanha como o sonho de olhos abertos do idealismo alemão, com a intenção declarada de representar a realidade do mundo interior e subjetivo da mente, da imaginação, conferindo a ela uma dignidade equivalente ou maior do que a do mundo da objetividade e dos sentidos. Portanto, o conto fantástico é também filosófico, e aqui um nome se destaca entre todos: Hoffmann.

Toda antologia deve impor-se limites e regras; a nossa se impôs a regra de apresentar um só texto de cada autor — regra particularmente cruel quando se trata de escolher uma única narrativa para representar todo o Hoffmann. Escolhi o mais típico e conhecido (porque é um texto que podemos chamar de "obrigatório"), "O Homem de Areia" ["Der Sandmann"], em que personagens e imagens da tranquila vida burguesa se transfiguram em aparições grotescas, diabólicas, assustadoras, como nos sonhos ruins. Mas eu também poderia ter me concentrado num Hoffmann em que o grotesco está quase ausente, como em "As minas de Falun", no qual a poesia romântica da natureza toca o sublime com o fascínio do mundo mineral.

As minas em que o jovem Ellis submerge a ponto de preferi-las à luz do sol e ao abraço da esposa são um dos grandes símbolos da interioridade ideal. E aqui está outro ponto essencial que toda análise sobre o fantástico tem de levar em conta: qualquer tentativa de definir o significado de um símbolo (a sombra perdida por Peter Schlemihl em Chamisso, as minas onde se perde o Ellis de Hoffmann, o caminho dos judeus em *Die Majoratsherren*, de Arnim) só faz empobrecer a sua riqueza de sugestões.

Afora Hoffmann, as obras-primas do fantástico romântico alemão são muito longas para entrar numa antologia que queira fornecer um panorama o mais extenso possível. A medida de até cinquenta páginas é outro limite que me impus, o que me forçou a renunciar a alguns dos meus textos prediletos, todos com a dimensão do conto longo ou do romance breve: o Chamisso de que já falei, *Isabella von Ägypten* e outras belas obras de Arnim, *Aus dem Leben eines Taugenichts*, de Eichendorff. Apresentar apenas algumas páginas escolhidas desses textos teria infringido a terceira regra que estabeleci: oferecer somente narrativas completas. (Fiz uma única exceção, Potocki; mas o seu romance *Manuscrit trouvé à Saragosse* [Manuscrito encontrado em Saragoza] contém histórias que gozam de certa autonomia, apesar de estarem fortemente entrelaçadas.)

Se considerarmos a difusão da influência declarada de Hoffmann nas várias literaturas europeias, poderemos dizer que, pelo menos no que diz respeito à primeira metade do século XIX, "conto fantástico" é sinônimo de "conto à la Hoffmann". Na literatura russa o influxo de Hoffmann dá frutos milagrosos, como os *Contos de São Petersburgo* de Gógol; mas é preciso dizer que, antes mesmo de qualquer inspiração europeia, Gógol havia escrito extraordinárias histórias de bruxaria nos dois livros de contos rurais ucranianos. Desde o início a tradição crítica considerou a narrativa russa oitocentista sob a perspectiva do realismo, mas o avanço paralelo do filão fantástico — de Púchkin a Dostoiévski — é igualmente evidente. E é nessa linha que um autor de primeira grandeza como Leskov adquire a sua plena dimensão.

Na França, Hoffmann exerce forte influência sobre Charles Nodier, sobre Balzac (tanto o Balzac declaradamente fantástico quanto o Balzac realista, com suas sugestões grotescas e noturnas) e sobre Théophile Gautier, de quem podemos puxar uma ramificação do tronco romântico que contará muito no desenvolvimento do conto fantástico: o esteticismo. Quanto ao fundo filosófico, o fantástico na França se colore de esoterismo iniciático, de Nodier a Nerval, ou de teosofia swedenborguiana, em Balzac e Gautier. E Gérard de Nerval cria um novo gênero fantástico: o conto-sonho ("Sylvie", "Aurélia"), mais sustentado pela densidade lírica do que pelo desenho do entrecho. Quanto a Mérimée, com suas histórias mediterrâneas (mas também nórdicas: a sugestiva Lituânia de "Lokis") e a arte de fixar as luzes e a alma de um país numa imagem que logo se torna emblemática, ele abre uma nova dimensão ao fantástico: o exotismo.

A Inglaterra experimenta um especial prazer intelectual em jogar com o macabro e o terrificante: o exemplo mais famoso é o *Frankenstein* de Mary Shelley. O patetismo e o *"humour"* do romance vitoriano dão margem a uma retomada da imaginação "negra", "gótica", com um novo espírito: nasce a *ghost story*, cujos autores às vezes ostentam uma postura irônica, mas põem em jogo algo de si mesmos, uma verdade interior que não faz parte dos maneirismos do gênero. A propensão de Dickens para o grotesco e o macabro não se manifesta apenas nos grandes romances, mas também na produção menor de fábulas natalinas e histórias de fantasmas. Digo produção porque Dickens (assim como Balzac) programava e divulgava o próprio trabalho com a determinação de quem opera em um mundo industrial e comercial (e desse modo nasceram suas obras-primas absolutas), editando periódicos de narrativas escritas na maior parte por ele mesmo — que também organizava a colaboração dos amigos. Entre os escritores de seu círculo (que inclui o primeiro autor de romances policiais, Wilkie Collins), há um que ocupa lugar relevante na história do fantástico: Le Fanu, irlandês de família protestante, primeiro exemplo de "profissional" da *ghost story*, já que praticamente não escreveu outra coisa senão histórias de fantasmas e de horror. Portanto, nessa época se estabelece uma "especialização" do conto fantástico que se desenvolverá amplamente no nosso século (tanto no nível da literatura popular quanto no da literatura de qualidade, mas frequentemente no intervalo entre as duas). Isso não implica que Le Fanu deva ser considerado um mero operário (como será mais tarde Bram Stoker, o criador de *Drácula*), ao contrário: o que dá vida a seus contos são o drama das controvérsias religiosas, a imaginação popular irlandesa e uma veia poética grotesca e noturna (veja-se "Mr. Justice Harbottle" [O juiz Harbottle]), em que reconhecemos mais uma vez a influência de Hoffmann.

O dado comum a todos esses escritores tão diferentes que mencionei até aqui é colocar em primeiro plano uma sugestão visual. E não por acaso. Como disse no início, o verdadeiro tema do conto fantástico oitocentista é a realidade daquilo que se vê: acreditar ou não acreditar nas aparições fantasmagóricas, perceber por trás da aparência cotidiana um outro mundo, encantado ou infernal. É como se o conto fantástico, mais que qualquer outro gênero narrativo, pretendesse "dar a ver", concretizando-se numa sequência de imagens e confiando sua força de comunicação ao poder de suscitar "figuras". O que conta não é tanto a mestria na manipulação da palavra ou na busca pelos lampejos de um pensamento abstrato, mas a evidência de uma cena complexa e insólita. O elemento "espetaculoso" é essencial à narração fantástica, por isso é natural que o cinema se tenha nutrido tanto dela.

Mas não podemos generalizar. Se na maior parte dos casos a imaginação romântica cria em torno de si um espaço povoado de aparições visionárias, há também o conto fantástico em que o sobrenatural permanece invisível, é mais "sentido" do que "visto", participando de uma dimensão interior, como estado de ânimo ou como conjectura. Até Hoffmann, que tanto se compraz em evocar visões angustiadas e demoníacas, tem contos regrados por uma estrita economia do elemento espetacular, tecidos apenas de imagens da vida cotidiana. Por exemplo, em "A casa desabitada" bastam as janelas fechadas de um casebre decadente em meio aos ricos palácios do Unter den Linden, um braço feminino e depois um rosto de menina que surge para criar um suspense cheio de mistério; tanto mais que esses movimentos são observados não diretamente, mas refletidos num espelhinho qualquer, que assume a função de espelho mágico. A exemplificação mais clara dessas duas vertentes pode ser encontrada em Poe. Seus contos mais típicos são aqueles em que uma morta vestida de branco e ensanguentada sai do caixão para uma casa escura, cujos enfeites faustosos transpiram um ar de dissolução; "A queda da casa de Usher" constitui a mais rica elaboração desse tipo. Mas em seu lugar tomemos "O coração denunciador": as sugestões visuais são reduzidas ao mínimo, restringem-se a um olho esbugalhado na escuridão, e toda a tensão se concentra no monólogo do assassino.

Para confrontar os aspectos do fantástico "visionário" com aqueles que eu poderia chamar de fantástico "mental" ou "abstrato" ou "psicológico" ou "cotidiano", pensei num primeiro momento em escolher dois contos representativos das duas vertentes para cada autor. Mas logo percebi que, no início do século XIX, o fantástico "visionário" predominava nitidamente, assim como o fantástico "cotidiano" preponderava no final do século, atingindo seu ápice na intangibilidade imaterial de Henry James. Em suma, dei-me conta de que, com um mínimo de renúncias em relação ao projeto original, poderia unificar a sucessão cronológica e a classificação estilística, pondo sob a rubrica de "fantástico visionário" uma primeira parte, que reúne textos das primeiras três décadas do século, e sob a rubrica de "fantástico cotidiano" a segunda parte, que chega ao limiar do século XX. Certa arbitrariedade é inevitável numa operação como essa, baseada em definições contrapostas; em todo caso, as etiquetas são intercambiáveis, e algumas narrativas de uma série poderiam igualmente fazer parte da outra. Mas o importante é que a orientação geral, que vai no sentido da interiorização do sobrenatural, fique clara.

Depois de Hoffmann, Poe foi o autor que mais teve influência sobre o fantástico europeu — e a tradução de Baudelaire devia funcionar como o manifesto de uma nova atitude do gosto literário. Entretanto, os efeitos macabros e "malditos" de sua obra foram recebidos mais facilmente por seus descendentes do que sua lucidez racional, que é o traço distintivo mais importante desse autor. Falei antes de sua descendência europeia porque em seu país a figura de Poe não parecia tão emblemática a ponto de ele ser identificado com um gênero literário específico. Ao lado dele — aliás, um pouco antes dele — estava outro grande americano, que havia levado o conto fantástico a uma intensidade extraordinária: Nathaniel Hawthorne.

Entre os autores representados nessa antologia, Hawthorne é certamente aquele que consegue ir mais fundo no campo moral e religioso, tanto no drama da consciência individual quanto na representação sem disfarces de um mundo forjado por uma religiosidade extrema como a da sociedade puritana. Muitos de seus contos são obras-primas (tanto do fantástico visionário, como o sabá de "O jovem Goodman Brown", quanto do fantástico introspectivo, como em "O egoísmo ou a serpente no peito"), mas não todos: quando ele se afasta dos cenários americanos (como na célebre "A filha de Rappaccini"), sua invenção pode resultar em efeitos previsíveis. Mas nos melhores casos as suas alegorias morais, sempre baseadas na presença indelével do pecado no coração do homem, têm uma força na visualização do drama interior que só será alcançada em nosso século, com Franz Kafka. (Há inclusive uma antecipação de *O castelo* kafkiano num dos melhores e mais angustiados contos de Hawthorne: "My Kinsman Major Molineux" [Meu parente, o major Molineux]).

Mas é preciso dizer que antes mesmo de Hawthorne e Poe o fantástico na literatura dos Estados Unidos já possuía uma tradição própria e um autor clássico: Washington Irving. E não nos esqueçamos de um conto emblemático como "Peter Rugg, the Missing Man" [Peter Rugg, o desaparecido], de William Austin (1824). Uma misteriosa condenação divina compele um homem a correr numa carroça em companhia da filha, sem nunca poder parar, perseguido por um furacão através da imensa geografia do continente; uma narrativa que exprime com elementar evidência os principais pontos do nascente mito americano: potência da natureza, predestinação individual, tensão aventurosa.

Em suma, a tradição do fantástico herdada por Poe e transmitida a seus descendentes — que são na maioria epígonos e maneiristas (ainda que exuberantes nas cores da época, como Ambrose Bierce) — já estava madura. Até que, com Henry James, nos encontraremos diante de uma nova virada.

Na França, o Poe tornado francês por intermédio de Baudelaire não tarda a fazer escola. O mais interessante desses seus continuadores no âmbito específico do conto é Villiers de l'Isle Adam, que em "Véra" nos dá uma eficaz mise-en-scène do tema do amor que continua para além da morte; além disso, "A tortura pela esperança" é um dos exemplos mais perfeitos de fantástico puramente mental. (Em suas antologias do fantástico, Roger Callois escolhe "Véra", Borges escolhe "A tortura pela esperança" — ótimas escolhas, tanto a primeira quanto, sobretudo, a segunda. Se proponho uma terceira narrativa, é somente para não repetir escolhas alheias.)

No final do século, é particularmente na Inglaterra que se abrem as estradas que serão percorridas pelo fantástico do nosso tempo. Na Inglaterra se caracteriza um tipo de escritor refinado que adora travestir-se de escritor popular — operação bem realizada porque ele não o faz com condescendência, mas com diversão e empenho profissional, e isso só é possível quando se sabe que sem a técnica do ofício não há sabedoria artística que preste. R. L. Stevenson é o exemplo mais feliz dessa disposição de ânimo; mas ao lado dele devemos considerar dois casos extraordinários de genialidade inventiva e precisão artesanal: Kipling e Wells.

O fantástico dos contos indianos de Kipling é exótico não no sentido estetizante e decadentista, mas na medida em que nasce do contraste entre o mundo religioso, moral e social da Índia e o mundo inglês. O sobrenatural é muito frequentemente uma presença invisível, ainda que aterrorizante, como em "A marca da besta"; às vezes o cenário do trabalho cotidiano, como o que aparece em "Os construtores de pontes", se rompe, e as antigas divindades da mitologia hindu se revelam numa aparição visionária. Kipling também escreveu muitos contos fantásticos ambientados na Inglaterra, onde o sobrenatural é quase sempre invisível (como em "They" [Eles]) e predomina a angústia da morte.

Com Wells se abre a ficção científica, um novo horizonte da imaginação que assistirá a um desenvolvimento impetuoso na segunda metade do século xx. Mas o gênio de Wells não se limita a elaborar maravilhas e terrores do futuro, escancarando visões apocalípticas; os seus contos extraordinários são sempre baseados em um achado da inteligência, que pode ser extremamente simples. "A história do falecido senhor Elvesham" conta o caso de um jovem que é escolhido como herdeiro universal por um velho desconhecido, com a condição de que ele aceite adotar o nome do ancião; e eis que ele acorda na casa do velho e olha para as próprias mãos: elas se tornaram enrugadas. Observa-se no espelho: ele é o velho. No mesmo momento, a personagem compreende que aquele que era o velho tomou a sua identidade e está vivendo a sua juventude. Exteriormente, tudo é idêntico à normal aparência de antes, mas a realidade é de um assombro imenso.

Quem conjuga com mais leveza a sofisticação do literato de qualidade com o ímpeto do narrador popular (entre os seus autores preferidos ele sempre citava Dumas) é Robert Louis Stevenson. Em sua breve vida de doente, Stevenson conseguiu fazer várias obras perfeitas, desde romances de aventura a *Dr. Jekyll* e muitas narrativas fantásticas mais curtas: "Olalla", história de vampiros na Espanha napoleônica (o mesmo ambiente de Potocki, que não sei se ele chegou a ler); "Thrawn Janet" [Janet, a torcida], história de obsessões assombradas escocesas; "Island's Entertainments" [Divertimentos na ilha], nos quais ele colhe com mão ligeira o mágico do exotismo (mas também exporta motivos escoceses, adaptando-os aos ambientes da Polinésia); "Markheim", que segue a trilha do fantástico interiorizado, assim como "O coração denunciador" de Poe, com uma presença mais marcada da consciência puritana.

Entre os mais fervorosos admiradores e amigos de Stevenson está um escritor que de popular não tem nada: Henry James. E é com esse autor, que não saberíamos definir se americano, inglês ou europeu, que o fantástico do século XIX tem a sua última encarnação — ou melhor, desencarnação, já que aí ele se torna mais invisível e impalpável do que nunca, mera emanação ou vibração psicológica. Aqui é necessário caracterizar o ambiente intelectual em que a obra de Henry James nasce, particularmente as teorias de seu irmão — o filósofo William James — sobre a realidade psíquica da experiência. Poderíamos dizer, pois, que no final do século o conto fantástico mais uma vez se torna conto filosófico, tal como no início do século.

Os fantasmas das *ghost stories* de Henry James são bastante elípticos: podem ser encarnações do mal sem rosto e sem forma, como os diabólicos serviçais de "A volta do parafuso", ou aparições bem visíveis que dão forma sensível a um pensamento dominante, como "Sir Edmund Orme", ou mistificações que desencadeiam a real presença do sobrenatural, como em "The Ghostly Rental" [O aluguel do fantasma]. Num dos contos mais sugestivos e emocionantes, "The Jolly Corner" [O canto feliz], o fantasma apenas entrevisto pelo protagonista é o si mesmo que ele teria sido se a sua vida tivesse tido outro curso; em "A vida privada" há um homem que só existe quando os outros o olham, do contrário ele se dissolve, e um outro que, ao contrário, existe duas vezes, porque tem um duplo que escreve livros que ele jamais saberia escrever.

Com James, autor que pela cronologia pertence ao século XIX, mas que já faz parte do nosso século como gosto literário, se encerra esta apresentação. Deixei de fora os autores italianos porque não me agradava a ideia de incluí-los só por obrigação de presença: o fantástico na literatura italiana do século XIX é decididamente um campo "menor". Coletâneas específicas

■ *MUNDO ESCRITO E MUNDO NÃO ESCRITO*

(*Poesie e racconti* [Poesias e contos], de Arrigo Boito,* e *Racconti neri della scapigliatura* [Contos negros da *Scapigliatura*], de G. Finzi,** bem como alguns textos de escritores mais conhecidos por outros aspectos de sua obra, de De Marchi a Capuana, podem propiciar descobertas preciosas e uma interessante documentação no que se refere ao gosto. Entre as outras literaturas que não incluí, a espanhola tem um autor de contos fantásticos muito conhecido, G. A. Bécquer. Mas essa antologia não se pretende completa. Meu objetivo foi oferecer um panorama centrado em alguns exemplos e, sobretudo, um livro inteiramente legível.

(*) Milão: Oscar Mondadori, 1981.
(**) Milão: Oscar Mondadori, 1980.

SETE FRASCOS DE LÁGRIMAS (1984)*

"Sete frascos de lágrimas enchi/ sete longos anos, de lágrimas amargas:/ tu dormes aos meus gritos sem esperança,/ e o galo canta, e não queres despertar."** Assim Carducci evocava as fábulas que sua avó lhe contava. São versos que soam como um genuíno testemunho do folclore toscano, e a primeira observação que podemos fazer é a seguinte: o choro da narrativa popular pode ser avaliado em termos quantitativos, em unidade de medida — "sete frascos de lágrimas".

Diferentemente de outras manifestações psicológicas, o choro consiste numa produção material, se concretiza em lágrimas. Na lógica especial da fábula, cada objeto tem sua eficácia prática: uma determinada quantidade de lágrimas deveria servir para obter o ressarcimento da dor que foi causa das lágrimas, por exemplo, ressuscitar a pessoa amada (visto que a fábula sempre busca restabelecer uma harmonia perdida ou reparar uma injustiça do destino).

No barroco napolitano do Seiscentos, o primeiro testemunho literário de temas das fábulas populares, o *Pentameron* de Gian Battista Basile, se inicia com a história da princesa Zosa, condenada (por contrapasso de uma risada inoportuna) a encher

---
(*) *La Reppublica*, 25 jan. 1984.
(**) "Sette fiasche di lacrime ho colmate,/ sette lunghi anni, di lacrime amare:/ tu dormi a le mie grida disperate,/ e il gallo canta, e non ti vuoi svegliare."

de lágrimas uma ânfora em três dias; se fizer isso, conseguirá ressuscitar o príncipe. (Mas ela adormece antes que a ânfora esteja cheia, e seus méritos são usurpados pela escrava mentirosa.)

A Gata Borralheira dos irmãos Grimm (*Aschenputtel*) se diferencia daquela mais conhecida de Charles Perrault quando borrifa de lágrimas o túmulo da mãe: daí nasce uma árvore mágica que realiza todos os desejos da menina abandonada. O famoso folclorista russo Vladimir Propp (*Edipo alla luce del folclore* [Édipo à luz do folclore], Einaudi, 1975) estudou o tema da árvore que desponta do túmulo, associando-o às tradições do pranto ritual.

E aí passamos do aspecto material ao social da produção de lágrimas: o pranto como instituição ritual, a codificação do luto no qual se tenta conter a crise da perda que desarticula a ordem do mundo (veja-se o famoso livro de Ernesto De Martino). É como se o alívio trazido pelo pranto se estendesse ao universo a fim de restabelecer uma imagem de harmonia. Já nos mitos clássicos a copiosidade das lágrimas tinha essa função: Ovídio conta histórias de ninfas que choram tanto a ponto de se transformar em fontes.

As fábulas também representam outros aspectos sociais do pranto: sua relevância no comportamento perante os outros. Abandonado no bosque, o Pequeno Polegar (*Petit Poucet* de Perrault) não chora, ao passo que os outros irmãos prorrompem em lágrimas; do mesmo modo em Grimm, em idêntica situação, João não chora, ao contrário de sua irmãzinha Maria. Nesses casos o choro é desvalorizado como uma fraqueza: de fato, aquele que não chora (o Pequeno Polegar, João) é quem age para encontrar as soluções. No entanto, precisamente nessas mesmas fábulas, o choro também é valorizado como emblema de sensibilidade moral, piedade, bondade; em Perrault, a mãe chora quando pensa que deve abandonar os filhos no bosque, e também chora a mulher do Ogro ao pensar na sorte que caberá aos infelizes que baterem à sua porta. (Lágrimas que, por sua vez, estão ausentes nos irmãos Grimm, os quais deviam ter uma ideia nada gentil das mulheres: é a mãe de João e Maria que cruelmente decide e impõe abandoná-los no bosque, onde acabarão por encontrar não um Ogro macho, mas uma bruxa devoradora.)

Podemos então dizer que, quando se tenta definir com mais nitidez um fenômeno como o choro — que se diria pertencer por excelência à esfera da psicologia, dos sentimentos, da alma —, termina-se por colocar a ênfase em sua materialidade fisiológica (como fez Descartes, que, para circunscrever aquilo que qualifica as paixões da alma, devia antes se dar conta de tudo o que é pertinente ao corpo) ou em seu aspecto cultural, de linguagem.

Os dois aspectos não são de todo separados, já que a linguagem começa com o chamado do recém-nascido que quer mamar ou chamar a atenção de sua mãe — e o faz chorando. Quem o notou muito bem em sua concepção estritamente biológica foi Darwin (veja-se o esplêndido volume *A expressão das emoções no homem e nos animais*, Boringhieri, 1981). A origem do choro é explicada por Darwin em dois níveis: filogeneticamente, como um dispositivo de secreção para proteger a córnea, que se desenvolve quando nossos ancestrais descem das árvores e, adaptando-se à vida terrestre, topam com o incômodo problema da poeira nos olhos; e ontogeneticamente, como o hábito dos recém-nascidos de gritar em situações de desconforto, costume que (levando-se em conta que o esforço para gritar leva à contração dos músculos orbiculares, provocando a secreção lacrimal) se perpetua em reflexo condicionado também na idade adulta, produzindo não mais o grito, mas apenas o choro.

Quanto ao outro aspecto, o cultural, basta esta afirmação do grande etnólogo Marcel Mauss (*Il linguaggio dei sentimenti* [A linguagem dos sentimentos], Adelphi, 1975): "As lágrimas, e toda espécie de expressão oral dos sentimentos, não são fenômenos exclusivamente psicológicos ou fisiológicos, mas fenômenos sociais, caracterizados sobretudo pelo signo da não espontaneidade e da mais perfeita obrigação". Exemplificando com os rituais de luto praticados por aborígines australianos,

Mauss demonstra em que medida o choro é uma linguagem elaborada e codificada, mas "o convencionalismo e a regularidade não excluem absolutamente a sinceridade. Como, de resto, em nossos costumes funerários. Tudo é ao mesmo tempo social, compulsório, e também violento e natural; busca e expressão da dor seguem juntas".

Creio que hoje se deve ter em mente esse dado, quando me parece haver uma atmosfera de reabilitação do choro como espontaneidade afetiva contra a ética da autorrepressão "estoica e viril". Claro, não se deve esquecer que a era militarista e "espartana" em que foram criadas algumas gerações europeias, inclusive a minha, tinha duas faces continuamente concomitantes: a da lágrima nos olhos e a do cenho enxuto, com uma boa dose de comprazimento e mistificação em ambas.

O ensaio de Mauss partia de um estudo de Georges Dumas que, no *Traité de psychologie* [Tratado de psicologia] (1923), havia descrito pela primeira vez "a linguagem das lágrimas". O ensaio de Georges Dumas é de uma riqueza e uma inteligência às quais não estamos mais habituados (a psicologia descritiva de cunho oitocentista propiciava um tipo de conhecimento empírico cuja perda a análise do inconsciente não foi capaz de compensar). Diz-se que a criança chora para atrair a compaixão alheia, e o adulto, para testemunhar aos outros a própria compaixão: "também é verdade que se chora em solidão, em presença apenas das próprias lembranças, mas na maioria das vezes fazemos isso porque nos remetemos mentalmente a alguém e representamos para nós mesmos uma cena da vida associada".

Uma interessante observação de Dumas é que os olhos se enchem de lágrimas quando uma forte emoção não pode traduzir-se em movimentos, em gestos, em ação. Isso explica as lágrimas de raiva e de impotência. (Segundo Darwin, o choro não é específico dos seres humanos; haveria ao menos um animal que chora de verdade: o elefante em cativeiro, quando não pode liberar a energia de sua enorme massa muscular.) Isso também explicaria por que somos capazes de derramar lágrimas no teatro ou lendo um livro, isto é, contemplando na imobilidade de nossas poltronas fatos que, se acontecessem na vida real, provocariam em nós uma reação ativa.

Isso me leva a abordar os méritos e deméritos da literatura comovente e lacrimejante. Na corte dos feácios, Ulisses ouve um aedo que canta suas travessias (como se a Odisseia já estivesse em circulação), e eis que o herói inabalável se desfaz em soluços. O episódio define bem o mecanismo emotivo: comovemo-nos porque nos identificamos com a história narrada; por outro lado, o que na vida pode ser enfrentado de olho enxuto se torna insuportável quando assistido do ponto de vista do espectador de uma representação.

Poderíamos repercorrer a história da épica, da tragédia e do romance para definir suas várias estratégias na gestão da comoção. Creio que o triunfo do lacrimoso sentimental se inicia no século XVIII, com os romances de Richardson, mas essa época foi a mesma em que as lágrimas de jovens desventuradas se tornaram estímulo de prazer perverso nas transbordantes fantasmagorias de Sade. Desde então não se pode afastar uma suspeita de sadismo dos romancistas que se comprazem em tocar as cordas do sentimentalismo piegas, sem poupar recursos a fim de espremer lágrimas dos olhos de leitoras e leitores. Nós temos o exemplo de *Coração*, de De Amicis, escrito com o propósito de educar para a comoção um povo de cínicos, sem pensar que o risco pior é ver-se entre cínicos lacrimosos.

O exemplo mais acabado de fenomenologia do pranto na literatura se encontra no *Michel Strogoff*, de Jules Verne. O emissário do tsar é capturado pelos tártaros em companhia de outros prisioneiros, mas sua identidade não é estabelecida com segurança. Para obrigá-lo a se descobrir, os tártaros fazem os prisioneiros desfilarem diante da velha mãe de Strogoff, certos de que a emoção os trairia. Mas mãe e filho refreiam as lágrimas e permanecem impassíveis. Então os tártaros começam a chicotear a velha, e nesse instante Strogoff dá um pulo, arranca o *knut* da mão do carrasco e lhe fere o rosto. Agora não há mais dúvida de que é ele: vai ser executado? Não, será cegado, como um espião que quis ver demais. A lâmina incandescente de uma cimitarra é passada sobre os olhos enquanto a mãe desmaia. O emissário do tsar fica cego. Depois de outras peripécias, o golpe de cena final decorre de que o suposto cego enxergava perfeitamente. Mas como? Ao ver a mãe obrigada a assistir ao suplício, os olhos de Strogoff tinham se enchido de lágrimas, as quais serviram de proteção à ardência da lâmina, salvando-lhe a vista.

Lágrimas como sentimento e como sinal, lágrimas contidas como prova de força de espírito, lágrimas como defesa fisiológica dos olhos e instrumento mágico de salvação: parece-me que não falta mais nada.

O FANTÁSTICO NA LITERATURA ITALIANA (1984)*

Começarei com uma citação:

Diacho! Quem ensinou música a esses mortos que cantam à meia-noite feito galos? É verdade que estou suando frio e por pouco não estou mais morto que eles. Nem pensava que, por tê-los preservado da corrupção, eles afinal ressuscitassem. Mas é assim: com toda a filosofia, tremo da cabeça aos pés. Dane-se aquele diabo que me tentou a meter esta gente em casa. Não sei o que fazer com eles. Se os deixo aqui, fechados, quem sabe não arrombam a porta ou escapam pelo buraco da fechadura para vir me encontrar na cama? Chamar ajuda por medo dos mortos não fica bem para mim. Vamos lá, coragem, tentemos meter um pouco de medo neles.

(*Entrando*) Meus filhos, que brincadeira é esta? Esqueceram que estão mortos? O que é esta algazarra? Por acaso ficaram vaidosos com a visita do tsar e pensam que não estão mais sujeitos às leis de antes? Imaginei que quisessem apenas pregar uma peça, e não a sério. Se ressuscitaram, me congratulo com vocês; mas não disponho de tanto para a despesa dos vivos e dos mortos: por isso, rua de minha casa. Se é verdade o que dizem dos vampiros, e vocês

---

(*) "La literatura fantástica y las letras italianas". In: *Literatura fantástica*. Madri: Siruela, 1985, pp. 39-55. Conferência proferida na Universidade Internacional Menéndez Pelayo, de Sevilha, em setembro de 1984. Omite-se um trecho textualmente reproduzido na "Introdução" a *Contos fantásticos do século XIX*, aqui publicado nas páginas 181-92.

são desse tipo, vão buscar outro sangue para beber, que eu não estou disposto a deixar que chupem o meu, só porque fui liberal com aquele falso, que injetei em suas veias. Enfim, se quiserem continuar quietos e em silêncio como estiveram até agora, prosseguiremos em boa harmonia, e nunca lhes faltará nada em minha casa; se não, fiquem sabendo que vou pegar a tranca da porta e matá-los todos.

MORTO Não fique com raiva, prometo que continuaremos todos mortos como somos, sem que você precise nos matar.

RUYSCH Então o que é esse delírio que lhes ocorreu agora, de cantar?

MORTO Agora há pouco, precisamente à meia-noite, completou-se pela primeira vez aquele grande ano matemático de que os antigos falavam tanto; e, assim, esta é a primeira vez que os mortos falam. E não apenas nós, mas em todo cemitério, em todo sepulcro, no fundo do mar, embaixo da neve ou da areia, a céu aberto e em qualquer lugar onde se encontrem, todos os mortos, à meia-noite, cantaram como nós aquela musiquinha que você ouviu.

Pode-se dizer que esta seria uma perfeita situação de conto fantástico. No entanto, é o início de um dos diálogos de Leopardi: o *Diálogo de Federico Ruysch com as suas múmias*. Federico Ruysch foi um cientista holandês que viveu entre os séculos XVII e XVIII, famoso em toda a Europa por ter inventado um sistema de mumificação de cadáveres que lhes dava uma aparência de vida. Leopardi, que havia lido um *Éloge de Ruysch* [Elogio de Ruysch] escrito por Fontenelle, imagina que certa noite o holandês surpreende seus mortos a cantar e conversar. (E aqui Leopardi também se apoia numa tradição clássica: as maravilhas que acompanham a realização do *annus magnus*, ou ciclo cósmico, tratado por Cícero no *De natura deorum* [Sobre a natureza dos deuses].) Visto que os mortos têm a faculdade de falar por quinze minutos, Ruysch os interroga sobre as sensações que experimentaram no momento da passagem: dor, medo? Em conformidade com a filosofia de Leopardi, as múmias explicam que a morte é a cessação de toda capacidade de sentir e, portanto, de toda dor, sendo o que se pode definir de um prazer. Mesmo assim, todos os mortos afirmam que até o final mantiveram a esperança de poder viver mais, nem que fosse por uma hora ou duas. Ruysch pergunta:

> Mas como finalmente perceberam que o espírito havia saído do corpo? Digam: como souberam que estavam mortos? Não respondem. Meus filhos, vocês me escutam? Já devem ter passado os quinze minutos. Vamos ver. Sim, estão bem remortos, não há perigo de que me assustem outra vez: voltemos para a cama.

Assim se encerra o diálogo. A data em que Leopardi o escreveu nos remete aos anos em que o romantismo alemão estava difundindo na Europa o gosto por histórias em que o medo do macabro e do sobrenatural se tinge de ironia. É improvável que essa voga tenha alcançado Leopardi, que não apreciava os românticos e não lia romances ou contos. No entanto o diálogo entre Ruysch e as múmias anuncia alguns dos temas que serão mais recorrentes na narrativa fantástica do século XIX: o tema do cientista que desafia as leis da natureza até que numa noite sua audácia é posta a dura prova; o tema do mito antigo que se revela verdadeiro; o tema do mundo sobrenatural que se abre por um momento fugaz e logo torna a se fechar. Todo o resto é tipicamente leopardiano, ou seja, orientado numa direção bem diferente: a recusa a qualquer ilusão terrena ou ultraterrena, a realidade da vida vista como dor sem redenção. Mas Leopardi não seria Leopardi sem a leveza da ironia sempre presente, sem a constatação de que a esperança, ainda que vã, é o único momento positivo da vida humana, e que o exclusivo conforto se encontra nos tesouros da imaginação e na doçura da linguagem poética. Características estas que aproximam Leopardi do espírito de seus contemporâneos que fundaram a literatura fantástica: Chamisso, Hoffmann, Arnim, Eichendorff. E, se pensarmos que os narradores fantásticos bebiam na nascente filosofia do idealismo alemão, a qual tinha como fundo a crise da crença de Rousseau na bondade da natureza e a crise da confiança de Voltaire no progresso da civilização, veremos que Leopardi nasce da mesma situação, embora sua resposta seja diversa. Portanto há um nó histórico e filosófico, comum aos românticos e ao antirromântico Leopardi, que está nas origens do fantástico moderno, o nó que ata e ao mesmo tempo contrapõe a narrativa fantástica que surge na Alemanha no início do século XIX a seu predecessor imediato: o *conte philosophique* do Século das Luzes. Assim como o conto filosófico tinha sido a expressão paradoxal da Razão iluminista, o conto fantástico nasceu como um sonho de olhos abertos do idealismo filosófico, com a declarada intenção de representar a realidade do mundo interior, subjetivo, conferindo a ele uma dignidade igual ou maior à do mundo da objetividade e dos sentidos. Também ele é conto filosófico, pois, e continua sendo até hoje, mesmo atravessando todas as mudanças da paisagem intelectual.

Detive-me neste ponto para tentar entender como é possível que, na literatura italiana, o elemento fantástico tenha minguado justamente no período em que triunfou nas outras literaturas europeias. O fantástico "negro" se impõe nas literaturas alemã, francesa, inglesa, russa, mas na Itália permanece um elemento marginal, não caracterizado por obras de relevo; por exemplo, a Itália não teve uma revisitação romântica do mundo lendário popular, como a que a Espanha teve com Gustavo Adolfo Bécquer.

E me detive sobretudo em Leopardi porque nesse grande lírico e prosador, o mais nutrido de cultura clássica e talvez por isso o mais moderno então e hoje, o Leopardi que desprezava todos os romances exceto *Dom Quixote*, existe um núcleo fantástico que entrevemos em alguns de seus diálogos, ou naquele fragmento poético que descreve um sonho em que a lua se destaca do céu e posa num prado.

ALCETA
Ouça, Melisso: vou contar-lhe um sonho
Desta noite que me retorna à mente

Ao remirar a lua. Eu estava
À janela voltada para o prado,
Olhando o alto: e eis que de repente
A lua se destaca; e pareceu-me
Que quanto mais se aproximava caindo
Mais crescia ao olhar; até que veio
A dar um golpe em meio ao prado; e era
Grande que nem um balde, e de centelhas
Vomitava uma névoa, estrilando
Tão forte como quando um carvão vivo
Entra na água e se apaga. Desse modo
A lua, como disse, em meio ao prado
Se apagava embaçando pouco a pouco,
e os relvados queimavam ao redor.
Então mirando o céu vi que restava
Como um lampejo ou rastro, como um nicho,
o ponto abandonado; de tal sorte
que fiquei frio por dentro; e ainda temo.

MELISSO
E bem deve temer, que coisa fácil
Foi a lua cair em seu relvado.

ALCETA
Será? Não vemos amiúde estrelas
Caindo no verão?

MELISSO
           Há tantos astros,
Que pouco dano é cair um ou outro
Deles, e mil restarem. Mas sozinha
está no céu a lua, que ninguém
nunca avistou cair senão em sonho.

Essa é a verdadeira semente da qual podia nascer o fantástico italiano. Porque o fantástico, contrariamente ao que se pode acreditar, requer mente lúcida, controle da razão sobre a inspiração instintiva ou inconsciente, e disciplina estilística; requer saber simultaneamente distinguir e misturar ficção e verdade, jogo e assombro, fascínio e distanciamento, ou seja, ler o mundo em múltiplos níveis e múltiplas linguagens ao mesmo tempo.

Talvez seja preciso remontar a um período mais distante da história da literatura e observar como já durante o século XVIII tinham sido explorados todos os continentes do imaginário, das *féeries* da corte do Rei Sol à tradução de Galland das *Mil e uma noites* à *gothic novel* inglesa. Na Itália as fábulas teatrais de Carlo Gozzi não assinalam um início, mas um fim: o fim da tradição do maravilhoso que por séculos tinha sido a linfa mais generosa da literatura italiana. Adoto aqui a distinção própria da crítica francesa entre o "maravilhoso", que seria o dos contos de fadas e das *Mil e uma noites*, e o "fantástico", que implica uma dimensão interior, uma vacilação entre o ver e o crer. Mas nem sempre a distinção é possível, e na Itália o termo "fantástico" tem um significado muito mais extenso, que inclui o maravilhoso, o fabuloso, o mitológico. Assim são os poemas cavaleirescos revisitados pelos poetas do Renascimento: Pulci, Boiardo, Ariosto, Tasso e o poema mitológico barroco do Cavalheiro Marino. Assim são os novelistas que deram forma literária à fábula popular: Masuccio Salernitano, Straparola e o barroco italiano de Giambattista Basile; e assim é Bandello, em cujo infindável repertório de histórias surpreendentes Shakespeare encontrou assunto para muitos de seus dramas.

Podemos dizer que o maravilhoso sempre esteve presente na tradição italiana: o livro da Antiguidade latina que nunca deixou de ser lido, nem mesmo durante a Idade Média, é *As metamorfoses* de Ovídio. Dir-se-ia que essa corrente se interrompe no século XVIII, e que tanto o classicismo quanto o romantismo italiano nasceram demasiado preocupados em se demonstrarem sérios e responsáveis para abandonar-se à fantasia.

Qual pode ter sido seu obstáculo? Uma excessiva devoção à razão? Ao contrário: talvez ela fosse pouca demais. A literatura fantástica se sustenta sempre — ou quase — sobre um desenho racional, uma construção de ideias, um pensamento levado às últimas consequências segundo sua lógica interna.

Ou o obstáculo terá sido uma preocupação moral excessivamente viva? Não, pois para quem explora a própria consciência o único meio de expressão é o dos símbolos — e é na dimensão simbólica que vive a literatura fantástica. O símbolo como imagem de uma realidade interior de outro modo não definível: a sombra perdida de Peter Schlemihl de Chamisso, naquele que talvez seja o mais belo romance fantástico jamais escrito, ou as minas de Falun na estupenda narrativa de Hoffmann, que depois foi reelaborada para o teatro por Hofmannsthal. Entretanto, foi nas páginas de escritores estrangeiros que a Itália conquistou uma nova vida fantástica. Pode-se dizer que a Itália e a Espanha tiveram uma fortuna paralela na temática literária internacional. Um dos primeiros e mais sugestivos exemplos do fantástico romântico é o *Manuscrit trouvé à Saragousse* [Manuscrito encontrado em Saragoza], escrito em francês pelo conde polonês Jan Potocki em 1805 e redescoberto há apenas um quarto de século por Roger Callois, grande connaisseur do fantástico de todos os tempos e lugares. O livro de Potocki oferece o mais completo repertório das convenções literárias que representam a Espanha como o país do exotismo misterioso e aventuroso. Essas aparições e atmosferas continuarão alimentando as obras de escritores estrangeiros até Robert Louis Stevenson, que em *Olalla* parte da mesma situação do romance de Potocki: um oficial das guerras napoleônicas que se perde entre os mistérios ibéricos, às voltas com insidiosas mulheres-vampiro.

(Será que Stevenson leu Potocki? Não sei se foram feitas pesquisas para apurá-lo. Porém, se não leu, fica ainda mais demonstrado que esse repertório de temas passara a fazer parte do imaginário coletivo.)

O mesmo se pode dizer para a Itália.

Na tradição do romance gótico, das histórias de fantasmas, do sobrenatural tenebroso, a Itália sempre foi o cenário predileto. As antigas cidades em que o passado medieval e renascentista, repleto de crimes e de mistérios, se entrelaça indissoluvelmente com a vida de todos os dias parecem feitas sob medida para sugerir aquele desdobramento da realidade que põe em movimento o mecanismo narrativo desse gênero literário. Ao menos é o que ocorre com os escritores de histórias fantásticas que mais se sentiram atraídos pela Itália, de Hoffmann a Hawthorne, de Théophile Gautier a Henry James. Mesmo antes os "romances negros" situavam seus castelos malditos numa improvável Otranto (Walpole) ou nas montanhas do Apenino (Radcliffe). Eichendorff situou *Das marmorbild* [A estátua de mármore] em Lucca; em tempos mais recentes, uma italianista muito bem documentada como Vernon Lee escrevia contos fantásticos ambientados em Urbino ou em Foligno.

Por que apenas escritores estrangeiros? Evidentemente esse efeito de desenraizamento-desdobramento age sobre quem olha nossas cidades de uma distância que as torna exóticas, ao passo que os escritores italianos do século XIX tendiam ou ao culto da história local (e então se projetavam diretamente no passado com o romance histórico), ou à realidade cotidiana dos costumes provincianos (e esse quadro de atmosfera continua dominante inclusive no século XX, nos poucos exemplos de *ghost story* de qualidade que a literatura italiana pode festejar, como os de Tommaso Landolfi e de Mario Soldati).

É sobretudo em nosso século, quando a literatura fantástica — perdida qualquer nebulosidade romântica — se afirma como lúcida construção mental, que o fantástico italiano pode nascer, e isso ocorre justamente quando a literatura italiana se reconhece especialmente na herança de Leopardi, isto é, numa desencantada, amarga e irônica limpidez do olhar.

Quando comecei minha atividade de escritor, os autores italianos então produtivos nos quais eu reconhecia uma peculiar entonação fantástica eram dois mestres da geração mais velha, Aldo Palazzeschi, poeta e narrador de extraordinária leveza em sua imaginação grotesca, e Massimo Bontempelli, de imaginação geométrica e cristalina, e sobretudo dois autores da geração intermediária, Dino Buzzati e Tommaso Landolfi. Buzzati e Landolfi eram dois escritores absolutamente opostos: Buzzati, dotado de veia fantástica nórdica e uma instintiva mestria narrativa, era um jornalista que escrevia incansavelmente seus contos para os jornais, distante dos ambientes literários e intelectuais, com resultados extraordinários quando não se deixava levar pela facilidade de seu estro; Landolfi, ao contrário, era um escritor ultrassofisticado e poliglota, maravilhoso tradutor de Leskov e de Hofmannsthal, uma espécie de último dândi aristocrático e jogador, e seus contos são refinados pastiches em torno do romantismo negro, do surrealismo e da preguiça meridional.

Mas devo dizer que meus verdadeiros mestres, depois dos clássicos italianos, foram vários escritores estrangeiros — e acho que, a partir de seu exemplo, fui levado a experimentar novas formas de literatura fantástica. Trata-se especialmente de autores do século passado, mas a eles mais tarde se juntaram os grandes escritores do século xx, e os que mais contaram para mim foram: Kafka, que nunca terminarei de explorar e ruminar; Borges, que me abre um mundo fantástico de perfeita lucidez, no qual tenho a impressão de ter habitado desde sempre, mas que não cessa de me surpreender; Samuel Beckett, que representa uma experiência limite do mundo depois do fim do mundo.

A paixão pela literatura fantástica só se impôs na Itália nos últimos dez anos, tornando-se até uma moda, e se multiplicaram as traduções de clássicos do gênero, que por muito tempo considerei uma paixão minha, pessoal, compartilhada por poucos. No ano passado, publiquei uma antologia de contos fantásticos do século xix, em dois volumes: o primeiro, dedicado sobretudo à influência de Hoffmann nas literaturas europeias; o segundo, à influência de Edgar Allan Poe. Ao mesmo tempo, minha seleção antológica busca exemplificar o que para mim são as duas grandes tendências da imaginação: o fantástico "visionário", que evoca sugestões espetaculares, e o fantástico "mental" ou "abstrato" ou "psicológico" ou "cotidiano" (cada

uma dessas qualificações ilumina um aspecto de tal tendência, que se torna predominante na segunda metade do século, para atingir seu ápice na inapreensibilidade imaterial de Henry James). Mencionarei aqui as principais passagens de meu comentário. [...]
Em minha antologia não incluí autores italianos porque, como já disse, entre nós a narrativa fantástica foi, no século passado, apenas um gênero "menor", e eu não queria apresentar meus compatriotas simplesmente por um dever de obrigação. Mas com certeza poderia ter incluído um autor italiano que figura no nível das maiores realizações da literatura fantástica internacional, com páginas como esta:

> Então uma linda Menina surgiu na janela, de cabelos turquesa e o rosto branco feito uma imagem de cera, os olhos fechados e as mãos cruzadas no peito, que, sem mover minimamente os lábios, falou com uma vozinha que parecia vir de outro mundo:
> "Nesta casa não há ninguém. Todos morreram."
> "Então abra a porta você!"
> "Eu também estou morta."
> "Morta? E então o que está fazendo na janela?"
> "Esperando o caixão que me levará embora."

Trata-se de um dos livros mais famosos da literatura italiana, um livro famoso em todo o mundo, talvez o que mais tenha influenciado meu mundo imaginário e meu estilo, porque — e acho que a maioria de meus compatriotas possa dizer o mesmo — foi o primeiro livro que li (aliás, eu já o conhecia capítulo por capítulo antes de aprender a ler): *Pinóquio*.

O centenário de *Pinóquio* (1882) foi comemorado há dois anos. O autor de *Pinóquio*, Carlo Collodi, não era certamente Hoffmann nem Poe; mas aquela casa branca na noite, com uma menina como uma estátua de cera que surge na janela, certamente teria agradado a Poe. Assim como teria agradado a Hoffmann o Homenzinho de manteiga que guia na noite um carro silencioso, de rodas forradas com estopas e trapos, puxado por doze pares de burros calçados com botinhas... Em *Pinóquio* cada presença adquire uma força visual tão forte que não pode ser esquecida: coelhos pretos que transportam um caixão; assassinos encapuzados em sacos de carvão que correm aos saltos...

Acrescentando o nome de *Pinóquio* a esta síntese de minhas predileções, que iniciei com o nome de Leopardi, sinto que saldei uma dívida de reconhecimento e que posso encerrar minha comunicação neste congresso.

*NOTURNO ITALIANO (1984)**

O erro era pensar que, para escrever contos fantásticos, primeiro seria necessário "acreditar neles": no sobrenatural, nos espíritos, na magia. A verdade é o contrário (ou quase): os românticos alemães, e antes deles os "góticos" ingleses, e depois os americanos clássicos do horror e os franceses simbolistas e "malditos" antes de tudo se divertiam em contar histórias desse gênero: queriam principalmente aplicar a esses mecanismos e efeitos sua imaginação, sua ironia, sua lógica e racionalidade, por paradoxais que fossem. Certo, eles tinham um gosto bem marcado pelo perturbador, o angustiante, o macabro, ou seja, pelos aspectos "noturnos" do imaginário popular, literário e individual; daí a disponibilidade em aceitar o misterioso sem precisar compatibilizá-lo de pronto com as causas e os efeitos; e aquele tanto de possibilismo (autêntico ou simulado) que permite suspender a descrença e o juízo realista a fim de poder perguntar-se o que aconteceria "se fosse verdade que...".

Enfim, claro que "acreditavam nisso": no fundo, no fundo, acreditavam; mas ao modo como o escritor e o poeta creem no próprio mundo poético, como Ariosto acreditava no Hipogrifo e Shakespeare em Ariel e Calibã. Enquanto os que "acreditavam" de outra maneira, como prática, como ciência, como "experiência" — os ocultistas, os iluminados, os espíritas —,

---

(*) "Benvenuti fantasmi", *La Repubblica*, 30-31 dez. 1984.

jamais puderam nem quiseram brincar sobre essas coisas, a literatura fantástica as conhece como personagens, não como autores. (Estou simplificando, sei que houve escritores que "acreditavam" em alguma medida, mas isso não desabona o sentido geral do que estou dizendo.)

O fato é que os românticos italianos do início do século XIX, tomados por seus imperativos éticos e patrióticos, faziam questão de deixar claro que não tinham nada que ver com o arsenal "noturno" e fantasmagórico do romantismo nórdico, e que o saudável espírito popular italiano repudiava a evocação de sabás de bruxas e outras superstições obscurantistas. Houve várias declarações programáticas a esse respeito, de românticos como Carlo Porta e Manzoni a antirromânticos como Leopardi e Giordani, e assim até Benedetto Croce; isso explica por que a rubrica "literatura fantástica" é tão desguarnecida em nossa história literária precisamente quanto mais vicejava em outros lugares; explica também uma das razões (não a única, certamente) pelas quais nosso Oitocentos foi tão diferente daquele de outras grandes literaturas, menos preocupadas que a nossa com a respeitabilidade pedagógica, mas bem mais estimulantes ao palato, à imaginação e ao intelecto.

Enrico Ghidetti, que com aquelas citações inicia o prefácio de sua coletânea de contos "negros" italianos, começa a encontrar textos dignos de serem antologizados somente por volta de 1870, portanto, com um atraso de cinquenta anos em relação à voga europeia e (o que é mais importante) sem que uma verdadeira originalidade diante dos modelos estrangeiros se faça notar com nitidez antes de nosso século.

Estou falando de dois volumes intitulados *Notturno italiano* [Noturno italiano], dedicados o primeiro aos contos fantásticos do século XIX e o segundo aos do século XX, publicados por Editori Riuniti (respectivamente pp. XII-345, XII-386), ambos organizados (o segundo em colaboração com Leonardo Lattarulo) por Enrico Ghidetti, que há anos vem explorando zonas recentes da literatura italiana que ficaram na sombra (a ele se devem edições de Paolo Valera, de Iginio Ugo Tarchetti, do Capuana menor). O quadro geral de uma época literária se revela não tanto por seus monumentos mais celebrados, mas especialmente pela galáxia dos menores e dos mínimos. Pesquisadores como Ghidetti, movidos por essa *pietas* (um outro era o saudoso Glauco Viazzi), têm o mérito de resgatar do apressado esquecimento vozes que talvez ainda não tivessem dito tudo o que tinham a dizer. (Quando menos como testemunhas de tendências e maneiras da época; assim encontramos nessas páginas nomes que até soam desconhecidos — ao menos para mim —, como Molineri, Giordano-Zocchi e Bazzero no século xix, e Enrico Boni e Persio Falchi no início do século xx.)

O volume dedicado ao Oitocentos nos oferece mais confirmações que surpresas. As confirmações: os mais dotados (em duas direções opostas) são os irmãos Boito — Arrigo, sempre excessivo e congestionado, e o cru e gélido Camillo; a inventiva mais promissora (mas que nem sempre se sustenta) é a de Tarchetti (como, aqui, a ideia de combater os funestos poderes de um campeão do mau-olhado recorrendo a um mau-olhado ainda mais poderoso); mas os contos fantásticos de melhor fatura e intensidade surgem tarde, já nas vésperas do nosso século, com Remigio Zena (*Confessione postuma* [Confissão póstuma], mas lembraria ainda *La cavalcata* [A cavalgada]). E mais: a rara qualidade de uma escrita cheia de inventividade, excentricidade e divertimento se encontra em Faldella (que, porém, conta histórias pouco interessantes) e em Imbriani (aqui representado pelo que foi definido de "pornofábula", ou seja, uma diversa acepção do fantástico, embora sempre "transgressiva": o maravilhoso popular revisitado pelo jogo literário).

Quando autores mais festejados como Giovanni Verga ou Matilde Serao fazem incursões no fantástico, os resultados não são dos melhores; um pouco melhor, porque de poucas pretensões, o vampirismo burguês de Capuana; quanto a Fogazzaro, está irreconhecível no gosto pseudo-Renascimento da fábula veneziana *Màlgari*, mas não sem alguns momentos de graça, como quando os reflexos do mar se tornam cabeças e mãos de nereidas.

As surpresas: Roberto Sacchetti e Federico De Roberto. *Da uno spiraglio* [Por uma fresta], de Sacchetti, se passa no vale de Gressoney, onde se fala um dialeto alemão, e talvez daí parta a corrente de sugestão nórdica da narrativa, em que uma jovem cega e sensitiva se move entre despenhadeiros como uma sonâmbula. Já o texto de De Roberto, mais que uma novela, é uma finíssima meditação sobre a impossibilidade de as palavras expressarem a linguagem silenciosa do pensamento, sobre a inefabilidade do monólogo interior; a única expressão possível dos sentimentos se encontra na música, na voz do órgão.

No segundo volume da coletânea se vê quanto mais rica, desenvolta e original é a literatura italiana do Novecentos comparada à do século precedente. Estatisticamente, contra 21 autores "noturnos" que Ghidetti arrola no Oitocentos (e eu diria que não falta nenhum, exceto talvez Emilio De Marchi), o volume dedicado ao século xx acolhe 36, e ainda poderiam ser acrescentados muitos mais. O resultado é a imagem de uma literatura italiana *outra*, que pode coexistir com a imagem mais estabelecida, isto é, aquela em que predominam a realidade ambiente, a memória, o sentimento da existência (não poucos autores estão na passagem entre uma e outra).

No fantástico contemporâneo, a aposta na imaginação, na invenção formal e conceitual é explícita; o problema do "crer ou não crer" já nem se coloca. Ou, melhor dizendo, há um tipo de narrativa que poderíamos chamar de "fantástico cotidiano", difuso em área anglo-saxã, mas quase ausente entre nós, em que tudo o que ocorre faz parte da realidade habitual, e o sobrenatural consiste apenas numa conexão ou desconexão misteriosa que se delineia entre os fatos de todos os dias: ali, o "crer ou não crer" é uma fresta vertiginosa que se abre por um instante. Pode-se dizer que esse tipo de narrativa tem somente um cultor na Itália: o Mario Soldati de *Storie di spettri* [Histórias de espectros] (1962), que com garbo e equilíbrio notáveis restabelece uma continuidade entre o "noturno" do final do século xix e o da segunda metade do século xx.

Começando a ler desde o início os textos ordenados cronologicamente, e querendo assinalar o momento em que a narrativa fantástica italiana se destaca dos modelos oitocentistas e se torna outra coisa (ou cem outras coisas), poderíamos indicar o ano de 1907, data do *Pilota cieco* [Piloto cego] de Giovanni Papini — aquele Papini juvenil tão apreciado por Borges, que a partir dele começou a escrever, um autor da exatidão e da negatividade, muito diferente do Papini que conhecemos depois.

Para alguns dos principais representantes do fantástico do século xx (em escala mundial, não apenas italiana), como Savinio, Buzzati, Landolfi, a seleção de *Notturno italiano* se atém aos contos mais famosos e já canônicos: "Casa 'La Vita'" [Casa "A Vida"], "Sette piani" [Sete andares] e "La moglie di Gogol" [A mulher de Gógol], respectivamente. Gostei muito da escolha de "Ritratto della regina" [Retrato da rainha] de Aldo Palazzeschi, deliciosa fantasia de um Palazzeschi apaixonado por um peixe voluptuosamente feminino. Além disso, dois nomes despertam a vontade de buscar mais uma vez na memória e na biblioteca: Arturo Loria, que mereceria ser reavaliado como um mestre do conto italiano por sua atmosfera e intensidade psicológica; e Nicola Lisi, cujos encantos suspensos me deixam uma grata lembrança.

E não faltam as surpresas. Beniamino Joppolo escreveu em 1937 um conto breve em que o segredo de uma respeitável família de hoje é que mantém em casa um tio macaco (a evolução biológica daquela família funcionou tardiamente, mas com grande velocidade); o sobrinho tenta escondê-lo da esposa, que no entanto acha o caso cientificamente interessante e promissor. O curioso é que eu, desconhecendo esse texto, 27 anos mais tarde escrevi um conto que, apesar de muito diferente, tem exatamente o mesmo esquema: na era carbonífera, uma família de animais terrestres tem um tio que permaneceu peixe; o sobrinho gostaria de escondê-lo da namorada, que, ao contrário, se fascina por ele. O que prova que as estruturas narrativas existem por conta própria como figuras geométricas ou ideias platônicas ou arquétipos abstratos, impondo-se à imaginação individual de cada autor. Cabe notar que nenhum crítico (que eu lembre) descobriu essa analogia, e isso mostra que não há literatura menos conhecida que a italiana.

O volume contém duas pérolas. Há um conto de Giorgio Vigolo, perfeita elaboração moderna de temas do romantismo "negro", em que uma cidade desconhecida, metafísica e onírica se descerra numa brecha do espaço e do tempo atrás de um palácio romano situado nas bandas do Campo de Fiori. Como inovação absoluta de uma "magia branca" toda mental e geométrica sobressai um conto de Bontempelli, "Quasi d'amore" [Quase de amor]. O enredo se passa num hotel tipo "Marienbad", mais precisamente na vidraça em que as sombras do jardim no escuro se misturam aos reflexos da sala de jantar iluminada: a hipótese de um espaço *outro*, onde o contato entre reflexos do interior e sombras do exterior se torna tangível, é vertiginosamente realizada por um beijo roubado à distância. Texto extraordinário: poucas páginas de impecável estilização art déco e sutil perícia em tirar partido desse lábil encontro de dentro e fora, transparência e opacidade na superfície do vidro. (Pensando bem, uma metáfora da literatura e, quem sabe, da própria essência de... de quê? Sei lá!)

É possível encontrar nos contos selecionados por Ghidetti e Lattarulo um elemento que caracterize o fantástico italiano ou ao menos uma tendência privilegiada, uma temática recorrente? Eis que dois autores muito diferentes — aliás, opostos — como F. T. Marinetti e Tomasi di Lampedusa narraram, cada qual a seu modo, os amores de um homem contemporâneo com uma sereia: uma sereia clássica, metade mulher e metade peixe. Lampedusa a faz emergir ao encontro de um professor de grego no mar da Sicília; Marinetti a cria ele mesmo, por vontade viril e mediterrânea, tomando banhos em Capri.

Recordando que o mesmo tema também figurava num conto "atípico" de Soldati, "Il caso Motta" [O caso Motta], e lendo aqui a "Alcina" de Guido Gozzano, no qual em meio aos templos de Agrigento uma arqueóloga inglesa e corcunda se transforma em ninfa, caberia indicar esse núcleo mítico, com todas as suas possíveis variantes, como o mais dotado de força

215

genética. E talvez seja mesmo assim: a evocação moderna dos mitos clássicos, entre irônica e fascinada — difícil operação que vários autores europeus tentaram, aproveitando-se da distância entre o imaginário nórdico e o greco-latino —, é abordada pelos escritores italianos com a naturalidade e a desenvoltura de quem está na própria casa. Penso sobretudo em Savinio, cuja extrema intimidade com a mitologia — respaldada pela infância passada na Grécia — jamais é irreverência paródica, mas identificação com suas perpétuas transformações polimórficas. E penso também que, nessa mesma linha, se situa perfeitamente o esplêndido conto sobre os centauros que encerra *Notturno italiano*, de Primo Levi, escritor de formação bastante diversa daquela de Savinio.

Em suma, *As metamorfoses* seguem sua vida metamórfica na literatura de hoje. Refiro-me ao livro de Ovídio, fonte principal da literatura italiana durante muitos séculos; e também me refiro ao livro de Apuleio, romance fundador, que não por acaso inspirou Savinio e não por acaso foi traduzido por Bontempelli.

CIÊNCIA, HISTÓRIA, ANTROPOLOGIA

*A FLORESTA GENEALÓGICA (1976)**

No "Caderno" precedente, depois de ter visto no México uma gigantesca árvore de forma muito irregular e, em seguida, um relevo de estuque barroco numa igreja representando uma árvore com figuras penduradas nos galhos, o senhor Palomar começou a refletir sobre a forma das árvores na natureza e na cultura, e na simbologia das árvores genealógicas.

Seguindo o fio dessas divagações, recordou-se da árvore genealógica mais regular possível, idealizada por uma escritora e um designer italianos, segundo um esquema que, partindo de um indivíduo de hoje, remonta aos dois pais, aos quatro pais dos pais, aos dezesseis pais daqueles quatro e assim por diante, sem levar em conta irmãos e irmãs, apenas os ascendentes diretos. Visto que cada um teve um pai e uma mãe (e os pais "desconhecidos" também devem figurar numa genealogia desse tipo), o resultado será uma figura vagamente triangular cuja forma tem pouco a ver com uma árvore, já que, a partir de um vértice puntiforme, se alarga em leque.

Com um esquema desse gênero, bastaria preencher cada lacuna com nomes, sobrenomes, datas e nomes de lugares para obter um romance — um romance não escrito (salvo nesses dados que poderíamos chamar de materiais auxiliares da narra-

---

(*) *Corriere della Sera*, 16 jul. 1976 (precedido de "Gli dei indios che parlano della pietra", depois incluído em *Palomar*).

tiva tradicional, mas que já são difíceis de se reunir — e de fato quase ninguém tenta mais isso), mas todo implícito nas situações que sugere: um romance "conceitual".

É o que fez Carla Vasio em *Romanzo storico* [Romance histórico], lançado no ano passado por Milano Libri, um dos mais extraordinários livros italianos dos últimos anos. Digo livro, mas na verdade se trata de uma única folha dobrada e encadernada que, segundo um esquema concebido pelo designer Enzo Mari (ponto de chegada de uma série de tentativas de uma possível árvore genealógica universal), contém nome, sobrenome, profissão, local e data de nascimento e morte de 511 personagens que representam nove gerações, remontando até fins do século XVIII: os antepassados mais próximos de qualquer menino milanês nascido em 1974.

O "romance" consiste apenas nesses dados essenciais, mas o que não lhe falta é matéria romanesca, aliás, enriquecida por uma minuciosa acumulação de dados históricos. Aqueles dados crus são suficientes para remontar de pais a pais e imaginar como eles viveram, como se encontraram, como morreram. (Para as mortes violentas, informa-se a causa: mordida de cobra para um agricultor do Tirol; punhalada em Marselha para um contrabandista.)

A genealogia das famílias comuns é bem mais movimentada e pitoresca do que a das famílias reais, principalmente uma genealogia como esta, em que a imaginação (sempre historicamente verossímil) da autora pode recuar através de numerosas filiações ilegítimas. Assim como em toda história familiar, neste mapa genealógico também há zonas estáticas, repetitivas (uma família de entalhadores de madeira de Ortisei que por cinco gerações desempenha o mesmo ofício; uma ramificação de famílias sardas que por várias gerações não sai da ilha, mas com vidas e mortes bastante movimentadas), saltos inesperados de um mundo recluso de matrimônios interioranos a ascendências completamente diferentes (por meio do encontro de uma camponesa com um forasteiro de passagem, um soldado napoleônico, um cigano), cortes verticais de uma sociedade articulados por filiações ilegítimas (marinheiros napolitanos, oficiais bourbônicos, uma dinastia de tabeliães), e zonas mais agitadas, em que de uma geração a outra se passa em revista, aqui, um mostruário de situações sociais de romance francês oitocentista, ali, um condensado de história hispânica (para entrelaçar-se com o mundo islâmico numa ramificação extrema), e amalgamar os elementos do caldeirão mediterrâneo.

Atravessando outro caldeirão de culturas, que se pôs a ferver há quase quinhentos anos com o desembarque dos soldados espanhóis da Conquista na costa do México, o senhor Palomar recorda o esquema daquele sintético *Romanzo storico* (no qual se fundem duas atitudes fundamentais da mente italiana: o sentido da história densa e estratificada, e a essencialidade e funcionalidade do desenho, na incessante intenção de conceituar e finalizar o vivido).

É noite. Ele está sentado sob os pórticos do *zócalo* de Oaxaca, a pracinha que é o coração de toda velha cidade colonial, verde de árvores baixas e bem podadas que se chamam *almendros*, mas que não têm nada a ver com a amendoeira. A banda vestida de preto toca no quiosque art nouveau. As bandeiras e os cartazes saúdam o candidato oficial às eleições. As famílias do lugar passeiam. Os hippies americanos aguardam a velha que fornece o *mezcal*. Os vendedores ambulantes e maltrapilhos desdobram seus panos coloridos.

Quando por um momento lhe parece que um lugar recolhe todos os elementos da questão, o senhor Palomar experimenta uma sensação de alívio, como se, partindo de um quadro de algum modo simplificado ou mais absoluto, conseguisse repensar tudo em ordem. Mas é uma sensação que dura pouco: logo a meada recomeça a embaraçar-se.

OS MODELOS COSMOLÓGICOS (1976)*

A irreversibilidade do tempo tem dois aspectos. Um deles se manifesta em todos os processos — sejam eles biológicos, geológicos, astronômicos — que implicam uma passagem de estados mais simples e uniformes a estados mais complexos e diferenciados: aqui a "flecha do tempo" indica um crescimento de ordem, de informação. O outro aspecto é o da solvência do torrão de açúcar no café, da volatilização do perfume fora do frasco aberto, da degradação de energia em calor: aqui a "flecha do tempo" assinala o sentido oposto — o do crescimento da desordem, da entropia, da dissolução do universo num pulvísculo sem forma.

Mas nem uma flecha nem outra, nem o tempo "histórico" nem o tempo "termodinâmico", são observáveis em nível microscópico: o percurso de uma única molécula não comporta nem informação nem entropia, e poderia desenvolver-se perfeitamente ao revés, como um filme rodado ao contrário, sem que nenhuma lei da física seja perturbada. O tempo das moléculas e dos átomos é simétrico e reversível.

Para resolver a contradição entre as duas flechas do tempo macroscópico e a ausência de flechas do tempo microscópico, um astrônomo de Harvard, David Layzer, num artigo publicado

(*) "Ultime notizie sul tempo. Collezionista d'universi", *Corriere della Sera*, 23 jan. 1976.

na *Scientific American* de dezembro, propõe um novo modelo cosmogônico. Trata-se de uma variante "fria", digamos assim, da clássica teoria do "Big Bang", da explosão inicial. A diferença é que aqui, como condição de partida, não é mais necessário imaginar uma extrema concentração de toda a matéria do universo em um ponto, pois a hipótese é que o universo em seus primórdios fosse desprovido de qualquer estrutura (e informação) e de qualquer desordem (ou entropia): um universo gélido, cristalizado numa liga de hidrogênio metálico e hélio.

É nessa fase inicial do universo que se decidem as propriedades do tempo, ou melhor, nos primeiros quinze minutos (quinze minutos bastante especiais, antes de qualquer relógio ou sistema solar), por efeito da expansão (aqui não explicada, mas aceita como dado de fato). Ao se expandir, o universo se desintegra em fragmentos de dimensões planetárias que se movem ao acaso, como moléculas de gás, e assim terminam por agregar-se em grupos, dos quais se formarão as estrelas, as galáxias e os complexos de galáxias que hoje podemos observar. O tempo irreversível começa no momento em que um primeiro início de ordem e um primeiro início de desordem se produzem simultaneamente no universo, e a partir desse momento ambos não param de crescer. O universo começa a construir-se e destruir-se no mesmo instante, e assim continua e continuará: sem jamais desfazer-se completamente. E esta é certamente uma bela vantagem em relação a outros modelos de universo, que não conseguem esconjurar a inevitabilidade da morte cósmica.

Mas como isso é possível se uma lei fundamental diz que o crescimento da entropia implica o decrescimento da informação, e vice-versa?

Não, explica Layzer, a velocidade de expansão, altíssima no início, entra em relação com as mudanças de densidade e de temperatura, e os dados do sistema mudam continuamente. O tempo "cosmológico" (ou da expansão espacial), o tempo "histórico" (ou da construção de formas macroscópicas) e o tempo "termodinâmico" (ou da degradação do universo em um vagar aleatório de partículas) são três flechas que avançam paralelas, mas segundo ritmos diversos, e se condicionam reciprocamente. (Deste modo Layzer, partidário do "Big Bang", alcança a equilibrada e harmônica estabilidade da principal teoria concorrente, a do "estado estacionário".)

E o tempo microscópico? Grande parte do artigo é dedicada às tentativas de passar da informação macroscópica (com o que ela comporta de previsibilidade, determinação, direção do tempo) à informação microscópica, isto é, dos movimentos das moléculas, dos átomos, das partículas.

Se teoricamente se pode conceber a possibilidade de estabelecer toda a informação microscópica de um sistema fechado, na prática sabemos que os sistemas fechados não existem, que o resto do universo não cessa de interferir, mesmo no contêiner mais blindado. Então seria preciso considerar o universo inteiro como um sistema finito e fechado, do qual se possa conceber, ao menos em princípio, uma completa descrição microscópica.

A flecha do tempo se tornaria, portanto, uma convenção arbitrária? Passado e futuro se tornariam intercambiáveis? Não: o universo pode ser infinito ou finito, pouco importa; o que é certo é que é ilimitado, ou seja, não fechado, ou seja, aberto em cada ponto e em cada direção a todo o resto de si mesmo. A informação só pode ser macroscópica, nunca microscópica. E essa ordem estruturada em suas grandes linhas — que corpos celestes, vida biológica e consciência trabalham incessantemente para produzir — apoia seus fundamentos sobre um desmoronamento impalpável e imprevisível de ocorrências microscópicas. Se o futuro do universo parece menos precário do que se poderia prever, nem por isso se torna mais cognoscível. Layzer conclui: "Nem o computador absoluto — o próprio universo — contém toda a informação necessária para definir exaustivamente seu futuro".

O senhor Palomar coleciona modelos cosmológicos. Lê e relê o novo artigo, faz um resumo escrito para se assegurar de ter apreendido seus pontos essenciais e depois o arquiva em sua coleção, onde tantos outros universos estão alinhados um ao lado do outro, como borboletas na ponta de um alfinete.

Não pretende se pronunciar sobre a maior ou menor confiabilidade de uma ou outra hipótese, nem se arrisca a manifestar preferências. Seja como forem as coisas, do universo ele não espera nada de bom. É por isso que sente a necessidade de mantê-lo sob a vista.

No geral, é mais sensível às sugestões das imagens plásticas que às implicações filosóficas. De toda essa demonstração, o que lhe ficou mais impresso é um desenho que ilustra uma digressão acessória: trata-se de uma série de quatro representações da probabilidade em várias fases da evolução de um sistema no tempo.

No primeiro desenho, a probabilidade é representada como uma pequena esfera em meio a um grande cubo; no segundo, a esfera lançou para fora chifres de caramujo ou ramos de uma vegetação coralina; no terceiro, a esfera ocupa grande parte do cubo, mas na realidade nunca aumentou de volume: expandiu-se como um arbusto de ramificações cada vez mais complicadas e sutis.

O senhor Palomar decide iniciar outra coleção: de imagens que, sem saber por quê, o atraem e que poderiam significar muitas coisas.

MONTEZUMA E CORTÉS (1976)*

Nos jardins do antigo palácio imperial do México, dois personagens suntuosamente vestidos estão concentrados num jogo de bocha. Um dos jogadores é o imperador dos astecas, Motecuhzoma segundo (o nome será simplificado pelos europeus para Moctezuma ou Montezuma), o outro é Hernán Cortés, o capitão espanhol que conquistou o México. Calculam com atenção o lançamento das pequenas esferas de ouro; a aposta é um punhado de joias, uma aposta de nada naquela cidade transbordante de ouro e de pedras preciosas. Mas, se os jogadores se apaixonam pela partida, é porque o jogo representa a verdadeira relação entre eles, a grande partida em aberto desde o dia do desembarque espanhol nas praias do que mais tarde será Veracruz. Uma partida com uma aposta imensa: para os mexicanos, o fim do mundo (não sabem ainda, mas já pressentem); para os espanhóis, o início de uma nova era (tampouco o sabem ainda, mas sabem que sua sorte pessoal está em jogo: como conquistadores triunfantes ou como aventureiros fracassados — ou, pior ainda, como vítimas degoladas pelas facas de obsidiana no altar do deus Huitzilopochtli).

Na grande partida os espanhóis estão em vantagem (o imperador Montezuma é refém de seu hóspede estrangeiro), e

(*) "Montezuma e Cortés", em C. A. Burland, *Montezuma signore degli Aztechi*. Turim: Einaudi, 1976, pp. XIII-XXII. Antecipado em *Corriere della Sera*, 14-21 abr. 1974.

o sucesso final já é dado por certo (mas ainda não se pode saber: os espanhóis afundaram os navios que traziam, estão sós, quatrocentos homens isolados num continente desconhecido e hostil); no entanto as regras do jogo vão se estabelecendo pouco a pouco. Um séquito de dignitários de ambos os campos assiste aos lances dos dois jogadores: graves e impassíveis os mexicanos, sempre prontos à algazarra os espanhóis. Quem marca os pontos de Montezuma é seu sobrinho, um capitão; os de Cortés, seu braço direito, Pedro de Alvarado. Alvarado é um fidalgo como tantos que seguiram Cortés na grande aventura, mas também é um temível soldado, assim como todo o resto do grupo, não importa se de nascimento nobre ou plebeu; sua segurança e sua nobre postura logo o tornaram famoso na corte de Montezuma, a ponto de merecer a alcunha de Deus do Sol, Tonatiuh. O imperador está de olhos bem abertos e percebe que Alvarado marca pontos para Cortés mesmo quando ele perde. Montezuma se queixa com Cortés: "Diga a Tonatiuh que não trapaceie!". E o coro da soldadesca urra e debocha diante dos consternados príncipes mexicanos.

Uma pergunta não cessa de torturar Montezuma desde que os espanhóis entraram em seus territórios: esses estrangeiros são os deuses da profecia? A mitologia asteca fala de um deus destronado, Quetzalcóatl, exilado para além do oceano; quando o deus exilado regressar, será o fim do império mexicano e de seus deuses, o início de uma nova era. Se os brancos forem os filhos de Quetzalcóatl retornados do Ocidente, então será inútil resistir a eles. Ora, os brancos demonstram poderes terríveis e admiráveis, comandam o trovão e os raios (as armas de fogo), mas ao mesmo tempo exibem uma rudeza ávida e sem compostura: as primeiras qualidades são reconhecíveis como divinas, as segundas bastariam para revelá-los como seres humanos. Em torno dessa dúvida se concentram todas as incertezas de Montezuma.

Um gigantesco marinheiro espanhol, que à noite monta guarda para o prisioneiro imperial, emite rumores desagradáveis. Montezuma manda chamá-lo e pede que pare de fazer aquilo, em respeito à sua pessoa; e o dispensa presenteando-lhe um objeto de ouro. Na noite seguinte o marinheiro repete os rumores esperando obter outro presente. Assim são os espanhóis: bem diferentes de deuses! Todavia esses contrastes surpreendentes tornam os estrangeiros ainda mais misteriosos: as qualidades negativas poderiam ser sinais da arbitrariedade que rege o comportamento divino. Quanto mais os espanhóis cometem baixezas, mais excelsa poderia ser sua origem. Para Montezuma, a grande partida em jogo está ligada a uma aposta na natureza divina dos invasores de seu reino.

Fossem deuses ou homens, o certo é que Montezuma errou seus movimentos com eles desde o início: quis ao mesmo tempo mantê-los distantes e conquistar sua simpatia; por meio de seus embaixadores, aconselhou-os a não irem encontrá-lo, revelando assim seu temor, mas lhes enviou presentes preciosos, que abriram aos olhos dos brancos a primeira fresta sobre os tesouros do Novo Mundo, excitando sua cupidez; depois tentou aniquilá-los armando uma emboscada na cidade de Cholula, o que resultou no massacre dos aliados cholulanos e num medo ainda maior da população local pelos brancos. Não tendo conseguido nem mantê-los distantes, nem submetê-los, Montezuma finalmente decidiu acolher os espanhóis como hóspedes — estranha hospitalidade, dominada por um sentimento de insegurança de ambas as partes —, até que os hóspedes, a fim de esclarecer a situação, sequestraram o dono da casa como refém.

Por seu turno, Cortés conseguiu dar duas cartadas simultâneas com absoluta desenvoltura e audácia: a de defensor das populações oprimidas por Montezuma e a de apoiador da soberania de Montezuma. Numa de suas primeiras incursões no continente, em Cempoala, a fim de se aliar às tribos dos totonacas, sufocados pelas taxas cobradas pelos mexicanos, Cortés captura e maltrata os arrecadadores de Montezuma; à noite liberta dois deles, os enche de gentilezas e os manda de volta a seu soberano com propostas de paz. Com os tlaxcaltecas, tradicionais inimigos dos mexicanos, após derrotá-los numa batalha sangrenta, força-os à rendição e à aliança, mas as tratativas ocorrem na presença dos embaixadores que Montezuma decidira enviar para apaziguar Cortés e convencê-lo a desistir da marcha sobre o México. Cortés parece fazer de tudo para atrair a suspeita de todos: como pode propor uma aliança a uns enquanto negocia com outros? É o que tanto os tlaxcaltecas quanto os mexicanos lhe dirão. No entanto esse duplo jogo conduzido à luz do sol se torna um sinal de força: os tlaxcaltecas o seguirão como fiéis aliados até o fim, e Montezuma lhe abrirá as portas de sua cidade, mesmo ele se apresentando com as forças dos tlaxcaltecas em seu séquito. E, quando Cortés o aprisiona de surpresa, Montezuma se adapta à condição de refém, porque vê no próprio encarceramento uma confirmação de seu poder periclitante: sabe que serve a Cortés como imperador, na plenitude de sua dignidade e autoridade.

Uma estranha relação se instaura entre o espanhol e Montezuma. Cortés se mostra cheio de desvelo com o monarca, tenta dissipar a tristeza de sua prisão, o consola, o diverte. De sua parte, Montezuma ostenta uma atitude magnânima e generosa, inclusive com seus carcereiros. As joias que ganha de Cortés nas partidas de bocha, as distribui entre os soldados espanhóis que lhe fazem guarda — os quais logo se agitam e arrancam das mãos as preciosidades. Cortés também presenteia seus troféus aos sobrinhos de Montezuma, mas trapaceia na contagem dos pontos. Os espanhóis são em parte grandes aristocratas, em parte mesquinhos: querem sempre algo a mais do que lhes é dado. Todo ouro e rubis que circulam por ali são afinal de contas coisa de Montezuma, até mesmo os presentes ofertados por Cortés: provêm seja dos mimos do imperador asteca, seja do saqueio de cidades de seu império. Mas parece que Montezuma não tem nada a objetar a isso: é ao doar que ele confirma a própria majestade. Talvez ele tivesse preferido que os espanhóis, a começar por Cortés, fossem um pouco menos ávidos em pedir presentes, em extorquir seus tesouros, e um pouco menos briguentos ao dividir o butim entre si; mas mesmo aqui o mexicano sente uma razão de sua superioridade, a grandeza da renúncia que os estrangeiros não conhecem e que ele saboreia a cada dia. Mas aonde se chega seguindo por essa estrada? O imperador está prestes a admitir que a verdadeira superioridade consiste na derrota?

A outra estrada seria a da resistência. Mas seria necessário que os mexicanos se insurgissem para libertar o soberano prisioneiro. Ora, quem quer que libertasse Montezuma das mãos dos espanhóis estabeleceria uma vantagem sobre ele. O sobrinho Cacama está tramando um complô para libertá-lo; Montezuma compreende que, se seu sobrinho tiver sucesso, se tornará imperador do México em seu lugar. O poder tem essa lógica: tão logo se descobre fraco, necessita de um poder mais forte para sustentar-se. Por isso Montezuma, como prisioneiro, sufoca a revolta do livre Cacama, ou seja, empresta sua autoridade imperial a Cortés para que ele abata com sua mão de ferro os insurgentes antiespanhóis. Tem a ilusão de que ainda exerce sua soberania ou já sabe que é apenas um instrumento de Cortés? Não contente com o serviço que lhe foi prestado, Cortés imediatamente cobra sua paga: um tributo para o imperador Carlos v. Montezuma só pode esperar uma salvação vinda dos deuses. Mas os deuses lhe deram as costas.

Não, nem todos os lances foram feitos ainda: uma notícia chega à cidade do México, um grande golpe de cena não só para Cortés, que já esperava por isso, mas também para Montezuma, que não para de ser surpreendido pelos brancos. Acabou de desembarcar um poderoso exército espanhol sob o comando de Pánfilo de Narvaéz, enviado para capturar e desarmar Cortés por ordem do imperador Carlos v. Subitamente o rei prisioneiro compreende que Cortés é apenas um elemento numa realidade muito mais complexa, na qual, em vez de investido de uma autoridade transcendente, pode revelar-se um aventureiro fora da lei. A máquina de poder dos brancos é tão complicada e instável quanto a do império asteca, e pode sofrer uma reviravolta a qualquer momento. Enquanto Cortés prepara seu exército para o confronto com Narvaéz, Montezuma trama um duplo jogo cauteloso com os recém-chegados, de quem espera a libertação. Mas Cortés é um hábil estrategista tanto no campo de batalha quanto nos conflitos de competência da burocracia colonial espanhola: consegue subjugar Narvaéz e vai à desforra com Montezuma, acusando-o publicamente de deslealdade. A ficção de uma aliança entre eles se desfez.

Assim como se desfez a ilusão de submeter pacificamente os astecas à dominação espanhola: eclode no México a insurreição que há tempos fervia sob as cinzas. Cortés a sufocará com o massacre da população e a destruição da suntuosa capital. Quando os destinos ainda estão incertos, Cortés tenta uma última vez desfrutar aquele pouco de autoridade que resta a Montezuma: manda-o pregar a paz diante da multidão enfurecida. A multidão responde a pedradas, e Montezuma cai morto.

Se Montezuma, diferentemente de tantos outros vencidos cujos vestígios foram apagados pela história, nos parece um personagem inteiriço, com sua angústia hamletiana, o mérito é da minuciosa crônica da conquista do México que um soldado de Cortés nos deixou: Bernal Díaz del Castillo. Caso raro na história, uma das mais extraordinárias aventuras humanas encontrou uma testemunha ocular capaz de narrá-la dia a dia com grande riqueza de detalhes e — na medida em que era possível a um soldado de uma das partes em causa — com objetividade. Bernal Díaz relata os fatos tal como os presenciou, apenas os fatos; mas os fatos narrados evocam estados de espírito, tensões interiores, e é sobretudo por nos restituir a atmosfera de dúvida que tudo permeia que a *Historia de la Conquista de Nueva España* [História da Conquista da Nova Espanha] é um grande livro. Essa dúvida universal domina tanto Montezuma, diante da misteriosa superioridade dos estrangeiros que comandam "a raio e trovão", quanto os próprios espanhóis, que não conseguem afugentar a suspeita de que são eles os verdadeiros assediados, e dormem vestidos com todas as armas no corpo, sem tirar os gorjais e os coxotes. "Tanto me habituei a eles que mesmo agora, depois da Conquista", escreve Díaz, "durmo vestido e, após um breve sono, preciso levantar-me no meio da noite para olhar o céu, as estrelas e passear um pouco ao sereno."

No primeiro encontro com Cortés descrito por Bernal Díaz, Montezuma, coruscante de joias, desce da liteira conduzida por quatro dignitários e avança sob um baldaquim de plumas verdes rumo aos espanhóis, todos vestindo armaduras. Para os conquistadores a autoridade está toda em imagens de força, ao passo que o soberano asteca revela sua majestade com os sinais de uma extrema fragilidade. Desde as primeiras conversas com Cortés, Montezuma faz questão de não ostentar nenhuma solenidade: ri, se deixa levar por uma branda autoironia, minimiza suas riquezas, debocha dos que o consideram um deus. Desse modo, parece querer estender também sobre os espanhóis o manto de uma influência redutora.

Quando Cortés, hóspede no México havia quatro dias, visita a pirâmide de Huitzilopochtli, Montezuma já o espera no topo, certamente após ter sido carregado até ali, e manda oito dignitários a Cortés para que o ajudem na escalada. Cortés os dispensa e devora os degraus num salto, sem perder o fôlego. "O senhor deve estar cansado", lhe diz Montezuma, acolhendo-o entre os altares sacrificiais. "Os espanhóis não se cansam nunca", rebate aquele exemplo de uma eficiência que continuará sendo o supremo valor do Ocidente. Plácido, o imperador toma o soldado pela mão e o leva até a borda do terraço, para contemplar a grandeza da cidade sobre o lago. A harmonia dura pouco: Cortés não demora a mostrar sua indignação diante dos rituais sanguinários prestados aos ídolos. Montezuma responde ofendido, com o tom consternado e deprimido de seus momentos sombrios.

O humor de Montezuma é instável, oscila entre os extremos. Mesmo quando já é prisioneiro, frequentemente ele ri e brinca com suas concubinas e seus funcionários, comendo as iguarias favoritas, feitas à base de pimentão vermelho. Das novidades introduzidas pelos espanhóis, o que mais o diverte são os barcos a vela que Cortés mandou construir para navegar no lago. Bernal Díaz descreve um dia feliz em que Cortés concede ao prisioneiro atravessar o lago num bergantim com bom vento, uma caçada nos bosques da margem oposta e uma salva de artilharia durante o retorno, que enchem o monarca de alegria. Por um momento, nessa história tenebrosa, a opressão parece apenas uma fenda em um mundo pacificado, e logo a hilaridade reconquista Montezuma. O imperador é um homem maduro, certamente mais velho que os 35 anos de Cortés, e se ele nos parece uma criança se comparado ao adversário é talvez por causa de nosso velho critério de comparação entre as culturas "primitivas" e a Europa; na realidade, em cada gesto seu há uma gravidade e uma ponderação que contrastam com essa imagem infantil.

Por intermédio de Díaz del Castillo e de outros historiadores que vieram depois, chegando até famosos divulgadores como Prescott, Montezuma entra em nossa história visto por olhos europeus; porém, já no século XVI, um bom número de fontes pictóricas e depois escritas nos fornece a crônica da conquista vista pelo ângulo dos conquistados. A curiosidade por essa diferença absoluta que cada um dos dois povos representava para o outro domina seus relatos. E quanto maior é a diferença, mais se tenta forçar o desconhecido dentro de limites conhecidos, ou pelo menos dentro de categorias da própria cultura, como os poemas cavaleirescos para os espanhóis e, para os mexicanos, suas profecias mitológicas.

Obra de um importante estudioso inglês da antiguidade asteca, C. A. Burland, esta biografia de Montezuma se baseia sobretudo em fontes indígenas em tudo o que a arqueologia e a antropologia nos revelaram até hoje sobre os antigos mexicanos. Em outros termos, uma biografia segundo a própria ótica do personagem biografado. De fato, dois terços do livro são dedicados à vida de Montezuma antes da chegada das "casas flutuantes" de onde desembarcariam os misteriosos estrangeiros vestidos de "pedra cinza" (ferro), montados em "cervos sem chifres" (cavalos), capazes de comandar o raio e o trovão. Essa parte reconstrói sua formação de grande sacerdote-astrólogo e de guerreiro, o papel que ele teve na criação do ávido e opressivo império asteca e no crescimento da capital (Tenochtitlán ou "Cactus Rock", como traduz Burland), e a carreira eclesiástico-político-militar, que o levou a ser eleito ao poder mais alto (embora não absoluto) de Porta-voz do Conselho dos Quatro. (Assim se traduz exatamente o cargo que os espanhóis identificaram com o de imperador.)

Burland dedica apenas dois densos capítulos ao trágico precipitar dos acontecimentos, que mereceu tanta tinta por parte dos historiadores da Conquista, mas as contradições do comportamento de Montezuma são em boa parte explicadas pelo código (mitológico e ético) sob o qual o soberano asteca viveu aquela terrível crise. Uma inesperada invasão de seres incompreensíveis quanto ao comportamento e a linguagem é, para Montezuma, a manifestação exterior de uma batalha entre deuses: Huitzilopochtli, o Colibri Azul, patrono dos astecas, e Quetzalcóatl, a Serpente Emplumada, o deus exilado do México que voltaria do Ocidente, segundo a profecia, para retomar seu posto, destronizando os outros deuses.

Tudo isso é sabido; era, aliás, conhecido pelo próprio Cortés, que tentou jogar quanto pôde sobre sua identificação com um deus ou um enviado do deus. (Sua amante, intérprete e habilíssima conselheira mexicana, doña Marina, desempenhou — segundo Burland — um grande papel nessa encenação.) Mas Burland ressalta que a batalha entre os deuses ocorria em primeiro lugar no espírito de Montezuma, que tinha Quetzalcóatl como patrono individual e, sendo assim, se Cortés fosse o deus em pessoa ou — mais provavelmente — seu enviado, ele não poderia contrariar suas vontades; mas ao mesmo tempo, como senhor dos astecas, ele devia defender o culto do Colibri Azul, de quem os estrangeiros — inspirados ou não pela Serpente Emplumada — eram certamente inimigos mortais. O resultado é um Montezuma psicologicamente menos misterioso, já voltado a uma fatalidade que de todo modo se anuncia nefasta, concentrado até o fim em fazer coincidir os acontecimentos em que está envolvido com as profecias dos livros sagrados.

É este o *verdadeiro* Montezuma? Devemos dizer que o Montezuma de Bernal Díaz não parece minimamente desmentido ou eclipsado por este. Ao contrário: com toda sua zona de sombra, o retrato ao vivo traçado pelo soldado espanhol continua sendo o mais rico, o mais emocionante, do qual cada nova pesquisa histórica só faz iluminar aspectos específicos. Burland reconstrói de maneira convincente o código religioso pelo qual o príncipe asteca tentava interpretar a invasão e viver sua imprevisível experiência. Essa leitura mítica do presente assume, no livro de Burland, uma concretude e uma lógica que até agora nos tinham escapado; mas talvez, para Montezuma, ela fosse apenas um método para sufocar a angústia do desconhecido, a incerteza das escolhas práticas e morais que nunca o abandonaram, o desespero ao ver ruir sob os pés o edifício do poder que o sustentara até então.

Construtores de templos piramidais todos em degraus, os astecas fundaram nos planaltos do México um império piramidal, em que a hierarquia dos poderes servia de escada entre o céu dos deuses e a terra formigante de homens. Menos de um século antes, uma das tribos bárbaras e nômades se impusera sobre as outras, englobando suas religiões num complexo panteão e as artes de cada vilarejo (as joias de Xochimilco, as esteiras de plumas coloridas de Amatitlán) numa civilização multiforme. De seu palácio, cujos jardins continham todas as espécies de plantas conhecidas, os aviários, todos os pássaros, as jaulas, todas as feras (e um pavilhão abrigava exemplares liliputianos ou disformes do gênero humano, uma amostra de fenômenos viventes), Montezuma exercia sua autoridade sobre os dignitários da corte, e estes, sobre os funcionários que controlavam os bairros da capital e os vilarejos de lavradores e artesãos. Um corpo de cobradores carreava para a capital as colheitas de milho e de cacau, os fardos de algodão, o jade e as esmeraldas. O imperador recolhia a parte destinada aos cargos públicos e redistribuía os produtos entre as famílias pobres. Por meio da cada vez mais complicada cobrança de impostos, Montezuma

235

perpetuava (ou ao menos assim acreditava) a igualdade frugal das antigas tribos.

    Nessa altura chegaram os estrangeiros, filhos de uma civilização que havia milênios conheciam e usavam os mecanismos de poder, para o bem e para o mal, e que viu muitos impérios surgirem, se tornarem invencíveis e desmoronarem. Basta que seu olhar pouse sobre a resplandecente pirâmide de mármore para que ela revele suas rachaduras, brechas, ninhos de serpente, cupinzeiros. Os olhos de Cortés sabem distinguir de longe cada mínima trinca do edifício e escolher o ponto onde deve forçar. De fato a grande disparidade entre eles está menos nas lâminas de Toledo contra as lascas de obsidiana, nas armas de fogo e nos cavalos que os mexicanos não conheciam, que no fato de que Montezuma, chefe de um império modelado na ordem do firmamento e no equilíbrio de força dos deuses, se sente inseguro, à mercê de um universo precário, ao passo que Cortés, embrenhando-se num modo que lhe é inteiramente estranho, mantém firmemente nas mãos as causas e os efeitos, os meios e os fins.

    Quase ao mesmo tempo em que Cortés avançava na exploração do México, um funcionário florentino explorava a história da Antiguidade e de seu tempo a fim de explicar como o poder dos governantes depende não de desígnios divinos, mas de um uso sagaz das relações de força. Sem ter lido Maquiavel, tanto Montezuma quanto Cortés se movem no seu horizonte: se o espanhol vence é porque sabe sempre, e sem hesitações, aquilo que quer. Hoje sabemos quanto as vitórias de Cortés foram efêmeras, e quão irreparável foi a destruição que ele levou consigo, ao passo que a figura de Montezuma não nos aparece apenas sob a luz patética que os fracos e os derrotados inspiram, mas fixada numa tensão suspensa, como se a partida entre ele e seu inimigo ainda estivesse aberta: se sua vitória está excluída desde o início, não se pode dizer que sua derrota seja certa. Há em Montezuma uma atitude perplexa e receptiva que sentimos atual e próxima de nós, como a do homem que na crise de seus sistemas de previsão busca desesperadamente manter os olhos abertos e entender.

CANIBAIS E REIS, *DE MARVIN HARRIS* (1980)*

Por menos que se tenha lido de etnologia, sabe-se que só se pode falar sobre canibalismo com o respeito devido aos rituais religiosos de outras culturas, os quais não podem ser julgados por nosso limitado modo eurocêntrico. Qualquer conexão do consumo de carne humana com glutonarias culinárias ou, pior ainda, com utilidades econômico-nutritivas é evitada por pessoas cultas como a mais grosseira vulgaridade.

Do mesmo modo, para Marvin Harris (*Cannibali e re. Le origini delle culture* [Canibais e reis. As origens da cultural], Feltrinelli, 238 pp.) os casos de antropofagia documentados (os mais recentes datam de uma década atrás) numa centena de sociedades espalhadas nas duas Américas, na África negra, no Sudeste asiático, na Malásia, na Indonésia e na Oceania são quantitativamente demasiado exíguos para que se lhes possa atribuir outro valor que não o simbólico-ritual. O mesmo se diga para os sacrifícios humanos (verificáveis no passado de qualquer civilização, inclusive as europeias), cujos laços com o canibalismo são apenas esporádicos. Mas o caso em que Harris se detém é o mais famoso exemplo de civilização em que o sacrifício humano foi praticado habitualmente em larga escala: os astecas do México, que por ao menos um século antes da conquista espanhola tiveram o assassínio ritual de grandes

(*) "Onore ao cannibali", *La Repubblica*, 8 jan. 1980.

quantidades de prisioneiros de guerra como fato central de todo o sistema religioso, estatal e militar de sua complexa e refinada civilização, com sacrifícios cotidianos de vítimas individuais em vários santuários e sacrifícios em massa de milhares de vítimas (até 15 mil de uma vez, ao que parece) em ocasião de festejos e de vitórias.

Pode-se dizer que sabemos tudo acerca da religião asteca e das razões cosmológicas que os forçavam a alimentar as divindades solares com corações palpitantes e rios de sangue humano. Assim como sabemos sobre o modo como os prisioneiros coroados de flores eram obrigados a subir nos altares onde os sacerdotes extraiam seus corações com facas de pedra e faziam o corpo rolar abaixo pelos degraus da pirâmide. Mas o que acontecia ao corpo quando ele chegava à base dos degraus? Fala-se bem menos a respeito desse detalhe, mas as testemunhas da época da conquista (Bernardino de Sahagún, Diego Durán) não deixam dúvidas: eram comidos em grandes banquetes. (Encontro escassas informações sobre o modo como eram cozinhados: os molhos à base de pimentão parecem ter sido o ingrediente mais importante.)

De resto, o costume de comer prisioneiros de guerra, sacrificados ritualmente, se verifica em outros povos da América, dos tupinambás do Brasil aos hurões do Canadá, de acordo com testemunhos de náufragos e de missionários dos séculos XVII e XVIII; mas somente no império asteca o canibalismo assume essas gigantescas proporções destrutivas. Por quê? Após ter pesquisado os motivos de ascensão e queda das precedentes culturas mexicanas organizadas em estados (olmeca e maia), Marvin Harris define as especificidades da fortuna dos astecas nos planaltos semiáridos, onde a intensificação da agricultura não teve os mesmos resultados catastróficos que nas zonas florestais alagadiças, mesmo dando lugar a uma situação de precário equilíbrio entre crescimento populacional e recursos alimentares.

Os sacrifícios humanos seriam métodos de controle demográfico? Mas o controle demográfico foi praticado desde a pré--história mediante o infanticídio das filhas mulheres, ao passo que, para esse fim, o massacre de filhos do sexo masculino é substancialmente improdutivo. Melhor nos determos no problema do sustento alimentar. Uma característica da América, desde o fim da última glaciação até a conquista europeia, é o desaparecimento dos grandes mamíferos de corte. Os animais comestíveis conhecidos pelos astecas eram perus, patos, lebres, cães e no máximo cervos (além de peixes). Então o canibalismo viria para compensar uma carência de gorduras e proteínas? Harris exclui que, para uma população que contava 2 milhões de habitantes, uma disponibilidade ainda que generosa de banquetes canibalescos pudesse resolver algo do ponto de vista alimentar. (Pelos cálculos mais confiáveis, resultaria em uma média de um homem devorado ao ano por cem comensais.)

A tese de Harris é mais complexa, leva em conta o valor nutritivo da carne humana, mas também os sistemas de poder, cujo desenvolvimento ele acompanhou desde as mais primitivas comunidades agrícolas até a formação dos grandes impérios da Antiguidade: o papel dos "grandes fornecedores" ou redistribuidores de carne, plantas comestíveis e bens de vários gêneros entre a população.

Na função desses "grandes fornecedores" Harris vê o núcleo originário das classes dominantes dos primeiros Estados. O império mexicano teria sido um caso particular desse sistema do ponto de vista dos recursos agrícolas e da organização religioso-militar.

> Se tudo o que se poderia esperar era um dedo ou um dedão do pé de vez em quando, o sistema provavelmente não teria funcionado. Porém, se a carne fosse dispensada em grande quantidade à nobreza, aos soldados e a seu entourage, e se a oferta fosse sincronizada para compensar os déficits do ciclo agrícola, Montezuma e sua classe dirigente poderiam manter bastante crédito para evitar a queda política.

Devo dizer que acolhi essas conclusões de Marvin Harris com certo alívio. Mesmo com toda minha boa vontade em compreender os sacrifícios humanos dos astecas em sua motivação religiosa, no quadro de um determinado sistema de relações com as forças naturais e sobrenaturais, para mim ficava uma impressão de desperdício que nenhuma implicação espiritual, nenhuma funcionalidade cultural, conseguia equilibrar. Ora, saber — primeiro — que o corpo das vítimas (uma vez ofertado o coração aos deuses) não era um resíduo a ser jogado fora, mas era aproveitado e apreciado, e — segundo — que os repastos de carne humana eram uma contribuição importante à necessidade de calorias me leva a avaliar melhor as vantagens de uma operação da qual eu só enxergava os custos. (Ainda que a balança de todo modo continue no passivo, como em grande parte das condutas econômicas de nossos dias.)

Tudo o que eu disse até aqui pretende ser apenas uma mostra das satisfações obtidas com a leitura de *Canibais e reis*. Partindo das comunidades de caçadores e de coletores do paleolítico (que tinham uma vida mais próspera e sossegada do que se supõe), o antropólogo americano Marvin Harris explica a história das sociedades humanas segundo um método que ele define como *determinismo cultural* e que se baseia na relação entre disponibilidade dos recursos alimentares, crescimento demográfico e procedimentos para aumentar a primeira e diminuir o segundo. Aos olhos de muitos, a pretensão de explicar a origem das várias formas de vida familiar, religiosa, estatal e militar com base no consumo de proteínas poderá merecer a definição depreciativa de "materialismo vulgar". Mas a força — e a necessidade moral — de todo "materialismo" está em sua "vulgaridade", isto é, na determinação em remeter tudo à elementaridade dos problemas da sobrevivência. O "materialismo cultural" de Harris também encontra a resistência de muitos fenômenos que não parece capaz de ser comprometida por instrumentos demasiado simples, por exemplo, as interdições alimentares (o porco imundo para judeus e árabes, a vaca sagrada para os hindus); no entanto está claro que em seu estudo não se pode prescindir de um quadro das relações entre disponibilidade de animais de corte e evolução das religiões, dos ritos sacrificiais ao simbolismo espiritual ou ao vegetarianismo.

O horizonte que a etnologia contemporânea nos abriu parece feito sob medida para desmentir qualquer determinismo econômico. Na atividade econômica primitiva, a "dádiva" conta muito mais que o lucro, o valor simbólico mais que o valor de uso; e, nas relações humanas, as codificações importam mais que qualquer razão utilitária. Os dados de saída com os quais Marvin Harris é obrigado a trabalhar são estes; por isso o percurso de seu raciocínio nunca é mecânico ou previsível. Na explicação das origens das guerras (com belos exemplos etnográficos: batalhas de tribos australianas à base de insultos obscenos gritados por velhas), é a "cultura da guerra", e não a guerra em si, que pode ser vista como um sistema para mitigar a pressão demográfica. É a "cultura da guerra" que sanciona a supremacia masculina (e não o contrário) e que encoraja o infanticídio das meninas (afora isso, não menos valorizadas que os meninos).

O infanticídio (sobretudo das meninas, mas muitas vezes extensivo a ambos os sexos) foi a grande válvula de segurança para a sobrevivência da espécie sempre que uma população alcançou seus limites de expansão. (A "revolução contraceptiva" é uma conquista moderna; quanto às primitivas técnicas de aborto, eram aquele massacre que são até hoje, antes da legalização clínica.)

Se na pré-história a prática do infanticídio pode ser apenas presumida com base nas prováveis taxas de crescimento demográfico, em tempos históricos temos documentações impressionantes, como as relativas à Inglaterra da Idade Média ou da Revolução Industrial. Nos séculos XIII e XIV, a asfixia "acidental" dos recém-nascidos causada porque a mãe, ao dormir, se deitava sobre eles era tão frequente que os párocos a puniam simplesmente com uma leve penitência. Na Londres do século XVIII, o Estado, para remediar o número enorme de infanticídios, institui orfanatos que logo se transformam em campos de extermínio. Porém, por volta do final daquele século, a mortalidade decresce: o que havia acontecido? Nas manufaturas aumentara a demanda por mão de obra infantil, mal paga e mais dócil. "Aos meninos", diz Harris, "agora se concedia o privilégio de viver até a idade em que podiam começar a trabalhar numa fábrica por alguns anos, até sucumbirem à tuberculose."

Visto que 1979 foi o "ano da criança", pensei que a melhor maneira de encerrá-lo seria com a leitura e meditação desses últimos capítulos de *Canibais e reis*.

CARLO GINZBURG, "SINAIS: RAÍZES DE UM PARADIGMA INDICIÁRIO" (1980)*

Se quando pensamos na racionalidade lógico-matemática a imagem que nos vem à mente é a de uma esfera, ou dos cinco sólidos platônicos que podem ser inseridos nela, o saber indiciário e individualizante tem hoje para nós a imagem de uma orelha, ou melhor, de uma coleção de orelhas diferentes entre si. Como nas pranchas em que Giovanni Morelli catalogava os detalhes que serviam para reconhecer o estilo dos grandes pintores, ou naquelas em que Alphonse Bertillon, antropólogo criminalista, propunha um método de classificação para os procurados pela polícia; ou mesmo duas simples orelhas, cortadas e enviadas por encomenda postal, cujo mistério apenas Sherlock Holmes soube resolver à primeira vista.

No ensaio de Carlo Ginzburg "Sinais: Raízes de um paradigma indiciário", a orelha remete duplamente à unicidade individual: na natureza, pela variedade das formas dos pavilhões e lóbulos; e nos quadros dos pintores, porque cada artista tem um só modo de executar as orelhas, as quais se formam inconscientemente, já que são detalhes sobre os quais não se pensa muito. A galáxia de orelhas que abre o ensaio — com o jovem Freud entusiasmado com a descoberta de Morelli — faz pendant, na conclusão, a um vórtice de impressões digitais, com a história da descoberta dessa verdadeira inscrição da indi-

(*) "L'orecchio, il cacciatore, il pettegolo", *La Repubblica*, 20-21 jan. 1980.

vidualidade e de sua utilização como método de controle social generalizado — desde um costume bengalês (talvez com objetivos divinatórios) até sua adoção por parte de um funcionário colonial inglês.

Já se falou e continuará a se falar do ensaio de Carlo Ginzburg, seja pelo grande número de ideias que nele se tramam como os fios de um tapete (numa urdidura ainda provisória — nos adverte o autor —, que provavelmente veremos adensar-se mais ainda), seja pela declarada intenção de representar um paradigma epistemológico contraposto ao da ciência dita galileana, baseada na generalização, na quantificação e na reprodutibilidade dos fenômenos. Não por acaso ele foi publicado no volume coletivo *Crisi della ragione* [Crise da razão] (Einaudi, 366 pp.), organizado por Aldo Gargani, que o abriú com um estimulante ensaio sobre a crise do modelo lógico-matemático da racionalidade tradicional.

Mas essa contraposição será de todo pertinente? Justamente o nome de Galileu nos adverte de que as coisas não são tão simples assim. Que objetivo propunha à ciência o observador das manchas do Sol e da Lua, da irregularidade no movimento dos planetas, o argumentador que não tinha escrúpulos de acumular provas a fim de reduzir a Terra ao patamar de planeta em meio a outros planetas, senão o de se dar conta da singularidade contra aquilo que se pretendia a norma, no caso macroscópico do sistema solar visto pela primeira vez em sua individualidade de conjunto de objetos corruptíveis e assimétricos, indo de encontro a um paradigma racional e harmonioso, de perfeito domínio sobre múltiplos níveis, como o aristotélico-ptolomaico? É certo que disso derivava para Galileu a necessidade de "compreender a língua" em que estava escrito "o livro do universo", ou seja, a matemática (e nessa metáfora Ginzburg bem põe em relevo o chamado à filologia, com sua ideia de legibilidade não imediata, a fim de fundar a pesquisa de uma linguagem não antropocêntrica nem antropomórfica). Mas acaso não é este mesmo o movimento de todo saber? Reconhecimento da singularidade que foge ao modelo normativo; construção de um modelo mais sofisticado, capaz de aderir a uma realidade mais acidentada e angulosa; nova ruptura das malhas do sistema; e assim por diante.

As coisas não procedem de modo muito distinto numa outra metodologia, à qual Ginzburg se refere reiteradamente: a do narrador.

> Por milênios o Homem foi caçador. Durante inúmeras perseguições, ele aprendeu a reconstruir as formas e movimentos das presas invisíveis pelas pegadas na lama, ramos quebrados, bolotas de esterco, tufos de pelos, plumas emaranhadas, odores estagnados. [...] Aprendeu a fazer operações mentais complexas com rapidez fulminante, no interior de um denso bosque ou numa clareira cheia de ciladas.

Com rapidez associativa digna de um antigo caçador, Ginzburg associa as origens da arte de narrar à caça. Um traço da consciência metodológica do caçador de rastros é identificado por ele na antiga fábula oriental do camelo (ou cavalo) perdido, que um personagem sagaz (ou três irmãos) sabe descrever sem o ter visto; acusado de furto, demonstra ter extraído todos os detalhes dos vestígios no terreno. Voltaire transformará essa história num episódio de seu *Zadig*; e daí nascerá todo o Sherlock Holmes, além de muitas teorizações sobre o método indutivo.

Ginzburg tem razão em um sentido até mais abrangente: o arco no qual ele fixa alguns pontos, da fábula ao romance (que "deu à burguesia simultaneamente um sucedâneo e uma reformulação dos ritos de iniciação — ou seja, o acesso à experiência em geral") e a Proust, que construiu seu romance "sobre um rigoroso paradigma indiciário", se apoia numa forma mental "venatória" em sua essência; o ato de narrar é a operação que, por meio dos dados incontáveis que formam o tecido contínuo das vidas humanas, escolhe uma série em que se supõe um sentido e um desenho: precisamente indícios e traços de uma história com um princípio e um fim, de um percurso existencial determinado, de um destino.

Isso vale tanto para as narrativas mais primitivas e lineares quanto para o romance, que transborda de detalhes inessenciais e de nuances de atmosfera, ambos vestígios — e dos mais indispensáveis — de uma estratégia narrativa que faz coincidir seu efeito de verdade com a singularidade peculiar da experiência vivida. Na fábula (que é história de uma perda e de um reencontro), os vestígios que a narração registra são comumente (o "caso *Zadig*" é uma exceção) não aqueles do objeto perdido, mas os do porquê da perda (interdições não respeitadas) e dos caminhos percorridos até o reencontro (ações mágicas reparadoras). E aqui a arte de narrar cruza suas vias com a arte divinatória, que por sua vez se cruza com a sintomatologia médica e, em geral, com a indução científica das causas e dos efeitos (como Ginzburg enfatiza muito bem, na esteira dos estudos mesopotâmicos de Jean Bottéro).

O que devo ressaltar é que a narrativa (à diferença da perseguição do caçador, para o qual existem apenas a singularidade do episódio e a experiência) propõe ao mesmo tempo uma singularidade e uma geometria: a narrativa se dá quando a singularidade dos dados se compõe num esquema, seja ele rígido ou fluido.

Toda nova narrativa é uma vitória da singularidade sobre o esquema já ossificado, até que um conjunto de exceções ao esquema se configure ele mesmo como esquema. Noutros termos, verifico na prática de narrar as mesmas fases de movimento que tentei delinear pouco antes ao falar da ciência de Galileu. Por isso a crítica literária tem como finalidade oscilar entre duas operações fundamentais: valorizar a singularidade no texto mais obediente às regras de um gênero e desvelar o esquema, a estrutura arcaica, o tópos tradicional, o arquétipo coletivo oculto no texto aparentemente motivado exclusivamente pelo estro individual, pela inovação extemporânea.

No objeto do saber indiciário Ginzburg distingue natureza e cultura. Na realidade, os exemplos se sustentam sobretudo em traços de espontaneidade (o modo de pintar as orelhas, o traçado da pena interpretado pelo grafólogo, os lapsos indagados pelo psicanalista); estamos, pois, mais do lado da natureza, ou melhor: de estratos mais vizinhos à natureza, camuflados sob estratos culturais. Para mim, a linha divisória está entre atividades cujo valor consiste no traço individual ou na impessoalidade. A ideia de "estilo" como marca pessoal em vez de regra de uniformidade é relativamente recente. Em muitas produções artesanais, assim como no "trabalho de prova" que até pouco tempo atrás era exigido dos aprendizes nas indústrias metalúrgicas, o que contava era saber fazer um objeto indistinguível dos outros. Para subdividir o vasto campo coberto pelo "paradigma indiciário", é preciso partir de uma classificação dos valores que são objeto da pesquisa. Ou dos desvalores, das culpas.

E aqui chegamos ao âmago da preocupação que atravessa todo o ensaio de Ginzburg, inicialmente implícita, depois declarada, até a angustiosa evocação que encerra o texto: o arquivo criminal a que ninguém escapa. O saber indiciário, individualizado e concreto, ou melhor, esse "corpo de saberes locais" somente transmissíveis por meio da experiência prática, fora da abstração das regras escritas, certamente suscita em Ginzburg uma adesão feita de simpatia instintiva, paixão profissional (o ofício do historiador), participação ideológica (porque vem "de baixo" e está "muito distante de qualquer forma de conhecimento superior, privilégio de poucos eleitos"). (Mas será mesmo verdade? Em que medida o democratismo epistemológico, a universalidade do eu cartesiano e kantiano, a impessoalidade da ciência experimental não seriam grandes pressupostos de igualdade e de comunhão de linguagem?) Ao mesmo tempo, ele não consegue ocultar de si que o "indiciário" rapidamente se transforma em "policialesco", não só nos romances de Conan Doyle, e que espiar vestígios de verdades escondidas logo se torna controle geral de espionagem.

Com certeza a apreciação do saber "venatório" muda se nos colocamos do ponto de vista do caçador ou da caça: mas o ponto fundamental é a mola de interesse vital que impele o caçador (pensamos sempre no caçador do paleolítico) à captura — mas também à perpetuação — da presa. Exemplo mais próximo da caçada, como perseguição de uma singularidade que se manifesta em sinais a serem decifrados, é o do amor. "Já se disse que o enamoramento é a supervalorização das diferenças marginais que existem entre uma mulher e outra (ou entre um homem e outro)", escreve Ginzburg.

O poder que pretende constituir um controle capilar sobre os seres singulares, cada vez mais ameaçador hoje, na era dos arquivos eletrônicos, é movido por um excesso de amor pelos cidadãos? Mas a demanda do caçador e do apaixonado busca os vestígios do *ser* de algo que até poderia não existir. Já o saber policialesco busca os vestígios de uma culpa. A maldição de nosso século é que todo interesse cognitivo se transforma em culpabilização. E isso não apenas por parte do Estado em relação ao indivíduo: é a mirada intelectual que está sempre em busca de um delito a ser processado, de um vexame a ser denunciado, de um sigilo a ser violado. Se pensarmos um momento, não é uma vocação que inspire muito orgulho.

Recordo o desabafo de um escritor que polemizava com a crítica contemporânea em bloco porque, recorrendo seja ao marxismo, seja à psicanálise, não era capaz de outra coisa senão de inquirir e procurar motivações ocultas e condenáveis. Era um escritor polonês e, se isso pode explicar a aversão de sentir-se sob vigilância, sua recusa tem um sentido mesmo ali onde o olhar que nos observa é menos institucionalizado.

Num livro que acabei de comentar aqui (Marvin Harris, *Canibais e reis*), há uma página que se cruza com o ensaio de Ginzburg, no ponto em que ele ilustra a passagem da vida nômade dos caçadores ao sedentarismo no vilarejo.

A partir de um estudo sobre os índios mehinaku, do Brasil, verifica-se que a atitude venatória de recolher os mínimos indícios traz mais desvantagens que vantagens à vida em sociedade, porque destrói toda privacidade:

> Os rastros de um calcanhar ou de uma nádega indicam o ponto em que um casal se deteve fora da trilha e manteve uma relação sexual. Flechas perdidas traem o local de pesca preferido de seu

proprietário. Um machado apoiado numa árvore revela que o trabalho foi interrompido. Ninguém pode entrar ou sair do vilarejo sem ser percebido. Para conversar reservadamente é preciso cochichar: entre paredes de palha, não há porta fechada que abafe. O vilarejo fervilha de fofocas malévolas, a denunciar os homens que são impotentes ou ejaculam muito depressa, ou que descrevem o comportamento das mulheres durante o coito...

Imediatamente notamos que, se comparada à agudeza de observação na floresta, aquela exercida no vilarejo tem um componente a mais: a culpabilização do próximo sob forma de aleivosia mexeriqueira, de malevolência generalizada. E assim podemos dizer que a civilização metropolitana dos grandes números e da difusa e inquisitiva consciência individual apresenta muitas correlações com o vilarejo dos índios mehinaku.

ILYA PRIGOGINE E ISABELLE STENGERS, A NOVA ALIANÇA (1980)*

O acaso e a necessidade, livro de Jacques Monod (1970), fincava pé numa afirmação altiva e desencantada da solidão do homem, estrangeiro no universo. Nenhuma lei da natureza poderia ter previsto a origem da vida nem a cadeia dos acontecimentos evolutivos extremamente "improváveis" que conduziram até o homem; mas os caminhos abertos pelo acaso — indiferente a qualquer finalidade — correm entre as férreas paredes da necessidade física e biológica, também ela indiferente a quem se aproveita disso ou sofre algum dano. Daí a atitude de trágica dignidade necessária ao enfrentamento da queda de um antropocentrismo que não era mais que ilusão quanto à absoluta marginalidade que é nosso lugar entre as coisas. Monod escrevia: "A antiga aliança se rompeu: o homem finalmente sabe que está só na imensidão indiferente do universo, do qual emergiu por acaso".

Exatamente dez anos depois, outro livro de filosofia e história da ciência é publicado na França e se anuncia como um acontecimento da envergadura do livro de Monod, ao qual responde; seu autor é um prêmio Nobel de Química (russo de nascimento, naturalizado belga), em parceria com sua colaboradora. Ambos dizem que Monod tratou com perfeita lucidez e rigor as consequências filosóficas da ciência clássica, voltada a

(*) "Il poeta e Machiavelli", *La Repubblica*, 13 jan. 1983.

estabelecer leis universais de uma natureza vista como mecanismo simples e reversível; mas a perspectiva da ciência de hoje mudou e concentra a atenção em processos irreversíveis que, sempre gerados pelo acaso e a necessidade, põem em jogo as noções de estrutura, função e história.

A visão de Monod não é corrigida em seus pressupostos, mas em suas perspectivas: "a irreversibilidade é fonte de ordem, criadora de organização"; portanto o mundo macroscópico e humano não deve ser visto como uma exceção marginal no universo do imensamente grande e do imensamente pequeno.

Nesse sentido se pode estabelecer o que os autores denominam já no título de "a nova aliança" (Ilya Prigogine e Isabelle Stengers: *La Nouvelle Alliance: Métamorphose de la science* [A nova aliança: Metamorfose da ciência], Gallimard, próxima tradução pela Einaudi).

A termodinâmica (da qual até ontem nos chegavam notícias da morte inelutável do universo, do triunfo da entropia, da degradação de toda energia em calor sem retorno), hoje, por meio da "descoberta dos processos de organização espontânea e das *estruturas dissipativas*" (a especialidade de Prigogine), declara-se capaz de nos explicar como as organizações mais complexas, isto é, as formas do mundo vivente, não são um acidente da natureza, mas se situam em sua linha-mestra, no traçado de seu desenvolvimento mais lógico.

A nova aliança é simultaneamente um livro de história da ciência e de ciência em seu fazer-se (sobretudo os capítulos sobre a termodinâmica e sobre a "ordem por flutuação", que abordam estudos ainda em curso), mas é também uma meditação apaixonada sobre o homem e o universo que, recusando a separação entre as "duas culturas", entrelaça fortemente num mesmo discurso as vias abertas pelos cientistas e as indagações dos filósofos; e não só: o livro nem mesmo considera estranhos ou distantes os caminhos trilhados pela poesia.

Ora, devo dizer que minha primeira reação quando vejo os enunciados de um cientista tenderem ao "poético" é um movimento de desconfiança; uma das bases mais assentadas de nossa (ou ao menos da minha) educação intelectual supõe, de fato, que a ciência se nos apresente com sua face mais severa e despojada; porém, se dos resultados de seu avanço impassível decorrer algo que eu considere uma sugestão poética, a recebo como bem-vinda, mas sou eu que devo descobri-la; já se a própria ciência me disser "viu como sou poética!", não acato — ao contrário, tenho uma reação de recusa. Aqui, quando Prigogine envereda à margem das mais cerradas demonstrações por uma evocação comovida de horizontes vertiginosos, eu deveria ficar em guarda, mobilizar todas as minhas desconfianças e aversões, mas não: tenho a impressão de reconhecer o som de algo sólido que sustenta o discurso, qualquer que seja seu invólucro retórico. Sem pretender entrar no mérito de uma matéria muito distante de minhas competências, na condição de leitor sem preconceito e disponível, devo dizer que *A nova aliança* é um apaixonante livro de história da ciência: explica com clareza conexões, distinções e reviravoltas que tendem a ser subestimadas, e, como livro de filosofia, não se pode lê-lo sem que deixe uma marca.

O ponto de partida de Prigogine é a separação que ocorre com Newton entre mundo humano e natureza física: de um lado, "o mundo em que vivemos, amamos e morremos", nosso habitat feito de qualidades, percepções e intenções; e, de outro, o mundo da quantidade e da geometria, das leis simples e matematizáveis, a natureza vista como máquina, a natureza regular e harmoniosa, mas irreparavelmente "estúpida". Entre os mais belos capítulos do livro estão os dedicados à revolução newtoniana e ao nascimento da ciência moderna, encontro de técnica e teoria impensável na época dos gregos, para os quais os próprios termos "máquina" e "mecânica" implicavam fraudes cometidas contra a natureza, e a ciência excluía a manipulação, ou seja, o experimento.

O experimento é "arte", interrogatório capcioso da natureza, encenação (até o experimento que ocorre apenas no pensamento, como os trens e os elevadores dos raciocínios de Einstein). Galileu, que exclui de seus interesses os *porquês* de Aristóteles para concentrar sua pesquisa no *como*, quer alcançar a verdade global da natureza, escrita em linguagem matemática, única para todos os fenômenos e prova de uma homogeneidade do todo. Nas origens da ciência ocidental não se devem excluir as ressonâncias teológicas: a ideia de um deus legislador cujo verbo (matemático) se encarna na natureza e é racionalmente inteligível pelo homem. Um acordo se torna logo possível entre os cientistas — em nome da universalidade da linguagem matemática — e os teólogos — em nome da onipotência da lei divina. Leibniz é o único a defender a multiplicidade dos mundos e a prestar ouvidos a mil "vozes matemáticas" diversas.

O atomismo lucreciano, ciência do acaso e das colisões, pouco a pouco cede o campo à ideia da *atração*, que Newton extraíra de seus interesses alquímicos nunca desmentidos. Não obstante as contestações de Diderot, que reclamava um saber centrado no vivente ("Estão vendo este ovo? Basta isto para pôr por terra todas as escolas de teologia..."), o edifício triunfante da ciência do século XVIII se sustenta sobre a dinâmica de Newton, que depois será estendida por Laplace a sistema universal. No mundo de Laplace, "simples e límpido, sem sombra nem espessura... o homem, como habitante partícipe de um devir natural, é inconcebível... é o resíduo de uma opacidade total". Tal mundo, do qual o demônio imaginado por Laplace seria capaz de calcular o futuro e o passado partindo da observação de seu estado em um instante qualquer, "não é senão uma imensa tautologia, eterna e arbitrária, necessária e absurda tanto em cada detalhe quanto em sua totalidade".

Kant inverte a situação só em aparência: é o homem, como sujeito transcendental, que impõe a lei à natureza por meio da ciência, ao passo que, para além da ciência, a filosofia retoma sua antiga meditação sobre o destino humano; na realidade, é precisamente com Kant que, confirmada a distinção entre ciência e sabedoria, ciência e verdade, se sanciona a separação entre as "duas culturas".

Neste ponto há um grande golpe de cena. 1811: nasce uma ciência matematicamente rigorosa, mas completamente estranha ao newtonismo, a ciência do calor, contemporânea e participante da Revolução Industrial. A partir daquele momento coexistirão dois universais na física, a gravitação e o calor. Filósofos e cientistas, de Auguste Comte a Helmholtz, buscarão superar essa antinomia. O princípio de conservação da energia será adotado como unificador da ciência, de modo a recuperar uma imagem equilibrada e tranquilizadora do universo. Mas "outros, como Nietzsche, percebiam o eco abafado de uma natureza criadora e destrutiva, da qual a ciência precisou reconhecer a potência a fim de sufocar seu sombrio fragor".

O espetáculo das máquinas térmicas, da "caldeira incandescente das locomotivas onde o carvão queima sem volta para que se produza movimento", já era bastante eloquente por si. "Nenhuma máquina térmica restituirá ao mundo o carvão que ela devorou." A ciência do calor introduz no harmonioso mundo newtoniano a flecha do tempo, a irreversibilidade, a perda. "A obsessão com o exaurimento dos recursos e a parada dos motores, a ideia de um declínio irreversível, traduzem certamente a angústia peculiar do mundo moderno."

Entre a tecnologia e a cosmologia há apenas um passo, que será dado por Clausius em 1865, com o conceito de entropia. Precisamente quando as ciências biológicas e as ciências da sociedade e da cultura definiam uma evolução rumo à complexidade crescente e à amplificação das inovações, a termodinâmica prometia dissipações da energia, o caráter irrecuperável das condições iniciais, a evolução rumo à desordem.

Resumi e parafraseei metade do livro de Prigogine e Stengers até seu ponto de suspense mais dramático. Há uma segunda metade em que se remonta do abismo informe da dissipação do calor e avança, se não para um final feliz, ao menos para uma lógica em que a organização dos seres vivos, o homem e sua história não são absolutamente acidentes estranhos. Com menos facilidade eu conseguiria resumir esses capítulos, haja vista a complexidade técnica da argumentação. Mas o raciocínio de Prigogine transita continuamente — às vezes na mesma frase — da fórmula à reflexão do filósofo, talvez o que menos se espera encontrar naquele contexto; de modo que, mesmo o leitor habituado a frequentar exclusivamente uma das duas culturas, consegue retomar o fio da meada toda vez que ele lhe escapa.

Entre as citações de filósofos, acho relevante o fato de que um autor que há anos não se ouvia nomear senão com distanciamento ou repulsa, Bergson, seja aqui considerado com muita atenção como aquele que constatou o divórcio mais completo entre ciência e "espírito", mas também como quem dirigiu à ciência uma crítica que agora a própria ciência está fazendo. Despontam, de vez em quando, alguns nomes mais ou menos inesperados da atualidade filosófico-literária francesa. Entre eles, um posto de destaque — que testemunha um diálogo assíduo e não ocasional — é dado a Michel Serres, o autor de *Hermès I: La Comunication* [Hermes I: A comunicação], intérprete de Leibniz e de Lucrécio. E não por acaso foi Serres quem saudou no *Le Monde* a publicação de *A nova aliança* com uma prosa carregada de entusiasmo lírico e uma densidade de saber que poderíamos definir lucreciana, mas sobretudo com um otimismo que não se via há tempos.

"Os universalistas de outrora percebiam a lei moral apenas em noites de bom tempo: circunstância muito rara nas margens do Báltico", escreve Michel Serres. "Finalmente se faz dia sobre coisas que não posso prever, assim como não posso prever a mim mesmo. Somente uma pedra, um astro, um tolo podem ser, às vezes, previsíveis. Finalmente se faz dia sobre um mundo circunstancial, diferenciado, arriscado, improvável, igualmente concreto, variegado, inesperado e, sim, belo, como esse que vejo, sinto, toco, admiro."

ARNOLD VAN GENNEP, OS RITOS DE PASSAGEM (*1981*)*

Os *ritos de passagem* de Arnold Van Gennep, um clássico da antropologia (1909) agora reproposto pela Universale Scientifica Boringhieri (ou talvez apresentado pela primeira vez em italiano, sob os cuidados de Francesco Remotti, 216 pp.), é um livro pequeno, mas contém uma concepção global da sociedade e da existência humanas baseada nas separações: dos lugares, dos sexos, das idades, das famílias, dos grupos, das funções. Para não falar das passagens fundamentais que separam a vida do indivíduo da pré-vida e da pós-vida: nascimento e morte.

Van Gennep, cujos méritos de pesquisador estão associados a obras monumentais sobre o folclore francês, limitou-se no campo da etnologia a ordenar dados recolhidos por outros; mas ele bem pode ser incluído entre os inventores de grandes sistemas teóricos fundados em um simplíssimo conceito unificador, a partir do qual se pode explicar qualquer fenômeno. Este era, para ele, o "momento de passagem", que em todas as culturas — primitivas ou não — é acompanhado por ritos especiais.

Cultura é, precisamente, a consciência das passagens e da necessidade de sublinhá-las com os ritos que lhes correspondem: a passagem material que articula o dentro com o fora, isto é, as portas da casa e da cidade, as fronteiras do território; os

---

(*) "Noi portatori di chiavi", *La Repubblica*, 28 jul. 1981.

ritos da partida e do retorno; os ritos de agregação do estrangeiro ao grupo ou à tribo e os ritos de separação, que compreendem a vingança e a guerra; os ritos que acompanham a gravidez; o parto, o ingresso da criança na comunidade, a circuncisão ou o batismo; os ritos de puberdade e de iniciação, as ordenações sacerdotais, as coroações, as afiliações a sociedades secretas ou a corporações profissionais, com as relativas exclusões ou excomunhões; os ritos do noivado ou do matrimônio, assim como da separação e do divórcio; e o complexo ritual das cerimônias fúnebres.

A cada passagem — ou a quase todas — corresponde uma zona de margem ou marca de confim, fora do espaço e do tempo, tida por sagrada ou impura, tabu: a fronteira, a saudação, a gravidez, o noivado, o luto.

Caso se acrescentem os ritos agrícolas de passagem das estações ou os que acompanham as fases lunares, as revoluções dos planetas e as recorrências zodiacais, vemos que o sistema das passagens conecta a experiência humana ao cosmo, num desenho universal caracterizado por traços marcados que o atravessam, por descontinuidades e linhas divisórias.

A imagem mais sugestiva dessa concepção do mundo é dada pelas grandes portas monumentais que se erguem isoladas no Extremo Oriente, sem que aparentemente se comuniquem com nada. Esses pórticos isolados

> não apenas se tornaram monumentos independentes, de um valor arquitetônico próprio (pórticos das divindades, dos imperadores, das viúvas etc.), mas também foram utilizados — pelo menos no xintoísmo e no taoismo — como instrumentos cerimoniais (vejam-se os ritos da infância). Essa evolução do pórtico mágico ao monumento parece ter sido a mesma do arco do triunfo romano: de fato, o triunfador devia separar-se, por meio de uma série de ritos, do mundo inimigo para poder regressar, passando sob o arco, ao mundo romano; neste caso, o rito de agregação consistia em sacrificar a Júpiter Capitolino e às divindades protetoras da cidade.

Desse universo de diferenças que circundava os homens da Antiguidade e das sociedades que ele chama "semicivilizadas", Van Gennep já falava — escrevendo no início de nosso século — como de um mundo perdido, numa época que marcha para a uniformidade e a indiferenciação. Na sociedade moderna (do Renascimento em diante), ele vê um crescimento contínuo da separação entre o sagrado e o profano, que nas fases anteriores se misturavam em cada função da existência (continuam sendo necessários, por exemplo, ritos especiais para passar do estado laico ao de sacerdote); verifica que se mantém a separação entre as classes, as categorias e as profissões, mas apenas em bases econômicas e de instrução (sem que as agregações e as mudanças de status social sejam marcadas por rituais específicos), e não mais circunscrita localmente no que diz respeito à uniformidade dos grupos; e, por fim, constata que se atenuou a separação entre os sexos e também a solidariedade entre os pertencentes ao mesmo gênero, sancionada (nas sociedades primitivas) por períodos de segregação entre os sexos masculino e feminino.

Escrevendo sobre a *belle époque* nos últimos anos, ele também inclui entre as separações em via de apagamento as fronteiras entre os Estados, "visíveis apenas nos mapas, onde aparecem marcadamente assinaladas". Entretanto, se para nós esse sistema de linhas divisórias continua muito concretamente atual, devemos admitir que ele é cada vez mais artificial, já que as nações fronteiriças tendem a se assemelhar cada vez mais.

No mundo da sociedade de massas em que vivemos, a perspectiva se alterou um pouco desde que Van Gennep escreveu seu livro, mas as correções não mudam a argumentação de fundo: entre os sexos, o impulso crescente à uniformidade não exclui a solidariedade sexista; entre as idades, cessou a separação hierárquica e o sistema das iniciações e agregações à fase adulta, mas se fixou uma cultura jovem como zona separada e estável (também em termos de mercado); à distância econômica entre as classes, sempre muito forte, correspondem horizontes culturais cada vez mais homogêneos; por outro lado, aumentou sempre mais a disparidade entre as áreas geográficas dos "menos evoluídos" (para usar o velho vocabulário) e a metrópole (ao passo que, no mundo pré-industrial, a consciência da própria diversidade autóctone era de ambas as partes ciumenta e ciosa, e o desprezo pelo outro era recíproco).

Todavia não estamos falando das maiores ou menores diferenças e separações, mas principalmente do fato característico de que hoje nenhuma separação se configura mais como consagrada por um ritual, ao contrário, se diria que já não suporta nem mesmo as justificativas ideológicas. Sinal de que elas são percebidas como entraves não funcionais que a consciência já afastou como aspectos negativos e elimináveis.

Talvez seja justamente porque esse mundo das passagens nos pareça cada vez mais distante que temos a impressão de compreendê-lo perfeitamente: toda situação de crise era enquadrada entre linhas nítidas, institucionalizada e de algum modo exorcizada, mas precisamente por isso era reconhecida em seu efetivo valor de crise; ao passo que em nosso mundo, no qual as passagens são esfumadas, diluídas ou minimizadas, se configura como um estado de crise difusa e contínua.

Lendo Van Gennep, não podemos deixar de nos indagar, para cada acontecimento de nossa vida cotidiana ou de nossas experiências fundamentais, que "ritos de passagem" inconscientes ou implícitos fomos levados a cumprir — certamente eles existem, os praticamos continuamente, ainda que não saibamos reconhecê-los como tais. Pensando bem, é toda a nossa época que é habitualmente definida como "época de transição" ou "de passagem": passagem para quê, não se sabe, ou se sabe cada vez menos. Não falta a tendência a considerar sagrada a condição de transição e de crise. Porém, fazendo isso, na ausência de um dentro e de um fora do qual ou para o qual passar, a passagem sacralizada se torna estável e sem alternativas, usurpando o culto que lhe é tributado como passagem.

Tomemos as portas: vivemos na época das chaves, cada um de nós circula com um molho de chaves pendurado na cintura como um carcereiro; as portas hoje só contam por suas fechaduras, o sistema que nos assegura a manutenção material da posse; e desapareceu o significado simbólico da soleira custodiada por estátuas de grifos ou de esfinges ou de dragões alados ou de outros animais sagrados, como na entrada das casas dos egípcios, dos assírio-babilônicos e, ainda hoje, dos chineses. Os monstros guardiães das portas podiam ser considerados um atributo perene; nossa absurda vida de portadores de chaves se nos apresenta como um remédio fortuito para uma situação de emergência, mesmo sabendo que não há alternativas possíveis.

Para demonstrar que a porta principal das casas, consagrada por ritos especiais e voltada numa direção favorável, tinha as prerrogativas espirituais de margem entre o mundo externo e o familiar — ao passo que, para os usos impuros, como a saída dos cadáveres (e das mulheres nos períodos considerados impuros), eram usadas as janelas ou as saídas secundárias —, Van Gennep acrescenta com admirável candor: "Daí os ladrões preferirem entrar por outras aberturas que não a porta".

LONGA VIAGEM AO CENTRO DO CÉREBRO, *DE RENATO E ROSELLINA BALBI* (1981)*

Faz calor. Percebo isso, sou inteligente, tenho um cérebro muito desenvolvido, um encéfalo de vinte e um níveis. Habitualmente uso apenas o vigésimo primeiro, o mais evoluído, e mantenho os outros de reserva, ali embaixo. Mas para saber que faz calor me bastaria, talvez, apenas o nível número 4, que se formou em mim no período siluriano, quando eu era um peixe nos estuários salobros. Ou seja, eu mesmo atravessei o período siluriano naquela fase da vida fetal que vai da 11ª semana após a concepção até a 13ª.

Agora estou caminhando pela rua, movimento os membros, operação que eu já poderia executar bastante bem usando o nível número 5, que veio de meu passado anfíbio no período carbonífero, ou seja, desde o quarto mês de minha vida intrauterina; mas devo dizer que, se eu tivesse parado naquele nível, me moveria sem saber para onde ir, como um pobre cão esfolado (motilidade "genérica", e não "específica"); todavia sei aonde me dirijo — estou procurando um bar onde possa beber uma cerveja —, o que quer dizer que meu cérebro tem ao menos três níveis a mais, até o número 8, comum a marsupiais, nadadores e trepadores. Esse nível me remete aos bons tempos do jurássico, ou seja, quando eu era um recém-nascido em meu primeiro mês de vida, todo voltado à satisfação das necessidades.

(*) "Che testa!", *L'Espresso*, 11 out. 1981.

Evidentemente não saltei os níveis 6 e 7, a sede que me impele ao bar tem origem no sexto nível, quando se formou em mim o reflexo de sucção; ao passo que, com o sétimo nível, me foi dado regular minha homotermia, nem mais nem menos que um bom ornitorrinco.

Neste momento é o princípio de prazer que guia meus passos; isto é, estou no nível 9, assim como os insetívoros do cretáceo, fase extremamente hedonista, correspondente ao terceiro e quarto meses de minha vida infantil. E nessa minha busca me sirvo da visão, como já faziam os esquilos da era paleocênica, quando começou a aprendizagem para os nossos remotos progenitores arborícolas, bem como para mim, quando tinha entre quatro e seis meses.

O bar lotado desperta o instinto de agressividade próprio dos carnívoros, sepultado no 11º nível de meu cérebro desde o eoceno: passaria sobre o cadáver de todos os demais frequentadores só para garantir a posse de minha cerveja, cujo sabor agora se recorta em minha memória. De fato sou capaz de desejar um objeto que não vejo, como já o faziam os lemurídeos, primeiros antepassados dos macacos, e as crianças de oito a dez anos (nível 12). Com a capacidade de representação (nível 14, os macacos antropoides) nasce a inveja por todos aqueles que estão à minha frente na fila para retirar a comanda do caixa. Pagar antes de ter consumido pressupõe a projetação do futuro: nível 15, o australopiteco, que já consegue alcançar a posição ereta (ou a criança de um ano e meio).

"Uma cerveja", diz à caixa um sujeito à minha frente; e só me resta (visto que adquiri a palavra após alcançar o estágio da imitação, nível 16) dizer: "Eu também".

"Nacional ou importada?", me perguntam, e de um salto passo ao nível 17, que pressupõe consciência social e capacidade de escolhas individuais: em poucas palavras, sou forçado a manifestar-me como *Homo sapiens*. E aqui começam os problemas, porque o nível 19 me induz a deixar-me influenciar pela autoridade dos feiticeiros da tribo: a marca de cerveja com mais publicidade é a primeira que me ocorre nomear. Conseguirei atingir o nível 20, que implica espírito crítico e vontade racional? Sei que ele se faz acompanhar de preocupações relativas à responsabilidade, de ansiedade... O barman se impacienta, eu balbucio... O nível 21 me parece muito distante...

Esta página de meu diário íntimo foi escrita sob a influência de um livro muito estimulante, *Longa viagem ao centro do cérebro* (Laterza, 136 pp., 8 mil liras), obra de um neuropsiquiatra, Renato Balbi (professor na Universidade de Nápoles), e de uma ensaísta e jornalista, Rosellina Balbi (irmã dele, responsável pelas páginas culturais do jornal *La Repubblica*). Todas as noções que utilizei foram tomadas do livro — espero de modo não muito arbitrário. Com efeito, é ao leitor não especialista que se destina esta exposição clara, sugestiva e sintética da evolução do cérebro no mundo animal e depois humano. As etapas desse processo (visto que a ontogênese recapitula a filogênese) também se repetem no indivíduo, desde a formação do embrião à vida fetal e à infância. O desenvolvimento de cada nível sucessivo inibe o funcionamento do nível inferior, assumindo suas tarefas para si; mas os níveis inferiores não desaparecem e podem retomar suas funções quando o nível superior não for ativado: o que ocorre normalmente durante o sono ou em casos especiais, como a hipnose ou lesões e doenças. Desse modo se explicam de maneira original e convincente os processos do sonho (inclusive em referência à psicanálise: chegaremos a localizar o inconsciente em um estrato do cérebro?), o sonambulismo, a hipnose, o efeito dos neurolépticos e dos ansiolíticos. Capítulo apaixonante e surpreendente é o dedicado à tragédia da talidomida. Mas as implicações dessa teoria tocam os campos mais diversos — até a técnica da propaganda e os "persuasores ocultos".

PERTURBANDO O UNIVERSO, DE FREEMAN DYSON (1981)*

Entre os livros lançados na Itália em 1981, há pelo menos um que não se pode deixar de ler: *Perturbando o Universo*, de Freeman Dyson (Boringhieri, 314 pp.). Saiu há uns dois meses, e eu esperava que desde então ele fosse continuamente citado nos jornais, especialmente em artigos da primeira página, já que, sobre muitos assuntos que as primeiras páginas discutem assiduamente (do rearmamento atômico às centrais nucleares) ou esporadicamente (da engenharia genética à energia solar), ler as experiências e reflexões desse homem — que sempre esteve em meio a esses problemas, em momentos, lugares e papéis decisivos — é algo que deixa marcas.

No entanto, nada: parece-me que quase não se fala do livro, como se ninguém o tivesse notado. Então tentarei dizer alguma coisa sobre ele, embora eu não seja o resenhista mais apto e o livro seja difícil de resumir, tantas são as problemáticas que abrange. Vou tentar descrevê-lo em grandes linhas e passar a ideia de como Dyson jamais tenta convencê-lo a pensar de um modo ao invés de outro, mas justamente por isso, a meu ver, ele consegue comunicar algo de insubstituível. Dyson vai ao coração do problema, como quem o vivenciou diretamente e assumiu uma responsabilidade concreta, e sua abordagem nunca é previsível, em cada fase de seu percurso

(*) "I distributori dell'universo", *La Repubblica*, 27-8 dez. 1981.

as conclusões jamais coincidem com a opinião que tinha de início.

Publicado há dois anos nos Estados Unidos em uma série de volumes em que, a convite da Sloan Foundation, os cientistas mais famosos expõem sua visão do mundo a partir de suas experiências humanas e de pesquisa, *Perturbando o Universo* é a autobiografia de um físico de primeira plana. Nascido em 1923, inglês, torna-se professor em Princeton aos trinta anos e assume a cidadania americana no momento em que a geração dos físicos que o precedeu está abalada por polêmicas (e por processos) sobre a responsabilidade do cientista na era atômica. Pelo retrato que Radicati traça dele na apresentação da edição italiana, delineia-se um tipo de cientista versátil e irrequieto, que não se contenta com um campo de pesquisa ou uma opinião estabelecida, mas considera todo ponto de chegada como um novo ponto de partida.

Radicati escreve:

> Quando todos esperavam dele (o cientista profundo) a solução dos problemas fundamentais da teoria dos campos, eis que o encontramos desenhando reatores ou projetando futurísticos foguetes nucleares (o cientista concreto, dinâmico). Quando a elite científica se alinhava em favor de Oppenheimer, ele estreitava amizade com o arqui-inimigo Teller, frequentando o laboratório militar de Livermore. Portanto era um militarista? Não, porque logo depois o encontramos em Washington concentrado — com uma seriedade de que muitos *liberals* não deram exemplo — em problemas de desarmamento e controle nuclear.

Já os primeiros capítulos nos apresentam um homem cujas motivações fundamentais são de ordem moral, nutridas simultaneamente de raciocínio (com a vontade de agir conforme ao que o raciocínio pouco a pouco lhe assinala como justo) e de imaginação (a literatura tem nessas memórias um lugar não menor que o da ciência, e já o título é um verso de Eliot: *"Do I*

■ *MUNDO ESCRITO E MUNDO NÃO ESCRITO*

dare/ Disturb the universe?" [Será que eu ouso/ Perturbar o universo?]).

Para quem quiser fazer uma leitura sintética (reservando-se a possibilidade de ampliá-la mais tarde), aconselho começar pelo capítulo III, que serve de introdução a uma das linhas principais do livro, ou seja, o nexo ciência-guerra. Trata-se da experiência de Dyson durante a Segunda Guerra Mundial junto ao Comando de Bombardeiros da RAF, em cujo quartel-general o jovem cientista de vinte anos é lotado para executar um estudo estatístico. O objetivo é verificar se a experiência operacional de uma tripulação diminui a probabilidade de ela ser abatida. As provas que Dyson recolhe são desoladoras: os caças alemães conseguem abater os bombardeiros ingleses independentemente do fato de as tripulações serem bem adestradas ou novatas; os Lancaster ingleses — à diferença dos bombardeiros norte-americanos — não são capazes de se defender do fogo inimigo e, ao mesmo tempo, são construídos de tal modo que, uma vez atingidos, tornam muito difícil que seus tripulantes se salvem com paraquedas. Mas para as hierarquias militares e sua burocracia esses resultados são letra morta: os aviadores ingleses continuam sobrevoando Berlim e morrendo; e até a batalha que um amigo de Dyson moveu para fazer uma alteração técnica na porta de saída do Lancaster — que poderia ter salvado muitas vidas — fracassou.

Fato ainda mais importante: Dyson se dá conta de que toda a estratégia de bombardeios sobre as cidades é equivocada, visto que os resultados militares obtidos são mínimos, com um máximo de perdas. O balanço da experiência bélica do jovem Dyson não poderia ser mais negativo:

> No início da guerra, eu acreditava firmemente na fraternidade de todos os homens, me proclamava um seguidor de Gandhi e, por motivos éticos, era contrário a qualquer forma de violência. Depois de um ano de guerra, dei um passo atrás e me disse: infelizmente é impossível praticar a resistência não violenta contra Hitler, mas do ponto de vista moral continuo contrário aos bombardeios. Alguns anos mais tarde, me disse: infelizmente parece

que os bombardeios são necessários para vencer a guerra; portanto aceito trabalhar para o Comando de Bombardeiros, mas continuo me opondo moralmente aos bombardeios indiscriminados das cidades. Depois de minha chegada ao Comando, eu disse: infelizmente vejo que bombardeamos indiscriminadamente as cidades, mas se trata de uma ação justificável do ponto de vista moral, já que nos ajuda a vencer a guerra. Um ano mais tarde, disse: parece que nossos bombardeios não nos ajudam de modo decisivo a vencer a guerra, mas pelo menos meu trabalho é moralmente justificável, pois serve para poupar a vida das tripulações. Quando cheguei à última primavera de guerra, não consegui mais encontrar desculpas...

Esta verificação direta dos fatos, levada a cabo pelo jovem cientista, é necessária para enquadrar o juízo sobre o lançamento das bombas atômicas no Japão em 1945 — juízo que, naquele momento, só podia ser positivo militarmente e até moralmente, porque a ação norte-americana se apresentava finalmente como um bombardeio "útil", na medida em que de fato serviu para pôr fim à guerra. (Todas as outras considerações fazem parte do "discernimento do depois".) E tudo isso também serve para enquadrar as discussões do pós-guerra no mundo da física norte-americana, da qual Dyson participa porque, em 1947, é chamado à Universidade Cornell para trabalhar com Bethe. Nos Estados Unidos ele se torna amigo de muitos dos que, poucos anos antes, haviam colaborado no projeto de Los Alamos, e traduz pessoalmente tanto a memória de seus entusiasmos quanto de suas dúvidas.

A tal ponto que, quando em 1948 Oppenheimer declarou numa entrevista que "pela primeira vez os físicos conheceram o pecado" — afirmação que naquele momento foi contestada por quase todos os seus colegas (como podia ser considerado pecado o fato de se ter construído uma bomba na convicção de que ela serviria para derrotar Hitler?) —, ele a compreendeu, no sentido de que o pecado, para ele, consistia não tanto em ter construído a bomba, mas em "ter sentido prazer em construí-

-la". (É um juízo típico de Dyson, em que convergem a religião da consciência e a lógica realista de um projeto teórico e técnico que possa mudar os dados da situação.)

Assim Dyson se une a Oppenheimer, que em breve se tornará o profeta (e o bode expiatório) da crise de consciência da ciência norte-americana na era atômica. Mas pouco depois adota a posição do inimigo declarado de Oppenheimer, Teller, opondo-se à suspensão dos experimentos atômicos. Por quê? É preciso dizer que, nesse meio-tempo, Dyson passara a ocupar-se de centrais nucleares para usos pacíficos e estava convencido de que a interrupção dos experimentos militares teria sufocado a pesquisa mesmo no campo em que ele atuava. (No entanto aconteceu justo o contrário: a técnica dos armamentos nucleares progrediu, e a dos usos industriais marcou passo.)

Sobre este ponto, recomendo ao leitor que visa ao essencial a leitura do capítulo IX, que nos remete ao que foi a grande esperança do pós-guerra na exploração industrial da energia nuclear. (Aquela época também foi esquecida, enterrada pelo "discernimento do depois".) Se aquela pesquisa encalhou diante do problema da limitada confiabilidade dos dispositivos de segurança contra os perigos da radioatividade, isso se deve, segundo Dyson, à miopia das burocracias industriais e ministeriais (sua eterna besta negra), que interromperam o projeto de reatores maiores e mais seguros.

Do relato dessa experiência também emerge sua atribuição de prioridade ao fator moral, aqui com o sinal positivo da consciência de agir para o bem:

> O problema fundamental da indústria nuclear não é a segurança dos reatores, não é a eliminação do lixo radioativo, não é o perigo da proliferação das armas nucleares, ainda que sejam todos problemas reais. O problema fundamental dessa indústria é que hoje não há mais ninguém que se divirta em construir reatores.

Em 1958, Dyson passa a trabalhar no Projeto Orion para a construção de uma astronave a propulsão atômica. O futuro espacial da humanidade é outra das linhas diretivas do livro, mas, precisando escolher, prefiro deter-me à questão do desarmamento nuclear, cujos desenvolvimentos mais importantes se encontram nos capítulos XII e XIII. Neles Dyson relata sua participação na Comissão para o Desarmamento e o Controle de Armas, instituída por Kennedy em 1961. Também aí as posições de chegada de Dyson são muito diferentes daquelas de partida: ele começa defendendo que os experimentos devem ser continuados e que se deve proceder a um desarmamento gradual; e, depois de um ano, tomando por base toda a documentação norte-americana e soviética, se convence da necessidade imediata do banimento total dos experimentos e da fabricação das bombas. Banimento que, segundo ele, era viável naqueles anos: se os norte-americanos tivessem dado o primeiro passo, Khruschóv facilmente se convenceria da conveniência de não entrar na corrida armamentista em que estamos hoje atolados, sem que se veja uma alternativa exequível.

Nessa direção encorajadora, ele narra duas batalhas conduzidas por cientistas e coroadas de sucesso: a de Ted Taylor, para sensibilizar as autoridades sobre o perigo de roubo atômico (capítulo XIV), e a de Meselson (capítulo XV), que consegue convencer Nixon (e automaticamente Brejnev) da conveniência de abandonar as armas bacteriológicas (1969: fato histórico que eu apontaria como um dos mais importantes do século — infelizmente Meselson ainda não teve êxito em sua campanha contra as armas químicas).

Outro capítulo imperdível é o XVI, que trata dos experimentos com o DNA recombinante (engenharia genética) vistos de um observatório inusitado: a comissão municipal incumbida pela prefeitura de Princeton de decidir se as experiências dos biólogos da universidade são lícitas ou não — comissão de que faz parte o indefectível Dyson, ao lado de outros cidadãos, leigos em ciência, mas extremamente conscienciosos.

Não vou me deter aos outros temas: perspectivas de viagens espaciais e de colonização agrícola dos asteroides; computadores; conização (a que Dyson contrapõe a "cladização", isto

■ *MUNDO ESCRITO E MUNDO NÃO ESCRITO*

é, a necessidade das diferenças, especialmente no que se refere às especificidades culturais e linguísticas dos povos); a tecnologia "cinza" e a "verde" (Dyson é adepto da "cinza", mas admira muito seu filho que, defensor da "verde", explora uma ilha do Ártico valendo-se apenas de meios recolhidos do ambiente).

Ainda deveria falar das visões finais entre o sonho e a fábula com que Dyson representa os horizontes teleológicos de seu credo de cientistas. Mas, para definir a moral do livro, prefiro transcrever uma máxima de Einstein que Dyson cita (numa bela página em que nos conta com maravilha o instante em que, pela primeira vez, viu um elétron se comportando segundo as previsões de seus cálculos): "Pode-se afirmar que o eterno mistério do mundo é sua compreensibilidade".

GIOVANNI GODOLI, O SOL: HISTÓRIA DE UMA ESTRELA (1982)*

Embora não se possa fixá-lo a olho nu, podemos conhecer bem o Sol; melhor que a Terra, cuja observação não se estende para além de um nível muito superficial. Podemos e *devemos* conhecê-lo: que objeto merece um conhecimento mais aprofundado que o Sol? Por isso o pequeno volume de Giovanni Godoli intitulado *Il sole*, subtítulo *Storia di una stella* (Coleção Piccola Biblioteca Einaudi, 283 pp.), que se lê em três horas e pode ser lido por todos, é uma ocasião imperdível. Professor de Física Solar em Florença, Giovanni Godoli fornece todos os fatos essenciais sem recorrer a uma fórmula, transmitindo o prazer da terminologia exata e da noção precisa daquilo que se sabe e do que não se sabe ainda.

Desde as primeiras páginas o livro nos faz adentrar no Sol como em nosso habitat insubstituível, segundo as razões que acreditamos saber e aquelas em que nunca pensamos. Entre as primeiras há o fato de que toda nossa existência depende dele, direta ou indiretamente, nossos alimentos vegetais ou animais, a energia armazenada milhões de anos atrás ou apenas ontem, e que é somente uma parte mínima da energia solar que atinge a Terra e que ainda não sabemos utilizar. ("Contudo a energia nuclear é independente do Sol. Mas como sua utilização é debatida!") Entre as segundas há o fato de que vivemos *dentro*

(*) "Noi alunni del Sole", *La Repubblica*, 15 maio 1982.

do Sol: "A Terra está praticamente imersa no Sol, ou melhor, na região mais tênue de sua atmosfera que continuamente flui rumo ao espaço interestelar, constituindo o que é sugestivamente chamado de *vento solar*".

Esta afirmação, feita no primeiro capítulo, é depois redimensionada no segundo, pois, à distância em que nos encontramos, a coroa solar — que já na superfície do astro tem uma densidade mil vezes mais baixa que a da atmosfera terrestre — é tão mais tênue que nossa atmosfera resulta 10 bilhões de bilhões de vezes mais densa; portanto estamos imersos dentro do Sol, mas também estamos separados dele por uma couraça compacta e duríssima: o ar.

Já disse que Godoli tem o gosto pela terminologia, mas digo mais: ele tem o senso da relação entre o léxico da linguagem corrente e o científico, e pode-se dizer que não aborda o segundo senão após ter explorado todas as potencialidades do primeiro. Como nesta passagem:

> Na linguagem corrente, não científica, se usam vários termos, alguns como sinônimos, para indicar o fato de que uma fonte emite radiação eletromagnética. Diz-se, entre outras coisas, que uma fonte brilha, fulge, ilumina, irradia, é luminosa, refulge, reluz, resplende, esplende, e se diz que uma fonte é mais ou menos brilhante, fulgente, iluminante, intensa, irradiante, luminosa, refulgente, reluzente, resplandecente, esplendente de uma outra. Já na linguagem científica se tende a ordenar e a dar um significado preciso a alguns destes termos, abandonando os outros.

Depois dessa suntuosa despedida da linguagem corrente, a operação simplificadora da ciência se impõe em sua drástica economia linguística, estabelecendo a definição precisa de "potência", "luminosidade", "irradiação". E então se abre a nós, para além do esplendor, do fulgor etc. etc. do Sol ofuscante, uma nova riqueza lexical: fáculas, espículas, brilhâncias, protuberâncias, para não falar das manchas, nas quais há uma "sombra" (zona central mais escura) e uma "penumbra" com filamentos radiais ao redor.

Em virtude dessas observações de fenômenos (ou destas palavras?), eis que o Sol ganha consistência, revela sua substância granulosa. ("A granulação fotosférica é constituída de elementos brilhantes, de forma poligonal... Os grânulos têm um diâmetro de cerca de mil quilômetros... Eles se formam, atingem o máximo brilho e depois se dissolvem no intervalo de uns dez minutos.")

O efêmero, o descontínuo, o cambiante, o polimorfo são qualidades intrínsecas da natureza do Sol: por isso ele é muito mais permeável ao nosso conhecimento do que supunha um mal-entendido respeito humano. Somente muito tarde, nos tempos de Galileu, os homens compreenderam que o Sol não era um absoluto imutável e incorruptível, mas um corpo vivente em contínuo processo, com seus ritmos, seus sonos, seus despertares. O Sol está pronto a dizer-nos muito de si e de seu interior, mas não tudo, pelo menos até agora: entre os capítulos mais ricos do livro há alguns dedicados a pesquisas ainda em aberto, como sobre o mistério dos neutrinos (em teoria, deveriam chegar à Terra muitos mais deles do que de fato chegam) e, naturalmente, sobre o futuro que aguarda o Sol daqui a 5 bilhões de anos: "gigante vermelha", "anão branco", "buraco negro", "estrela de nêutrons"? Entre todos os futuros, o mais difícil de imaginar é o de "anão branco", "em que a matéria, mesmo não estando nem no estado gasoso nem no estado líquido, nem sequer está em estado sólido".

É inútil que eu tente contar o livro mais demoradamente valendo-me de minhas impressões de leigo. Falarei apenas dos raios solares que uma série de fotografias claríssimas, tiradas em ocasião de eclipses totais, nos representam de uma forma não dessemelhante de como aparecem nos desenhos das crianças, mas distribuídos irregularmente, mais relevantes os raios "polares" e os "equatoriais" e os "penachos" oblíquos, como em certas cabeleiras crespas e rebeldes ao pente.

Um dos últimos capítulos é sobre o "vento solar", que nos

atinge com um fluxo de partículas que se movem em espiral e chegam até Plutão e mais além, lá onde esse vento se encontra com o gás interestelar: uma imagem do espaço que nos mostra como o vazio é uma ideia a ser tomada em sentido relativo. Atingida pelo vento solar, a Terra é contida na cavidade de seu campo magnético, a "magnetosfera". Nosso clima e nossa sobrevivência são jogados nessas fronteiras que são os cinturões de Van Allen, onde as auroras boreais e austrais esvoaçam seus coloridos drapeados às rajadas de partículas provenientes do Sol ou da Terra. Em 1962, antes que as explosões das bombas nucleares no espaço fossem banidas, um desses experimentos provocou naquela zona uma alteração que durou vários anos. Da próxima vez, é melhor estarmos atentos.

ESTUDOS SOBRE O AMOR, DE ORTEGA Y GASSET (1982)*

Ortega y Gasset é um desses filósofos que falam à vontade de coisas sobre as quais os profissionais da filosofia não costumam falar, desses que dizem as coisas que menos esperamos ouvir; mas, tão logo elas são ditas, adquirem a evidência daquilo que desde sempre acreditávamos saber. Isso não significa que tudo o que ele diz deva ser imediatamente aceito como verdadeiro ou condenado como falso — mas essa é a última coisa que me preocupa quando leio os filósofos que gosto de ler. Leio Ortega y Gasset não para me convencer de suas ideias, mas pelo prazer que sinto ao ver como funciona o mecanismo de sua mente. (A mesma coisa me acontece com Valéry.) É o espetáculo de seu filosofar que me atrai: quanto ao verdadeiro e ao falso, em outro momento decido por minha própria conta, segundo vários outros elementos.

Ortega é um filósofo que pode argumentar em linguagem cotidiana e em tom discursivo e divagante sobre temas do vivido, encerrando depois o raciocínio com a lógica peremptória do filósofo que segue (ou dá a impressão de seguir) um método rigoroso. (O oposto dos existencialistas — apesar de ele ser frequentemente rotulado nessa categoria —, os quais equilibram as palavras do vivido numa aura de absoluto.)

Ortega também exercitou prodigamente essa sua veia nos

(*) "Il poeta e Machiavelli", *La Repubblica*, 13 jan. 1983.

jornais: nos anos 1926-7, escreveu uma série de ensaios sobre o amor, em episódios, no jornal madrilenho *El Sol*. Depois os reuniu com outros artigos análogos no volume *Estudios sobre el amor*, publicado em 1939 no exílio argentino e mais tarde reeditado na Espanha, numa série de edições sucessivas em que o número e a escolha dos textos menores variam, mas todas centradas nos três ensaios mais importantes: um sobre os "aspectos do amor", outro sobre o *De l'Amour* [Do amor] de Stendhal e um terceiro sobre a escolha amorosa.

A edição italiana (José Ortega y Gasset, *Saggi sull'amore*, prefácio de Francesco Alberoni, Sugarco, 128 pp.) apresenta os três ensaios maiores (o primeiro como introdução) e, quanto aos menores, reduz justamente a escolha ao mínimo: a tradução mereceria ter sido mais bem cuidada, mas por sorte os estragos são apenas marginais; além disso, falta uma nota com as informações essenciais sobre a história de cada texto e do volume como um todo. De todo modo, as datas estão citadas e são muito importantes, seja para definir o quadro propriamente filosófico (os autores que ele mais menciona são fenomenólogos na linha de Husserl, como Scheler e Pfänder), seja para definir — e é o que mais conta, haja vista o tema — o quadro dos costumes e da sensibilidade (especialmente quando ele fala da mulher, e do homem em relação à mulher, não podemos esquecer que estamos na Espanha de uns sessenta anos atrás). De qualquer forma, o leitor que queira saber mais sobre o assunto pode recorrer a uma recente reimpressão espanhola de um volumezinho facilmente acessível (Alianza Editorial, 1981, 250 pp.), que integra a edição econômica das obras completas de Ortega y Gasset.

A primeira distinção que Ortega propõe é aquela entre "amores" e "amor". Os primeiros seriam histórias mais ou menos acidentais que ocorrem a homens e mulheres, ao passo que, para definir o "amor", ele leva em consideração um campo de significados mais amplo e ao mesmo tempo mais essencial. "Não apenas o homem ama a mulher e a mulher ama o homem, mas amamos a arte e a ciência, a mãe ama o filho e quem tem fé ama a Deus." Portanto Ortega parte da palavra para definir o fato. Mas ao mesmo tempo ele se reconecta com a tradição idealista do amor, de Platão em diante, para quem o amor é movimento da alma para "algo que julgamos perfeito", reconhecimento da "excelência" do ser amado ou pelo menos de um elemento dele.

E aqui intervém outra distinção fundamental: Ortega separa o amor do desejo (estímulo que provém do objeto), ao passo que o amor vai *rumo* ao objeto, isto é, do amante ao amado, e faz sentir a união ao objeto não obstante a distância: "amar uma coisa significa empenhar-se para fazê-la existir, sem admitir, no que depende de nós, a possibilidade de um universo privado daquele objeto".

Dada essa prioridade do sujeito, seria de esperar que Ortega aceitasse a teoria de Stendhal em *De l'Amour* (Stendhal dizia que quem ama faz uma "cristalização" de qualidades positivas sobre a pessoa amada, de modo que até os defeitos são transfigurados em elementos de perfeição). Nada disso: o ensaio de Ortega sobre Stendhal é uma refutação da teoria da cristalização, considerada idealista "porque faz do objeto extremo pelo qual vivemos uma mera projeção do sujeito". Sendo assim, os valores para os quais o amor se dirige (perfeição, excelência, beleza em sentido platônico) são, para Ortega, algo de objetivo?

Pode-se encontrar uma resposta a essa questão no ensaio "A escolha amorosa". Cada indivíduo tem seu sistema de valores e, ao escolher a pessoa amada, revela sua essência mais profunda. Para Ortega não há escolhas erradas (portanto, não há casais errados); se uma mulher de qualidade ama um homem vulgar, isso pode ser explicado de duas maneiras: ou aquela mulher é de qualidade inferior ao que se supunha, ou o homem é menos vulgar do que se imaginava. Assim a escolha é sempre determinada por um encontro com os valores a que aspiramos, conscientemente ou não.

Desse modo a escolha amorosa é separada tanto do ato de vontade (não é uma operação intelectual, embora responda a uma necessária racionalidade), quanto do instinto sexual (que, na condição de instinto, não é impulso para a perfeição, tal como o verdadeiro amor, que é *também* sexual — e aqui Ortega introduz uma força biológica de melhoramento da espécie que me parece uma simplificação um tanto brusca).

Ortega explica persuasivamente que Stendhal foi "um homem que não amou de verdade nem, sobretudo, foi verdadeiramente amado. Sua vida foi cheia de falsos amores". A Stendhal, que tanto trabalhava para construir paixões desafortunadas, ele contrapõe Chateaubriand, "sempre ausente, envolvido em sua névoa de melancolia", que, ao contrário, sem precisar cortejar nenhuma mulher, suscitou amores incondicionais e duradouros.

Desse contraste Ortega extrai a conclusão de que o verdadeiro Don Juan não é o homem que corteja as mulheres, mas aquele que as mulheres cortejam. Mas isso é apenas inverter os termos da questão (provavelmente *pro domo sua*), deixando-os inalterados: o donjuán toma o lugar da mulher fatal como objeto do amor por sua implícita e quem sabe oculta perfeição objetiva, mas, se não quiser reduzir-se a uma função passiva deixando-se simplesmente amar, resta ainda esclarecer as modalidades de seu "movimento de alma" rumo à perfeição etc.

O ponto fundamental é que o espírito antirromântico de Ortega tende a expulsar do quadro amoroso justamente o "movimento", o aspecto dinâmico e temporal. (Nunca acena como o fato de amar pode produzir mudanças no amante, transformá-lo.) Se para Stendhal o verdadeiro amor é o *amour-passion*, para Ortega essa condição, assim como o êxtase do místico, é incompatível com sua ideia de um amor que vive na permanência, como "emanação contínua", "perene".

O ensaio sobre Stendhal se transforma, pois, em um aguerrido panfleto contra o enamoramento. O enamoramento é uma limitação da consciência que fixa a própria atenção num objeto; portanto é um empobrecimento, não um enriquecimento. "Todo amor passa pelo estágio frenético do enamoramento, porém nem todo enamoramento é seguido de um amor autêntico. Então não confundamos a parte com o todo."

Esse libelo contra o enamoramento suscita a reação de Francesco Alberoni (prefaciador da edição italiana), que fundou sobre a sucessão de enamoramento (como movimento, revolução, estado nascente) e amor (como instituição, cotidianidade, permanência) sua analogia entre história coletiva e história individual. Mas é preciso dizer que é muito diferente o ponto de partida de Ortega (e mais próximo ao de Alberoni) nos dois ensaios (anteriores) sobre o *Adolphe* de Constant (presentes na edição italiana, ao passo que as edições espanholas os incluem no volume *El espectador*), nos quais pouco se fala do *Adolphe* e muito se discute acerca do "amor eterno". A tese de Ortega é que, quando o amor se apresenta (e aqui o enamoramento é considerado de maneira mais que positiva), não pode senão acreditar-se e jurar-se eterno; mas isso continua sendo uma ilusão, pois não se pode pretender que normas ideais se realizem na realidade: tão logo se institucionalizam, se tornam insustentáveis. (E acho que, neste ponto, Alberoni já não está de acordo.) Se for necessário tomar o partido de um dos dois, cabe observar que Ortega é contraditório, ao passo que Alberoni não o é, mas a riqueza de Ortega está precisamente no fato de que, quando pretende acertar as contas, alguma coisa sempre fica de fora, porque o fantasma que ele persegue jamais se deixa apreender.

Muitas páginas desses ensaios são dedicadas a explicar o que o amor não é: para encontrar definições positivas, é preciso vasculhar nas entrelinhas. Recordarei uma definição do casal como "individualidade a dois" (e uma referência às teorias dos sansimonianos, para os quais o verdadeiro indivíduo humano é o casal homem-mulher). E uma menção ao aspecto "cósmico" do amor, associado à força dos elementos e ao sentimento do universo.

A fim de esclarecer as ideias de Ortega em seu desenho geral, não quis me deter nos aspectos que acentuam a distância de mais de meio século que nos separa dessas páginas. O mais difícil a ser superado é um certo tom mundano (de "homem do mundo") ao falar das mulheres e do amor, até porque, visto que os costumes da Espanha da época impunham uma reticência sobre a vida amorosa que obrigava a se manter sempre em termos gerais, o tom mundano termina por se tornar a nota dominante. Isso acontece sobretudo nos ensaios menores, ausentes da edição italiana. Mas o último ensaio traduzido (infelizmente muito mal) é apenas um documento da mundanidade literária hispânica dos anos 1920 (uma resenha toda galante sobre um livro de Victoria Ocampo sobre Dante): e aqui a imagem de filósofo da moda não consegue ser salva nem pelas muitas observações inteligentes, nem pela cor da época.

O OLHAR DISTANCIADO, DE CLAUDE LÉVI-STRAUSS (1983)*

O olhar distanciado é o belo título que Claude Lévi-Strauss deu a seu livro lançado agora (*Le Regard éloigné*, Plon, 398 pp.), coletânea de ensaios e textos esparsos dos últimos dez anos. As duas coletâneas anteriores do estudioso francês traziam o título programático de *Anthropologie structurale* [Antropologia estrutural] (1958) e *Anthropologie structurale deux* [Antropologia estrutural dois] (1973); para este terceiro volume, cuja unidade está menos nos temas tratados que no método de pesquisa e ainda mais na atitude mental que informa esse método, Lévi-Strauss escolheu um título diferente, que para ele expressa "aquilo em que consiste a essência e a originalidade da abordagem etnológica". É um livro de uma riqueza e de uma densidade de ideias e sugestões que vão além da etnologia, oferecendo-se a nós como exemplo de uma mente sempre aberta e livre.

Agora que estamos longe dos revérberos da "moda cultural" que, nos anos 1960, acompanhara tudo o que vinha etiquetado como estruturalista, talvez seja o momento certo para ler como se deve um autor que foi seguramente a figura mais eminente daquele complexo de escolas, mas que sempre foi acima de tudo uma personalidade de todo independente. Aos 75 anos de idade, Lévi-Strauss se confirma como um dos poucos mes-

(*) "Il poeta e Machiavelli", *La Repubblica*, 13 jan. 1983.

tres que buscam nos ensinar não apenas a aplicação de um método, mas também a honestidade intelectual, o partir da realidade do objeto para afinar os instrumentos de conhecimento mais adequados, o olhar desimpedido de parti pris que sempre encontra uma angulação nova para alcançar a essência de cada conceito e de cada problema.

Para dar uma ideia do que mais me interessou nesse livro tão variado, me limitarei a pôr em ordem meus apontamentos de leitura, sem tentar fundi-los em um texto unitário.

RAÇA. O volume se abre com uma conferência de 1971 na Unesco sobre *Raça e cultura*, que prossegue e em parte corrige aquela sobre *Raça e história* de vinte anos antes, proferida na mesma sede (edição italiana da Einaudi), e que desde então foi considerada uma espécie de carta fundamental da ideologia da Unesco em matéria de raça. Na segunda conferência, em vez de repetir os mesmos conceitos, L.-S. defende que

> a luta contra o racismo hoje pressupõe um diálogo com a genética das populações, no mínimo porque hoje os especialistas em genética sabem demonstrar muito melhor que nós a incapacidade de fato ou de direito em que nos encontramos quando queremos definir quanto há de inato no homem e quanto de adquirido. Mas, visto que a questão já se põe em termos científicos em vez de filosóficos, qualquer resposta, mesmo negativa, perde seu caráter de dogma. Entre etnólogos e antropólogos, o debate sobre o racismo já se desenvolvia num âmbito fechado; reconhecer que os geneticistas insuflavam ali dentro um sopro de ar fresco me valeu a acusação de introduzir o lobo no ovil.

Assim, já na introdução, L.-S. narra o incômodo, senão o escândalo, que provocou em seu auditório.

De acordo com L.-S., as condições ótimas para a sobrevivência humana são aquelas que permitem a diferenciação de pequenos grupos, com suas especificidades culturais e até bio-

lógicas. Hoje o crescimento demográfico do gênero humano é enorme — e isso é certamente um indicativo de desenvolvimento cultural e biológico —, mas o número de culturas existentes vai se restringindo enormemente por um processo de homogeneização que pode ter resultados desastrosos, tanto do ponto de vista cultural quanto biológico.
É sobretudo no uso impróprio do termo "racismo" que L.-S. insiste. A fidelidade a certos valores em exclusão e oposição a outros é o que caracteriza toda cultura, e só se pode definir como racismo quando se chega a oprimir e a destruir os valores alheios e quem se identifica com eles. São a agressividade e a intolerância pelo diferente que constituem o verdadeiro mal social, quer se busque sua justificação no plano racial, quer no plano cultural.

SOCIOBIOLOGIA. Quanto à pretensão de Edward O. Wilson de explicar até os fatos culturais com o *inclusive fitness* (adaptação em favor dos portadores de um patrimônio genético comum), L.-S. é muito severo, ressaltando as contradições do novo determinismo em que o *Homo geneticus* assume a sucessão do *Homo economicus*. Contestação não ideológica, baseada em dados de fato muito simples, e por isso, talvez, a primeira que me parece convincente.

FAMÍLIA. A "família restrita", baseada no matrimônio monogâmico, não é uma característica exclusiva das sociedades evoluídas, já que também se verifica em sociedades que ficaram em um nível cultural que julgamos rudimentar. Isso não quer dizer em absoluto que seja um traço característico de todas as sociedades ou algo a que todas elas tendem, muito menos um atributo da natureza humana. Existem populações nas quais a "família restrita" é reconhecida como uma fórmula entre outras, populações que a ignoram e onde vigoram a poligamia ou a poliandria ou formas de promiscuidade sexual que seguem várias regras, matrimônio de grupo, empréstimo de mulheres, sociedades militares em que os homens estão sempre em guerra e as mulheres levam adiante os trabalhos agrícolas e procriam fora de qualquer estrutura familiar (entre os nayar, na costa do Malabar, Índia; mas também Hitler tendia à mesma coisa). Porém o ordenamento familiar baseado no casal e na criação dos filhos pode ser encontrado em todas as épocas, do paleolítico a hoje, e em todas as latitudes, com uma série de propriedades invariantes; e, mesmo nas sociedades poligâmicas, o fato de que o número das mulheres corresponda mais ou menos ao dos homens, e que a maioria dos homens não disponha de meios materiais e de prestígio social para atribuir-se mais de uma mulher, faz com que o casal monogâmico se afirme inclusive ali como a solução mais frequente.

Segundo L.-S., a "família restrita" corresponde às melhores condições de aproveitamento dos recursos naturais; por isso a encontramos como forma dominante nos dois extremos do desenvolvimento social: entre os nômades da floresta, caçadores e coletores, e nas sociedades evoluídas — ou seja, nas situações em que se tem mais consciência da necessidade de estabelecer um equilíbrio na relação com a natureza. Mas a sociedade como tal não se modela pela natureza e tende a escolher fórmulas muito mais complicadas de família para atingir os próprios fins, que são a multiplicação, a troca e a redistribuição contínua dos papéis.

EMPIRISMO E MENTALISMO. *Le Regard éloigné* contém páginas importantes ao esclarecimento da filosofia implícita no método de L.-S.: em seus dois aspectos de catalogação das particularidades físicas e práticas de todo ambiente de onde provêm os mitos que ele estuda (plantas, animais, geografia, instrumentos, receitas de cozinha, meteorologia, constelações) e, por outro lado, a esquematização de operações lógicas abstratas e universais.

Os avanços mais recentes da neurofisiologia nos dizem que, nas sensações, o aspecto empírico e o mental de operação lógica são uma coisa só já na origem: ouvir é reconhecer primeiramente não apenas sons, mas traços distintivos entre sons; ver não é fotografar objetos, mas codificar uma série de diferenças de cor, de contornos, de movimento. Desse modo a oposição fundamental na linguística entre *fonético* (empírico) e *fonológico* (mental) vai se atenuando até se anular, ou pelo menos o primeiro termo não pode mais ser considerado como alguma coisa que *precede* o segundo.

O que L.-S. tenta estabelecer ao tratar os mitos como operações lógico-linguísticas baseadas numa combinatória empírica é a articulação entre os dois determinismos: aquele imposto pelas particularidades do ambiente, que põe à disposição do pensamento um vocabulário de objetos e de ações específicos; e aquele dos mecanismos mentais do homem falante, que fazem com que os dados da experiência se articulem e se oponham segundo esquemas que são sempre aqueles, e não outros.

O ARBITRÁRIO. Um dos maiores prazeres de ler L.-S. é observar como ele jamais se detém diante do inexplicável, sempre buscando um fio de raciocínio que o conduza a uma explicação lógica. Neste livro abundam os exemplos desse tipo, quer se trate de um verso de Apollinaire ou dos mitos mais estranhos dos índios da América.

A arbitrariedade do signo linguístico (o fato de que não há nenhuma razão pela qual uma determinada palavra signifique uma determinada coisa) é um dos pilares da linguística de Saussure; mas Jakobson (e antes dele Benveniste), mesmo sem pôr em dúvida esse princípio, em certo sentido o contorna, postulando um simbolismo fonético — e L.-S. pega a bola no ar.

Referindo-se a Mallarmé, que deplorava que em francês se devesse usar a palavra "jour" [dia], de som grave e mais consoante a uma imagem escura, e a palavra "nuit" [noite], de som agudo e mais adequado para representar a luz, L.-S. escreve:

Confesso que nunca senti essa divergência entre som e sentido como tal. Para mim, "le jour" é alguma coisa que dura, "la nuit", algo que se produz ou sobrevém, como na locução "caiu a noite". O primeiro denota um estado, a segunda, um acontecimento. Em vez de perceber uma contradição entre os significados e as peculiaridades fônicas de seus respectivos significantes, atribuo inconscientemente naturezas diversas aos significados. "Jour": apresenta um aspecto durativo, congruente com um vocalismo grave; "nuit", um aspecto perfectivo, congruente com um vocalismo agudo — o que, a seu modo, constitui uma pequena mitologia.

Outro exemplo é a famosa imagem de Lautréamont que promove o "encontro fortuito numa mesa de dissecção entre uma máquina de costura e um guarda-chuva". Em um ensaio sobre Max Ernst, L.-S. consegue demonstrar que os três objetos são perfeitamente congruentes; e ele segue por esse caminho, analisando "mitologicamente" os quadros do pintor surrealista.

PARSIFAL. Um dos ensaios mais interessantes do livro (e dos mais acessíveis ao leitor não iniciado na antropologia estrutural) é sobre o mito de Parsifal em suas inúmeras versões literárias e em Wagner. (L.-S. o escreveu para o programa do Festival de Bayreuth de 1975.) O momento mais emocionante é aquele em que L.-S. demonstra que o mito de Parsifal é "simétrico e inverso" em relação ao de Édipo. (Emocionante especialmente para mim, que num livro que publiquei em 1973 tinha chegado quase ao mesmo resultado, tentando narrar o maior número de mitos possível por meio de várias disposições das mesmas cartas de um maço de tarô.)

WAGNER. As páginas wagnerianas de *Le Regard éloigné* não são apenas estas, e provam em que medida a identificação de L.-S. com Wagner não consiste simplesmente na admiração musical e no entusiasmo pela imaginação mitológica do dramaturgo, mas toca a essência da concepção ideal que informa tanto a música quanto a dramaturgia de Wagner: a superação de uma cisão

> entre a sensibilidade e a inteligência, a humanidade sofredora e as outras formas de vida, valores terrenos e valores espirituais. Por meio de Schopenhauer, Wagner alcança assim Jean-Jacques Rousseau, que pela primeira vez viu na compaixão e na identificação com os outros um modo original de comunicação, anterior à emergência da vida social e da linguagem articulada, capaz de unir os homens entre si e a todas as outras formas de vida.

MÚSICA. Desde os quatro volumes das *Mythologiques* [Mitológicas] já se sabia quanto a composição musical é importante nos procedimentos do raciocínio de L.-S. Também aqui ele recorre a exemplos musicais para explicar conceitos dificilmente definíveis. Nas variantes de um mito, as séries de transformações de motivos de positivos em negativos e as recíprocas neutralizações lhe remetem à memória "a formidável explosão orquestral no fim da disputa do segundo ato de *Os mestres cantores*, que é percebida não como um acréscimo de rumor, mas como o triunfo do silêncio por fim restabelecido".

Já em outra passagem L.-S. parece conferir um significado fixo a um motivo musical (o tema da renúncia, que ele repercorre em toda a tetralogia wagneriana), e isso me parece entrar em contradição com o princípio fundamental de todo seu método (os significados de cada elemento são sempre dados pelas relações com os outros elementos). Mas aí também se pode reconhecer um traço fundamental de seu temperamento: a necessidade de encontrar um significado para tudo, porque o grande mecanismo abstrato que governa a mente humana (tanto no pensamento mítico quanto na música) não pode girar no vazio nunca, devendo carregar-se sempre de experiência sensível.

PINTURA. Em pintura, a mesma exigência leva a uma demanda por representação, por conteúdos. Além do ensaio sobre

Max Ernst, que já citei, há outro que é uma espécie de invectiva contra toda a pintura do impressionismo em diante. Para L.-S., a pintura perdeu aquilo que havia alcançado na (de resto não longa) época do Renascimento por ter querido privilegiar a sensação empírica (que não existe), ou por ter almejado ir "além do objeto" (e além da própria pintura). O ponto fraco dessas acusações gerais torna-se patente toda vez que se trata de fornecer exemplos positivos: o que motivou o ensaio, a apresentação de uma pintora alemã de gosto miniaturista, parece desproporcionalmente modesto. Mas o que importa é a identificação do ideal pictórico de L.-S. numa tradição de naturalismo nórdico de origem gótica, baseada na atenção ao detalhe e na elaboração técnica, a partir da qual (segundo Panofsky) se desenvolvem na Europa do Norte as duas vertentes do "realismo" e do "fantástico".

LIBERDADE. Os escritos sobre pintura figuram numa seção do livro intitulada significativamente de "Coação e liberdade", que se encerra com uma conferência de 1976, "Reflexões sobre a liberdade", em sentido político e mais largamente antropológico. A sobrevivência dos pequenos grupos diferenciados, das "sociedades parciais", é para L.-S. — como sempre — a condição sem a qual todo progresso se transforma em opressão e destruição. Mas o curso do pensamento político dos últimos dois séculos (aí incluído seu adorado Rousseau) leva à direção oposta. Por isso o discurso de L.-S. é amargamente pessimista e anticonformista em todas as direções. Para ele o fundamento da liberdade está naquele pulvísculo de pequenas desigualdades, hábitos e crenças que os planejadores da liberdade fizeram de tudo para abolir.

Para acompanhá-lo em sua defesa das "sociedades parciais", deveríamos tentar imaginar como elas poderiam se configurar não entre as tribos das florestas da Amazônia, mas em nosso Ocidente; e o problema é que logo nos vêm à mente a máfia e a Camorra. No primeiro ensaio do livro, L.-S. havia dado como exemplo de uma "sociedade parcial" de novo tipo aquela formada pelos hippies (era o ano de 1971), ameaçada por uma intolerância semelhante à intolerância racial. Poderíamos então concordar com ele dizendo que o mundo que deveríamos desejar seria um mundo em que novas "sociedades parciais" possam nascer sem sofrer coerções. Mas pensar nos fiéis do reverendo Moon e em outras seitas do gênero, que têm proliferado nas metrópoles do Ocidente, não nos agrada nem um pouco; nem consigo ter simpatia por muitos dos movimentos independentistas baseados em afirmações linguísticas e religiosas, tanto que estou inclinado a pensar que, no mundo em que vivemos, as "sociedades parciais" correm o risco de reproduzir e de concentrar os aspectos negativos da sociedade total.

Mas cabe ressaltar que, para L.-S., o problema se coloca em um quadro mais vasto que o das relações entre minorias e poder (ou entre privado e público, indivíduo e Estado, cultura de elite e cultura de massa); envolve aquela visão "ecológica" que para ele equivale a um sentido cósmico da existência, e significa não esquecer nunca de situar o homem entre as outras espécies viventes e de afirmar os direitos do ambiente sobre o homem, mais que os do homem sobre o ambiente.

O ponto fundamental de seus argumentos é este: jurisprudência romana de inspiração estoica, grandes civilizações do Oriente e do Extremo Oriente inspiradas pelo hinduísmo e pelo budismo, povos sem escrita estudados pelos etnólogos convergem para considerar o homem um beneficiário, e não o dono, da criação. Somente se o homem voltar a ter consciência de que sua sobrevivência está condicionada pelos limites que ele deve impor ao consumo e à destruição da fauna, da flora, da geografia, dos recursos naturais, enfim, daquilo que existia antes dele, a aceitação desses limites poderá informar as relações inter--humanas, restaurando as liberdades daquelas "sociedades parciais" do modo como L.-S. as vê, isto é, como o último recurso para "devolver um pouco de saúde e de vigor às nossas liberdades doentes".

*PIETRO REDONDI, GALILEU HERÉTICO (1983)**

Um homem na praia de Cápua observa o pôr do sol. Não é uma inspiração poética ou artística o que ele persegue, mas um escopo científico: quer mensurar a velocidade do sol. Contudo não tem instrumentos de medição de nenhum tipo, dispondo de um único sistema para estabelecer unidades de tempo cuja constante precisão lhe é garantida pelo longo costume: "Enquanto o sol desaparecia no horizonte em meio à sinfonia das cores do ocaso, ele recitou dois *miserere*, uma fração de tempo realmente muito breve".

Esse homem é o futuro cardeal e futuro santo Roberto Bellarmino, que na juventude tivera uma verdadeira paixão científica, como ele mesmo recorda — relatando esse episódio — em um livro ascético da velhice; o impulso seiscentista para as ciências da natureza e a exatidão matemática também envolvera o homem que se tornará o severo restaurador da doutrina católica no Concílio de Trento e que, em 1616, convocará Galileu (mesmo com toda a deferência devida ao admirado homem de ciência) para o primeiro processo oficial contra a teoria copernicana.

Bellarmino é um dos personagens principais do livro de Pietro Redondi, *Galileu herético* (Einaudi, 464 pp.); outro, aliás talvez o protagonista, é o jesuíta Orazio Grassi, que foi o alvo

(*) "Il poeta e Machiavelli", *La Repubblica*, 13 jan. 1983.

(sob o nome fictício de Lotario Sarsi) dos sarcasmos de Galileu em *O ensaiador*, e cuja vingança (segundo a tese que este livro propõe como fortemente provável) estaria na origem da condenação do Santo Ofício em 1633.

Como se sabe, na questão específica dos cometas que deu origem à polêmica galileana de *O ensaiador*, era Grassi-Sarsi que tinha razão no plano dos fatos, e não Galileu. Além de astrônomo e matemático, Grassi também era arquiteto, e a ele foi confiado o projeto para a igreja de Santo Inácio, a mais importante da Companhia de Jesus. Portanto, um personagem que está longe de ser levado na brincadeira, tanto é que de Florença Galileu vigiava seus movimentos por meio de uma rede de amigos fiéis que tinha em Roma, os quais até conseguiram lhe descrever as reações de Grassi quando a primeira cópia de *O ensaiador* apareceu na prateleira de uma livraria romana.

Porém, com uma inversão de papéis que dá origem a uma das páginas narrativamente mais felizes dessa pesquisa histórica, o padre Grassi, que era mais esperto que o diabo, de vigiado se transforma em vigiador, utilizando-se das mesmas pessoas que o vigiavam. O fiel galileano Guiducci, que tinha o encargo de manter os olhos bem abertos sobre as tramas dos jesuítas de Roma e relatar tudo ao mestre, é uma alma tão cândida que se deixa ludibriar pelas ofertas de amizade de Grassi e acaba passando informações sobre o *Diálogo sobre os dois máximos sistemas*, que Galileu ainda estava escrevendo.

O que eu disse até aqui é suficiente para indicar que o livro de Redondi (jovem historiador da ciência, milanês, atualmente em Princeton) põe em cena, mais ainda que o próprio Galileu, todo o ambiente que se move em torno da disputa sobre a nova ciência (ou "nova filosofia", como era chamada) durante duas décadas cruciais do século XVII e depois: são vívidos retratos tanto dos adversários, como se disse, quanto dos amigos aliados, a começar pelo príncipe Federico Cesi, fundador da Academia dos Linces e promotor, em torno de sua fabulosa biblioteca, de um projeto enciclopédico que deveria ter representado o triunfo do novo saber. Entre os amigos de Galileu deve-se colocar em primeiro plano o papa Urbano VIII, isto é, o literato florentino Maffeo Barberini, cujo pontificado (apoiado pelo partido filofrancês liderado pelo cardial e homem de mundo Maurizio di Savoia) abre, em 1623, as esperanças de um novo renascimento.

Esse mesmo papa será aquele que, dez anos mais tarde, condenará seu ex-protegido, o cientista mais prestigioso da época, à reclusão perpétua. Como aconteceu uma mudança de rota tão radical? Como se passa da "maravilhosa conjuntura" dos inícios do papado barberiniano ao clima sombrio dos grandes processos ideológicos da Inquisição? É isto que Redondi nos explica, ou melhor, nos representa com vivacidade. (E notemos que, mais que de duas fases, trata-se de duas faces sempre concomitantes naquele pontificado, pois já em 1624 ocorreu um processo post mortem do qual Redondi nos evoca a cenografia funerário-barroca: aquele em que foi condenada à danação a memória de De Dominis, aventuroso teólogo duas vezes trânsfuga e duas vezes abjurador, entre Veneza, Londres e Roma.)

O livro oferece um quadro muito rico e detalhado de um mundo em que se entrelaçam a pesquisa científica em um momento de máxima tensão intelectual, a expectativa dos que cientistas não são, mas — no mundo da cultura ou simplesmente da mundanidade — participam daquelas expectativas, a preocupação doutrinária da Igreja pós-tridentina, que faz de cada questão uma paliçada na guerra contra o protestantismo e de cada suspeita de conluio com o inimigo uma arma para as lutas internas entre ordens religiosas e correntes teológicas; além disso, ainda há as intrigas políticas da cúria em torno da disputa entre a França e a Espanha. A esses elementos, na Roma barroca, se acrescentam as fortunas da moda, que naqueles anos favoreceram a "nova filosofia" e Galileu em particular.

O prestígio dos inovadores em fase de ascensão é contrastado pela autoridade dos jesuítas, de início um tanto na defensiva pelo advento de um papa filofrancês, depois (quando a aliança de Richelieu com Gustavo Adolfo confere mais uma vez à Espanha um papel privilegiado na política papal) cada vez mais no contra-ataque. Os motivos dessa autoridade aparecem bem expostos aqui: primeiramente, uma competência científica de primeira ordem (já vimos que, nas várias polêmicas, mais de uma vez eles mostraram estar com a razão em pontos específicos); depois, uma ameaçadora intransigência dogmática, que trocaria socos com a ciência se ela não servisse com perfeição para construir argumentos filosóficos em defesa do dogma; terceiro, uma ideia de política cultural muito complexa, mas muito decidida, inclusive com ambições de gerir a modernidade e o novo numa difícil estratégia de aberturas e de fechamentos. E, para completar, a proverbial habilidade persuasiva, dissimuladora e diplomática (de modo que, entre os personagens do livro, assim que alguém adoece, termina inevitavelmente nas mãos dos diretores de consciência jesuítas, que o fazem entrar em seu jogo).

Redondi é um historiador muito documentado, mas que tem paixão por narrar: e tanto a narrativa dos fatos históricos quanto a das próprias pesquisas alcançam o suspense de um romance policial. Que denúncia desencadeia o processo contra Galileu? Nunca se soube. Redondi está seguro de ter conseguido pôr as mãos no documento decisivo, encontrado nos arquivos da Inquisição. Trata-se de um manuscrito em que se pergunta ao tribunal o que ele pensa a respeito das teorias *atomistas* de Galileu. Certamente não era uma carta anônima, mas a folha que continha a assinatura desapareceu. Redondi reconhece a caligrafia, o estilo e a argumentação daquele que tinha sido vítima das ironias de Galileu, o padre Grassi.

Portanto aqui está a tese central do livro de Redondi: se Galileu foi condenado oficialmente como copernicano, isso foi apenas um expediente político para deixá-lo fora do jogo, mas ao mesmo tempo salvá-lo de uma acusação muito mais grave, qual seja, a de heresia contra o dogma da transubstanciação na Eucaristia. Segundo Redondi, a astronomia não era — nem mesmo naquela época — matéria de fé; decerto a interpretação literal das Escrituras pretende que o Sol gire em torno da Terra, e a boa disciplina recomendava ater-se a isso; mas um processo tão clamoroso, movido contra o homem de ciência mais notável da época, abertamente protegido pelo papa, não se justifica sobre a base exclusiva do copernicanismo. Matéria de fé — afirma Redondi — era no entanto a física, à qual cabia explicar como o corpo de Cristo se transformaria em pão e o sangue em vinho, sem que nada restasse (dogma do Concílio de Trento) da substância do pão e do vinho, mas ao mesmo tempo adquirisse (outro milagre no milagre) "coloração, sabor e cheiro" de pão e de vinho. A única teoria física em condição de explicá-lo era a aristotélica, que separava a substância de suas qualidades sensíveis ou "acidentais", e é por isso — e não pela cosmografia — que Aristóteles se torna inatacável. (Depois as coisas se complicaram ainda mais, porque a "nova teologia" dos jesuítas rumava para além do aristotelismo, mas aqui é melhor que eu me cale.)

O que Galileu tinha que ver com isso, se ele jamais se ocupara da Eucaristia? Tinha que ver na medida em que a teoria física defendida em *O ensaiador* explicava as sensações de modo a abrir espaço, de um lado, para o subjetivismo (o exemplo das cócegas) já condenado por Occam e, de outro, para o atomismo (os "indivisíveis" que formam a luz, os "mínimos ígneos" do calor) de filósofos de notória descrença, como Demócrito e Lucrécio.

Os jesuítas, podendo demonstrar que Galileu era atomista e, portanto, herético, estavam em condições de pedir sua cabeça a Urbano VIII, que até então tinha sido seu grande protetor. O papa protetor de um herege? O escândalo teria sido clamoroso demais. O papa consegue evitar o processo no Tribunal da Inquisição chamando a si o caso e fazendo que fosse discutido por uma comissão restrita, nomeada por ele: de todo modo, Galileu deverá ser condenado porque, naquele momento, os jesuítas eram uma ameaça para o papa, mas a acusação será a menos comprometedora — a de copernicanismo. Seja como for, a severidade e a ressonância da condenação surtirão tal efeito que bloqueará todos os impulsos de renovação.

Os jesuítas aceitam o compromisso e participam do jogo: não acusam mais Galileu por sua física herética, mas apenas por sua astronomia imprudente. Tanto é que o principal artífice da acusação de atomismo, o padre Orazio Grassi, terá de interromper sua brilhante carreira acadêmica no Colégio Romano, abandonar a direção dos trabalhos na igreja de Santo Inácio e retirar-se obscuramente em Savona, sua cidade natal, até o fim de seus dias. Estranho destino o desse diligente matemático, que antes vimos ser tripudiado (erradamente) por uma pessoa mais ilustre que ele, depois simular resignação e humildade enquanto amadurecia uma vingança sub-reptícia e venenosa, e por fim ser também sacrificado no altar da razão de Estado.

Assim Redondi inverte o quadro histórico que até hoje serviu de fundo a todas as nossas ideias sobre a passagem para a era moderna: sempre tínhamos acreditado que a questão decisiva fosse o movimento da Terra em torno do Sol, e com razão, porque isso punha fim a uma concepção em que o homem estava no centro do universo criado. Mas não: vê-se que a questão cosmológica no século XVII era secundária, ao passo que uma questão que hoje nos pareceria passível de ser considerada apenas no plano simbólico espiritual era de uma relevância científica primária. (E toda interpretação simbólica era chamada de "nominalista" e acusada de heresia.)

Um capítulo do livro nos fornece o essencial sobre a história do problema eucarístico em seus reflexos na filosofia e na física, pondo em relevo o fato de que todos aqueles que, seguindo Santo Agostinho, haviam privilegiado os aspectos espirituais do mistério em vez de sua mecânica material (Occam, Wycliffe, Huss) foram condenados pela Igreja. O afresco de Rafael *A disputa do S. Sacramento* é analisado por Redondi como a expressão do sonho de aliança do neoplatonismo cristão, já muito distante na Roma da Contrarreforma.

O quadro histórico que Redondi reconstituiu peça por peça me parece sustentar-se de modo convincente, mas, quanto à perspectiva dos vários elementos no interior do quadro, penso que ainda há o que discutir. Porque não se pode desvalorizar o fato de que a teoria galileana solenemente condenada foi a do movimento da Terra: foi essa a mensagem que a sentença transmitiu ao mundo. O objetivo dos jesuítas era colocar em crise o prestígio que o conjunto da nova ciência gozava aos olhos do papa, com tudo aquilo que ela comportava (e as teorias de Copérnico eram um de seus elementos mais vistosos); para atingir esse objetivo, a acusação de heresia eucarística era um instrumento formidável, porque era difícil defender-se dela demonstrando que se tratava de mero pretexto, embora todos estivessem convencidos acerca disso (Urbano VIII e, talvez, até os próprios acusadores), e por isso ela funcionava como uma espécie de trunfo.

E resta discutir o "Galileu herético" do título. Herético por ser acusado de uma heresia que ele ignorava? Não, diz Redondi. Galileu não podia não estar consciente de que as palavras "cor, odor, sabor", que ele usava em suas argumentações atomísticas, eram as mesmas usadas pelos apologetas da transubstanciação: portanto o alcance de sua intenção não era apenas a controvérsia científica, mas visava a uma mudança na dogmática religiosa.

Esta também é uma hipótese muito plausível, mas para demonstrá-la deveríamos ser capazes de situar com mais precisão a visão galileana do livro da natureza escrito por Deus em linguagem matemática no quadro da cultura teológica e filosófico-natural entre o Renascimento neoplatônico e a nova sensibilidade religiosa, que será representada nos anos imediatamente subsequentes por outro matemático antijesuíta, Pascal. No estudo de Redondi, que contém muitíssimas coisas preciosas e novas para entender a história de Galileu e situá-la em sua época, ele, Galileu, é quem menos se vê. Resta o desejo de aprofundar algumas menções a ele (ou talvez apenas a ele jovem) como "expoente de uma teologia mística que evocava acentos agostinianos e apelava explicitamente ao neoplatonismo de são Dionísio Areopagita, uma fonte que a nova teologia de são João da Cruz tornava atual".

Entre os personagens que comparecem à margem da ação principal, recordarei dois: Campanella, que naqueles anos teve — para ele — a rara sorte de encontrar-se livre de Roma e cujos entusiasmos incontroláveis e intempestivos estavam sempre a ponto de metê-lo em problemas; e Descartes, que Redondi descobre em Roma entre a multidão de peregrinos do Ano Santo de 1625, depois comprando inobservado uma cópia de *O ensaiador* numa banca da piazza Navona, frequentando os mesmos ambientes de Galileu sem se fazer notar por ninguém, desenvolvendo as ideias de Galileu sem jamais citá-lo, evitando as armadilhas teológicas e as complicações de cujos bastidores está perfeitamente ao corrente. O filósofo do método refulge de prudência iluminada, assim como o utopista calabrês é um modelo de iluminada imprudência, num século em que a coragem de pensar podia custar muito caro.

FATO ANTICO E FATO MODERNO, DE GIORGIO DE SANTILLANA (1985)*

Cinco vezes ao longo de oito anos ocorre que a estrela Vênus surja no momento que precede o despontar do Sol (momento solene em muitas civilizações). Ora, os cinco pontos assim marcados no arco das constelações, e articulados segundo a ordem de sua sucessão, revelam a formação de um pentagrama perfeito (ou seja, o desenho de uma estrela de cinco pontas). Isso parece efetivamente uma dádiva dos deuses aos homens, um modo de revelar-se. Donde os pitagóricos diziam: Afrodite revelou-se no signo do Cinco. E o signo se tornou mágico. Mas quanta intensidade de atenção e de memória foi necessária para fixar na mente, em suas posições, os cinco lampejos no curso de oito anos do planeta que aparece para depois logo se perder na luz da manhã — para reconstruir com o intelecto o diagrama que eles sugeriam.

Dessa extraordinária precisão dos antigos em observar a abóbada celeste parte Giorgio de Santillana neste livro tão breve em número de páginas quanto denso e fascinante no conteúdo: *Fato antico e fato moderno* [Destino antigo e destino moderno] (Adelphi, 173 pp.). Deve-se logo esclarecer o que Santillana entende por "antigos" e por "precisão". Os "antigos" são aqueles que, no milênio v a.C., entre a Caldeia, o Egito e a Índia, elaboraram

(*) "Il cielo sono io", *La Repubblica*, 10 jul. 1985.

os lineamentos colossais de uma autêntica astronomia arcaica, aquela que fixou o curso dos planetas, que deu nome às constelações do zodíaco, que criou o universo astronômico — e com ele o cosmo — tal como o encontramos já pronto quando surge a escrita, por volta de 4000 a.C.

Os testemunhos dessa sapiência no cálculo do tempo astral estão nas proporções dos zigurates da Mesopotâmia (a Torre de Babel do caluniado Nemrod era um desses complicados modelos de ordem do cosmo), assim como na disposição dos megálitos de Stonehenge. Quando a escrita tem início, e com ela o que nós entendemos por História, parece que aquela identificação da mente humana com os movimentos celestes começa a diminuir; Platão ainda é "o último dos arcaicos e o primeiro dos modernos"; com Aristóteles a sapiência cósmica já se dissipou.

Quanto à precisão, trata-se de

> uma paixão pela medida, em que tudo se centra no número e nos tempos... No alto ficarão os números puros, depois as órbitas do céu, mais abaixo as medidas terrestres, os dados geodésicos, depois a astromedicina, as escalas e os intervalos musicais, depois as unidades de medida, capacidade e peso, depois a geometria, os quadrados mágicos...

Os egípcios simbolizavam a precisão numa pluma levíssima, que servia de peso no prato da balança das almas.

> Aquela pluma leve tem o nome de Maat, Deusa da Balança, Deusa do rigor e da observância estrita, daquela implacável retidão que faz as vezes da justiça na separação do bem e do mal... O hieróglifo de Maat também indicava a unidade de comprimento, os 33 centímetros do tijolo unitário, e também o tom fundamental da flauta.

Para Santillana, essa precisão parece bem mais essencial do que a da física moderna, à qual ele dedica a seguinte passagem:

■ *MUNDO ESCRITO E MUNDO NÃO ESCRITO*

> É bem verdade que a realidade física, por sua própria conta, distribui pontapés a fim de vingar-se de seus conhecedores, disparando-nos na cara uma confusão de partículas elementares transeuntes e mal distintas, insulto ao bom senso, entre as quais o cientista agora circula como o alvejado na noite.

(Citação que merece figurar numa antologia ideal, como testemunho do tom e do estilo do Santillana escritor, bem como da causticidade de seu sarcasmo; mas que deve ser situada na data em que foi escrita, uns vinte anos atrás, ou seja, antes da nova lufada de euforia que — se bem entendo — voltou a gratificar a física subatômica.)

Giorgio de Santillana (1901-74), romano, residente por mais de 35 anos nos Estados Unidos, onde era professor no MIT, foi um historiador da ciência (*The Crime of Galileo* [O crime de Galileu] é um de seus livros mais conhecidos) que, em sua história do pensamento sobretudo matemático e astronômico, deu largo espaço ao mito ("primeira linguagem científica") e à imaginação literária.

Sua monumental obra *Hamlet's Mill* [O moinho de Hamlet], escrita em colaboração com uma etnóloga alemã (aluna de Frobenius), Hertha von Dechend, tem por subtítulo *An Essay on Myth and the Frame of Time* [Ensaio sobre o mito e a estrutura do tempo], e é comparável a *O ramo de ouro* de Frazer pela imensa riqueza de fontes antropológicas e literárias que entretece numa densa rede em torno de um tema comum. A chave de todos os mitos, que para Frazer era o sacrifício ritual do rei e os cultos da vegetação, para Santillana-Dechend são as regularidades do tempo zodiacal e suas mudanças irreversíveis em longuíssima escala (precessão dos equinócios) devidas à inclinação da eclíptica em relação ao equador. A humanidade carrega consigo uma memória remota dos deslocamentos celestes, tanto que todas as mitologias conservam o vestígio de acontecimentos que se produzem aproximadamente a cada 2400 anos, como a mudança do signo zodiacal em que se encontra o Sol no equinócio; não só, mas quase igualmente antiga é a previsão de que o incessante e lentíssimo movimento do firmamento se complete num imenso ciclo ou Grande Ano (26900 anos dos nossos). Os crepúsculos dos deuses registrados ou previstos em várias mitologias se articulam a essas recorrências astronômicas; sagas e poemas celebram o fim dos tempos e o início de novas eras, quando "os filhos dos deuses assassinados encontrarão na relva os fragmentos todos de ouro do jogo de xadrez que foi interrompido pela catástrofe". Remontando das fontes da lenda de Hamlet nas crônicas dinamarquesas e nas mitologias nórdicas, e depois envolvendo africanos dogon, hinduísmo, astecas, autores gregos e latinos, Santillana e Dechend conseguem rastrear o aparecimento de uma primeira problemática filosófica: a ideia de um cosmo ordenado cujas normas são abaladas por uma catástrofe física e moral — e, em resposta a isso, a aspiração ao reencontro de uma harmonia.

Hamlet's Mill foi traduzido na Itália pela Adelphi no ano passado (saíra nos Estados Unidos em 1969); se nestas colunas não se falou sobre ele antes, foi justamente — como costuma acontecer — pelo excesso de entusiasmo por parte de nós, resenhistas, que nos fez disputar o livro, depois devorar as quinhentas páginas com muita pressa e enfim nos deixarmos bloqueados diante da tarefa de resumi-lo. A publicação de *Fato antico e fato moderno* me deu o ensejo de reparar a falha ao menos em parte, porque o volumezinho lançado agora é mais uma introdução, uma declaração preliminar das teses da obra maior. De fato o texto que abre o livro e lhe dá título é uma conferência que Santillana fez para a ACI em várias cidades italianas, em 1963, e que depois publicou em *Tempo Presente* de Nicola Chiaromonte (naqueles anos, uma das mais belas revistas italianas). Ao ouvir a conferência em 1963, tive como a revelação de um núcleo de ideias que talvez já turbilhonassem confusamente em minha cabeça, mas que eu tinha dificuldade de exprimir; e seriam difíceis de exprimir mesmo depois, mas desde aquele momento tive a consciência de uma distância a ser atravessada, de algo a que eu deveria "fazer frente". (Santillana: "E é coisa de somenos que o próprio nome da ciência em grego, *epistéme*, signifique *fazer frente?*".) Digo a ideia que nenhuma história e nenhum pensamento humano podem dar-se senão situando-os em relação a tudo o que existe independentemente do homem; a ideia de um saber em que o mundo da ciência moderna e o da sapiência antiga se reunifiquem. Relendo agora o texto, torno a experimentar a emoção de quando Santillana se saiu com o exemplo inesperado de Pierre Bezúkhov em *Guerra e paz*, que, feito prisioneiro e correndo perigo de vida, olha as estrelas e pensa que todo esse céu está nele, é ele.

O tema comum dos quatro ensaios deste pequeno livro está no nexo entre Destino e liberdade, isto é, o lugar do homem no universo assim como o concebiam os antigos, ou melhor, os arcaicos (e aqueles arcaicos conservados assim até o limiar de nosso tempo, ou seja, os assim chamados primitivos): o Destino que domina a todos, homens e deuses (os deuses são identificados nos planetas, que comandam toda transformação), e a liberdade que pode ser alcançada somente por quem compreenda ou respeite as leis e as medidas do Grande Relógio.

O Destino era, pois, bem diferente daquela potência imperscrutável, obscuramente associada às nossas culpas, na qual se transformou desde os tempos da tragédia grega até nossos dias: ao contrário, a ideia de Destino implicava o conhecimento preciso da realidade física e a consciência de seu império sobre nós, necessário e inelutável. Portanto os verdadeiros representantes de um espírito científico eram eles, os arcaicos; não nós, que acreditamos poder nos servir das forças naturais a nosso bel-prazer e, assim, participamos de uma mentalidade mais próxima da magia.

Coincidir com o ritmo do universo era o segredo da harmonia, "música" pitagórica que ainda em Platão regula a astronomia assim como a poesia e a ética. Mas é também o senso da necessidade, aquele que ressurgirá numa forma mudada com Kepler, Galileu, Bruno, "em que o intelecto se abre a fins que não são mais limitadamente humanos, sentindo-se pronto a abraçar e compreender o todo num esplêndido *amor Fati*". Então o que

Santillana sustenta é um determinismo rigoroso? É verdade, em cada teorização nesse sentido, do *Timeu* de Platão à predestinação calvinista ao abandono islâmico, ele encontra motivos de consenso ("as maiores energias livres da história" foram desencadeadas por ideias que pareciam nascidas precisamente para reprimi-las), mas vejamos como ele continuamente contrapõe duas atitudes diferentes, que se reapresentam a cada época diante do inelutável: de uma parte, um trágico sentimento de culpa e, da outra, a serenidade clássica de quem — "primitivo" ou supercivilizado —, aceitando a necessidade, estabelece o próprio lugar no mundo, a harmonia. E certamente as simpatias de Santillana passam a estes últimos — por mais que ele saiba com igual sensibilidade evocar os valores de uns e de outros.

Silêncio, música e matemática: o programa pitagórico está contido neste trinômio, e sobre os pitagóricos — compreensivelmente prediletos por Santillana — este livro concede de relance definições iluminadoras, bem como uma ampla e convincente interpretação de Parmênides. (Esclarecimentos que se juntam ao que já se disse sobre ambos os argumentos numa obra precedente e muito útil de Santillana, *The Origins of Scientific Thought* [As origens do pensamento científico], Sansoni, 1966.) Mas é difícil estabelecer nitidamente onde Santillana é a favor e onde é contra. Se às vezes ele parece exaltar uma idade de ouro pré-alfabética e tingir de preto a cultura tecnológica de hoje, submetida à máquina, ele também está sempre pronto a dissolver qualquer ilusão idílica sobre as civilizações arcaicas, mostrando todos os horrores e os traumas psíquicos que envolviam a vida naqueles tempos; do mesmo modo, a partir de cada situação nova, ele sabe lançar luz sobre os valores e as possibilidades que realiza — junto aos desvalores e às perdas.

Um extraordinário ensaio histórico contido neste volume nasce como uma comunicação em um congresso de cardiologia, sobre os diversos tipos de estresse a que os homens foram submetidos nas várias sociedades; uma história das civilizações em negativo, que não pode ser utilizada nem pelos defensores do progresso, nem por seus antagonistas sistemáticos: cada época tem suas neuroses coletivas, e não é certo que todas fossem inevitáveis.

Deixemos então as virtudes dos bons tempos antigos. Deixemos a *douceur de vivre*. A primeira descrição clínica de um manicômio é a de Arthur Haslam, que foi médico-chefe de Bedlam. Aí se veem não só condições inconcebíveis, mas casos de psicose que não têm nenhum correspondente em nossos manuais. Um outro mundo.

Se o leitor de Santillana estiver buscando generalizações sobre as quais espera convencer-se num piscar de olhos (o pensamento espacializador que domina a ciência nos últimos séculos é ruim, ao passo que é bom o pensamento fundado no tempo; ou a consciência não subjugada ao pensamento individual era uma vantagem sobre nossas angústias), pode até encontrá-las; mas elas serão desmentidas na página seguinte, se não no mesmo parágrafo.

Seu movimento é aquele próprio da inteligência, que compreende mais ainda do que julga, e às vezes julga para compreender, sempre pronto a julgar diversamente quando se trata de compreender uma coisa diversa: atitude necessária ao historiador, contanto que saiba evitar toda dialética mecânica e todo relativismo moral. E ele consegue isso mantendo sempre desperto o sentido dos valores: verdade objetiva e empatia humana.

Por exemplo, todos os benefícios que os psiquiatras e os neurologistas encontram na ausência de dúvida e de escolha não podem fazer Santillana esquecer que isso também significa ausência de *sense of humour*: uma perda que ele certamente não estaria disposto a enfrentar jamais.

ESTA OBRA FOI COMPOSTA PELA SPRESS EM GARAMOND E IMPRESSA EM OFSETE
PELA GEOGRÁFICA SOBRE PAPEL PÓLEN SOFT DA SUZANO PAPEL E CELULOSE
PARA A EDITORA SCHWARCZ EM ABRIL DE 2015

A marca FSC® é a garantia de que a madeira utilizada na fabricação do papel deste livro provém de florestas que foram gerenciadas de maneira ambientalmente correta, socialmente justa e economicamente viável, além de outras fontes de origem controlada.